Przymierze Trojga

MAXIME CHATTAM

INNY ŚWIAT

Przymierze Trojga

Przełożyła z francuskiego
Joanna Kluza

MŁODY BOOK!

Tytuł oryginału:
AUTRE MONDE, L'ALLIANCE DES TROIS

Projekt okładki: Studio LGF
Wykonanie okładki: Marcin Słociński
Zdjęcia na okładce: © Shutterstock

Redakcja: Bożena Sęk
Korekta: Jolanta Olejniczak-Kulan, Aneta Iwan

ISBN 978-83-8110-160-8

WYDAWNICTWO SONIA DRAGA Sp. z o.o.
pl. Grunwaldzki 8-10, 40-127 Katowice
tel. 32 782 64 77, fax 32 253 77 28
www.mlodybook.com.pl
www.facebook.com/BookMlody
www.instagram.com/mlodybook

Skład i łamanie: DT Studio s.c., tel. 32 720 28 78, fax 32 209 82 25
Książkę wydrukowano na papierze CREAMY 70g, vol. 2,0
dostarczonym przez Zing Sp. z o.o.

ZiNG

www.zing.com.pl

Katowice 2017. (N517)

Clémentine i Antoine'owi.
I naszym rodzicom, którzy
wzięli na siebie odpowiedzialność
kochania nas.

Istnieją na Ziemi miejsca, gdzie świat nie jest już taki, jaki znamy. Miejsca, gdzie wszystko staje się możliwe. Nawet to, co niewyobrażalne.

Tajemnicze sklepy pełne książek czy dziwacznych bibelotów, jak ten, od którego rozpoczyna się nasza opowieść, ciasne uliczki, w które nikt nie ośmiela się zapuszczać, niekiedy nawet przestrzeń między dwoma krzakami w lesie. Wystarczy umieć patrzeć. I pozwolić działać magii.

Książka ta jest bowiem księgą czarów.

Strzeż się jednak, jeśli zdecydujesz się przewrócić kartkę, będziesz potrzebować czarodziejskiej różdżki: duszy marzyciela. Którą wielu ludzi zatraca, kiedy stają się dorośli. Czy nadal ją masz?

Razem otwórzmy więc drzwi do tego… nowego świata.

Maxime Chattam, Edgecombe,
2 maja 2007 roku

CZĘŚĆ PIERWSZA

BURZA

1

PIERWSZY ZNAK

Matt Carter po raz pierwszy doznał wrażenia, że coś jest nie tak, tuż przed feriami Bożego Narodzenia. Tamtego dnia powinien był się domyślić, że świat przestał się kręcić, że zaraz wydarzy się *coś* istotnego. Jednak nawet gdyby potraktował to zjawisko poważnie, co mógłby zrobić? Czy był w stanie sobie wyobrazić, jak bardzo wszystko się zmieni? Mógłby temu zapobiec? Z pewnością nie. Nie mógłby nic zrobić, co najwyżej się przestraszyć, a to by było jeszcze gorsze.

Było czwartkowe popołudnie, przedostatni dzień szkoły. Matt udał się wraz z Tobiasem i Newtonem do Smoczej Jaskini, sklepu specjalizującego się w RPG-ach, grach wojennych i karciankach. Po wyjściu ze szkoły podążali długimi ulicami nowojorskiego Manhattanu.

Matt, czternastolatek, który ze względu na wzrost wyglądał na dwa lata starszego, uwielbiał spacerować po tym mieście, po kanionach utworzonych przez lśniące drapacze chmur. Zawsze miał bujną fantazję, kiedy zaś popuszczał jej wodze, wyobrażał sobie, że Manhattan to forteca ze stali i szkła, a setki wieżowców ochronią mieszkańców przez zagrożeniem z zewnątrz. Siebie z kolei widział jako jednego z rycerzy, czekającego na dzień, gdy przygoda wezwie go do wykorzystania własnych talentów, ani przez chwilę nie przypuszczając, że przybierze ona nieoczekiwaną postać, równie nieubłaganą jak groźną.

– Zauważyliście, że jak na grudzień wcale nie jest zimno? – zapytał Tobias.

Tobias był raczej niskim czarnoskórym chłopcem, który nie potrafił siedzieć bezczynnie: jeśli akurat nie tupał ani nie poruszał palcami, mówił. Lekarz powiedział mu pewnego dnia, że jest „bardzo nadpobudliwy", ale Tobias w to nie wierzył, po prostu tryskał energią i tyle. Był o rok młodszy od kolegów, ponieważ posiadał tak wielkie zdolności do nauki, że przeskoczył jedną klasę.

I po raz kolejny miał rację: typowe dla tej pory roku zamiecie wcale się nie pojawiły, temperatura zaś nie chciała spaść poniżej zera.

– W czasie ferii pojedziemy ze skautami na obóz do Rockland. Obóz w środku grudnia!

– Przestań nas zanudzać tymi swoimi skautami – zaprotestował Newton.

Z kolei Newton był wysoki i dobrze zbudowany jak na swój wiek, na dodatek nie grzeszył subtelnością, za bardzo się bowiem skupiał na własnej osobie. Jednakże dzięki wyobraźni i zdolności do logicznego myślenia był nieocenionym towarzyszem RPG-ów.

– Przecież to prawda! – upierał się Tobias. – Już od dwóch lat prawie nie ma śniegu. Mówię wam, to przez zanieczyszczenie środowiska, które rozregulowało klimat na całej ziemi.

– Jasne, a tymczasem co dostaniecie na Gwiazdkę? – zapytał Newton. – Ja czekam na nowego Xboxa! Razem z Oblivionem, uwielbiam tę grę!

– Ja zamówiłem taki namiot, który się sam rozkłada – odrzekł Tobias. – Lornetkę do obserwacji ptaków i jeszcze abonament na „World of Warcraft" na przyszły rok.

Newton się skrzywił, tak jakby namiot i lornetka były prezentami nie do przyjęcia.

– A ty, Matt? – zapytał Tobias.

Matt szedł z rękami w kieszeniach targanego wiatrem czarnego płaszcza. Półdługie brązowe włosy opadały mu co chwila na czoło i policzki.

– Nie wiem – odparł, wzruszając ramionami. – I chyba w tym roku wolę nie wiedzieć. Strasznie lubię niespodzianki, są bardziej… magiczne – powiedział bez przekonania.

Tobias i Matt znali się od szkoły podstawowej. Tobias zdawał sobie sprawę, że tegoroczne Boże Narodzenie będzie dla przyjaciela wyjątkowe: rodzice właśnie mu oznajmili, że się rozwodzą. Początkowo, pod koniec listopada, Matt przyjął tę wiadomość ze stoickim spokojem; przecież nic nie może na to poradzić, to decyzja rodziców, w końcu wielu kolegów żyje w ten sposób, pomieszkując trochę u ojca, a za tydzień u matki. W miarę upływu czasu markotniał jednak coraz bardziej na widok kartonów piętrzących się przed drzwiami, gotowych do przeprowadzki, która miała nastąpić na początku przyszłego roku. Nie potrafił się skupić na grze, opuścił się nawet w nauce, chociaż jego oceny wcześniej też nie były nadzwyczajne. Smutna rzeczywistość zaczynała do niego docierać.

Nie wiedząc, co odpowiedzieć, Tobias poklepał przyjaciela serdecznie po ramieniu.

Idąc Park Avenue wzdłuż torów kolejowych, które przecinały ją na pół, dotarli do gorzej utrzymanej dzielnicy. Cała trójka doskonale wiedziała, że rodzice nie lubią, kiedy się tu kręcą. Po chodnikach walały się śmieci, mury pokryte były graffiti. Na skrzyżowaniu ze Sto Dziesiątą Ulicą chłopcy skręcili do Jaskini Smoka. Chociaż budynki były tutaj niższe, słońce i tak nie dochodziło do ciasnych chodników. Cienie domów nadawały temu miejscu ponury wygląd.

Newton wskazał ręką lepką od brudu wystawę sklepu i ciemną od kurzu szybę. Widoczna była jedynie tabliczka wisząca przy wejściu: BAZAR BALTHAZARA.

– No i jak, chłopaki, ciągle macie cykora?

Matt i Tobias wymienili szybkie spojrzenia. Gimnazjaliści traktowali Bazar Balthazara jako sprawdzian odwagi. Samo miejsce wcale nie grzeszyło gościnnością, ale przede wszystkim jego właściciel budził strach. Podobno stary Balthazar nie znosił dzieci i potrafił wyrzucić każdego klienta kopniakiem w tyłek. Z tego powodu na jego temat powstało mnóstwo legend, wkrótce też rozeszły się pogłoski, że Bazar jest nawiedzony! Chociaż nikt w to nie wierzył, starano się go unikać. Po wakacjach jednak Newton udał się tam zupełnie sam. Wyszedł po przepisowych pięciu minutach wymaganych do zdania testu. Cały Newton: musiał koniecznie udowodnić własną odwagę, nawet gdyby to była dziecinada.

– Nie boimy się – odrzekł Tobias. – Po prostu cała ta sprawa to kretyństwo.

– To sprawdzian odwagi! – odparł Newton. – Jak chcesz dowieść męstwa, jeśli nie przez ten test?

– Żeby być odważnym, wcale nie potrzeba takich idiotyzmów.

– W takim razie idź tam, udowodnij mi, że to głupie, że nie ma się czego bać i że jesteś prawdziwym mężczyzną!

– Nie mam czego udowadniać – westchnął Tobias. – To bzdura i tyle.

– Wiedziałem, że strach cię obleci – parsknął Newton.

Matt postąpił krok do przodu, w kierunku jezdni.

– Dobra, pójdę tam razem z Tobiasem.

Przyjaciel otworzył szeroko oczy ze zdumienia.

– Co... cię napadło? – wybąkał Tobias.

– Skoro idziecie we dwóch, musicie stamtąd coś przynieść – stwierdził Newton.

Tobias zmarszczył brwi. Sprawy zaczynały przybierać zły obrót.

– Co? Jak to? – zaprotestował.

– Musicie coś zwinąć Balthazarowi. Nieważne co, po prostu przynieście jakiś przedmiot. Wtedy pokażecie, że jesteście odważni, panowie! Zasłużycie w pełni na mój szacunek.

– Bez pojęcia – pokręcił głową Tobias.

Matt chwycił go za ramię i pociągnął za sobą na drugą stronę ulicy, do starego sklepiku.

– Co ty wyprawiasz? – oburzył się Tobias. – Nie możemy tam pójść! Newton to kretyn, przecież on sobie z nas robi jaja!

– Możliwe, ale przynajmniej wtedy przestanie. Chodź, nie ma się czego bać.

Tobias szedł obok niego bardzo zakłopotany na myśl, że robi coś, czego nie c z u j e. „Przed rozwodem rodziców Matt nigdy by tak nie postąpił – pomyślał. – Bardzo się zmienił. Zupełnie jak klimat, wszystko bierze w łeb!"

Matt zatrzymał się na chwilę przed drzwiami do sklepu, który wyglądał na tak stary, jakby istniał tu od czasów Indian. Spod łuszczącej się ciemnozielonej farby na fasadzie wyzierało przegniłe drewno. Szyba wystawowa była pokryta tak grubą skorupą szarego brudu, że nie dało się nawet stwierdzić, czy w środku pali się światło.

– Zdaje się, że jest zamknięte – powiedział Tobias z nutką nadziei w głosie.

Matt pokręcił głową i wziął za klamkę.

Kiedy drzwi otworzyły się z piskiem, weszli do środka.

Wnętrze wyglądało gorzej, niż można było sobie wyobrazić, patrząc z ulicy. Drewniane regały, zasłaniające ściany i ciągnące się we wszystkich możliwych kierunkach, zamieniły pomieszczenie w labirynt. Piętrzyły się tu dziesiątki, nawet setki poupychanych byle jak przedmiotów: bibelotów, figurek pełniących funkcję przycisków do papieru, biżuterii równie starej jak sam sklep, książek oprawionych w popękaną skórę, zasuszonych owadów na szpilkach w przezroczystych pudełkach, poczerniałych obrazów, koślawych mebli, wszystko zaś pokrywała imponująca warstwa kurzu, tak jakby od wieków nikt niczego nie ruszał. W sumie najbardziej zaskakujące było oświetlenie, jak zauważył Matt. Jedna goła żarówka zagubiona pośrodku całej tej graciarni, dająca nader skąpe światło, przez co resztę pomieszczenia spowijał tajemniczy półmrok.

– Naprawdę uważam, że powinniśmy stąd wyjść – szepnął Tobias, spoglądając z niepokojem na sufit.

Matt bez słowa okrążył pierwszy rząd otwartych szaf, zapełnionych kolekcjami znaczków, motyli i słoików zawierających kolorowe kulki, które nagle przykuły uwagę Tobiasa.

Matt omiótł wzrokiem pomieszczenie, nie dostrzegł jednak ani śladu obecności człowieka. Bazar zdawał się nie mieć końca. W pewnej chwili chłopiec wyłowił jakiś szept dochodzący z głębi.

Tobias chwycił go za rękę, mówiąc:

– Chodź, chyba lepiej stąd wyjść. Wolę, żeby Newton nazwał mnie cykorem, niż coś stąd ukraść.

– Nie będziemy niczego kradli – odparł Matt, nawet się nie zatrzymując. – Przecież mnie znasz, nie jestem złodziejem.

– Więc co tutaj robisz? – zapytał z rozpaczą Tobias.

Matt nie odpowiedział, podążając w skupieniu w kierunku, skąd dobiegały szepty.

Milczenie Matta, jeszcze bardziej dobijające niż samo miejsce, które właśnie odwiedzali, sprawiło, że Tobias zastygł w przerażeniu. Nie był w stanie nic więcej wykrztusić, rozdarty między paraliżującym strachem, który kazał mu wziąć nogi za pas, a prawdziwą fascynacją na widok ogromnej ilości kulek lśniących delikatnie w szklanym pojemniku. Ile ich było? Pewnie tysiąc albo i dwa, trudno powiedzieć, niektóre rzucały fioletowo-pomarańczowe lub czarno-żółte błyski, przez co przypominały monstrualne oczy.

Wtem do Tobiasa dotarło, że przyjaciel zanurzył się w głąb sklepu, nie chcąc więc pozostać sam, pognał jego śladem.

Kulki odwróciły się, podążając za nim wzrokiem. Tobias o mało nie wrzasnął. Przyjrzał im się bliżej. Nic. Wszystkie były nieruchome, jak zwyczajne kulki. Wydawało mu się. Tak, to było to: złudzenie optyczne albo po prostu mózg spłatał mu figla z powodu strachu. Odwrócił się i stwierdził uspokojony, że kolory są na swoim miejscu. Nic się nie wydarzyło. Wszystko w porządku, to miejsce jest niczym innym, jak tylko skutkiem szaleństwa zgryźliwego starca. Tak, wszystko w porządku.

Tobias pognał za przyjacielem, który właśnie znikał za stosem starych książek.

W miarę jak Matt posuwał się po wypaczonej podłodze, szept stawał się coraz wyraźniejszy. Był to opanowany głos przywodzący na myśl prezenterów telewizyjnych.

Podchodząc coraz bliżej, Matt uświadomił sobie, że nie znalazł się tu przypadkiem. W innych okolicznościach nigdy by nie podjął wyzwania rzuconego przez Newtona – po prostu by je zignorował bez słowa. Matt zawsze umiał się wystrzegać tego typu głupot, miał nosa i wyczuwał, co powinien zrobić, czego zaś lepiej unikać. Tym razem z kolei właśnie robił to, czego lepiej unikać. Dlaczego? Ponieważ od kilku dni, a w zasadzie tygodni właśnie taki był. Odkąd ojciec oznajmił mu, że wkrótce się wyprowadzi i że z początku nie będą się często widywać. Potem, „gdy się już urządzi", Matt zamieszka razem z nim… jeśli matka zostawi ich w spokoju. Mattowi nie spodobała się ta ostatnia uwaga. Nazajutrz matka wygłosiła podobną mowę: będą mieszkać razem, nawet jeśli ojciec mówi co innego. Rodzice zawsze się różnili, ona wolała wieś, on był stuprocentowym mieszczuchem, ona była rannym ptaszkiem, on sową i tak dalej. To, co kiedyś określali jako „dopełnianie się", nagle stało się symbolem rozdarcia: oboje byli niczym dzień i noc. Oczywiście był jeszcze Matt, ich skarb. Przy całej swej mądrości czternastolatka chłopiec od razu wiedział, do czego zmierzają: do wojny o opiekę nad nim. Dwóch jego kolegów już to przeżyło. Prawdziwy koszmar.

„I kto mówi, że zbyt wiele miłości nie może zaszkodzić?", wściekał się Matt. Rodzice mieli się szarpać o niego. Od tamtej pory nie potrafił być już taki sam, nie potrafił się skupić, zaskakiwały go własne reakcje. Nie zachowywał się już jak dawny Matt.

I nie znalazł się tu przypadkiem. Z każdym krokiem uzmysławiał sobie rzeczywiste motywy, które pchały go ku temu, czego lepiej unikać. Chciał im sprawić ból, tak jak oni sprawiali ból jemu już od miesiąca.

Ów przebłysk świadomości go zdumiał.

„Dlaczego tak reaguję? To ja jestem idiotą w całej tej historii!" Przez chwilę kusiło go, by zawrócić i wyjść.

Nie zdążył.

Trafił na zaplecze, w którym znajdowała się staromodna lada z czerwonego drewna wiśniowego, na niej zaś ciężki pomocnik z czarnego marmuru. Za ladą siedział starzec z długim wąskim nosem, prawie łysy z wyjątkiem dwóch kępek siwych włosów nad uszami, i słuchał przenośnego radyjka. Pochylał się do przodu, jakby chciał lady dotknąć czołem, a jego malutkie prostokątne okularki wyglądały tak, jakby zaraz miały mu spaść z nosa. Odwrócił głowę w stronę Matta, nie poruszając resztą ciała, i zmierzył chłopca wzrokiem od stóp do głów z podejrzliwą miną.

– Co ty tu robisz? – zapytał ochrypłym głosem.

„Ten facet jest zupełnie jak z filmu!", zdumiał się Matt, nie odpowiadając na pytanie.

– No więc? Mówię do ciebie! – naciskał stary Balthazar, wcale nie siląc się na uprzejmość.

– Ja... Chciałbym coś kupić.

– Co kupić?

Matt pomacał się po kieszeniach dżinsów w poszukiwaniu pieniędzy, po czym wyjął sześć banknotów jednodolarowych, cały swój majątek.

– Co mogę dostać za sześć dolarów?

Balthazar zmarszczył brwi, a wtedy jego czarne oczka zwęziły się jeszcze bardziej. Wyglądał, jakby miał za chwilę eksplodować.

– Tutaj się przychodzi po coś *konkretnego*! – zagrzmiał. – Co ty sobie wyobrażasz, że gdzie jesteś?

– W... sklepie – odrzekł Matt, nie dając się zbić z tropu.

Tym razem Balthazar zerwał się z krzesła. Miał na sobie gruby szlafrok z szarej wełny, a pod nim garnitur równie zakurzony jak cały jego kram. Położył dłonie na marmurowym blacie i pochylił się, spoglądając Mattowi prosto w oczy.

– Ty bezczelny szczeniaku! Potrafię znaleźć wszystko, byleby ktoś określił cenę, wszystko, słyszysz? A ty mnie pytasz, co możesz dostać za sześć dolarów? Tutaj to tak nie działa, to nie jest *ten rodzaj* sklepu!

Mattowi zaczęło brakować odwagi, wcale się nie palił, żeby tu zostać, i już miał wziąć nogi za pas, kiedy pod rękawem starca dostrzegł jakiś dziwny ruch. Zdążył tylko dojrzeć koniuszek tłustego brunatno-czarnego podrygującego ogona, zanim ten zniknął pod tkaniną. Matta zatkało. Wąż? Czyżby ten wariat miał pod szlafrokiem węża owiniętego wokół ramienia? Teraz to już na pewno był najwyższy czas, żeby stąd wiać.

Za jego plecami pojawił się jednak Tobias. Gdy Balthazar go zobaczył, tak się wściekł, że aż zazgrzytał zębami.

– I przyszliście tu tylko po to aż we dwóch, smarkacze? – ryknął.

Tobias nie zdołał powstrzymać jęku, widząc, jak Balthazar wstaje, okrąża ladę i podchodzi do nich. Kiedy starzec stanął przed nimi w całej okazałości, Matt cofnął się o dwa kroki. Na jego widok krew zastygła mu w żyłach: spod szlafroka wyłaniał się kolejny ogon węża, tym razem o wiele większy, rozmiaru dużego bakłażana. Wygiął się i czym prędzej schował z powrotem, jakby wiedział, że został zauważony.

Matt usłyszał tupot nóg Tobiasa, który biegł do wyjścia.

– Zjeżdżać mi stąd, ale już!

Matt zaczął się cofać coraz szybciej pod naporem szarżującego Balthazara. Po czym rzucił się do ucieczki i klucząc między wysokimi regałami, wreszcie ujrzał drzwi zamykające się właśnie za Tobiasem. Światło dnia przenikające przez szparę wydawało się dalekie, niemal nierzeczywiste. Mimo to Matt dotarł do drzwi, pociągnął za klamkę, na progu zaś, sam nie wiedząc dlaczego, obejrzał się, by popatrzeć na jamę Balthazara.

Starzec, stojący na końcu alejki w pogrążonej w półmroku graciarni, również mu się przyglądał. Kiedy drzwi zamykały się powoli, Matt widział, jak tamten się uśmiecha zadowolony. W ostatniej chwili zobaczył wyraźnie, jak z ust Balthazara wyskakuje rozwidlony drżący język węża.

2

MAGIA

Matt zetknął się jeszcze ze zjawiskiem fantastycznym – po raz drugi i ostatni przed nadejściem Burzy.

Spotkanie z Balthazarem chwilowo wytrąciło go z równowagi, kiedy zaś po rozmowie z Tobiasem dotarło doń, że tylko on to wszystko widział, zamilkł. Czyżby przyczyną był rozwód rodziców? Czy to możliwe, żeby cierpiał aż tak bardzo, by mieć omamy? Tylko że przecież mu się nie przywidziało. Balthazar naprawdę miał węża owiniętego wokół ramienia, a także olbrzymi wężowy ogon na plecach! I pokazał mu język, rozwidlony język! „To przez półmrok, przez strach", powiedział sobie w końcu, sam w to nie wierząc.

W piątek wieczorem dla całego gimnazjum rozpoczęły się ferie. Matt wrócił prosto do domu, nie czując się na siłach, by wyjść gdzieś z przyjaciółmi. Mieszkał na dwudziestym trzecim piętrze wieżowca przy Lexington Avenue. Jego pokój był obwieszony plakatami filmowymi z „Władcą Pierścieni" na czele. Na półkach znajdowała się cała kolekcja figurek postaci z tego filmu: Aragorn, Gandalf i cała Drużyna Pierścienia stali na honorowym miejscu, przed łóżkiem.

Matt włączył wieżę, z której popłynęły natychmiast pierwsze potężne i agresywne akordy zespołu System of a Down. Chłopiec opadł na łóżko i zaczął się rozglądać wokoło. Wszystko to było dla niego nowe: ta mieszanka Matta, który kochał się rozmarzać o fantastycznych światach, i Matta realisty, który pojawił się niespodziewanie latem, podczas wakacji w Vermoncie spędzonych ze starszym o dwa lata kuzynem Tedem. Owo oblicze, które dopiero co odkrył, zrodziło się po spotkaniu dwóch szesnastolatek, Patty i Connie. Po raz pierwszy w życiu zainteresował się własnym wyglądem, tym, co mówi, i tym, co inni mogą o nim pomyśleć. Pragnął zwrócić na siebie uwagę obu dziewczyn, pokazać, że jest ważny. Ted poprowadził go za rękę, dając mu posłuchać pierwszych płyt metalu, udzielając wskazówek, jak podrywać dziewczyny. Po wakacjach do szkoły wrócił inny, odmieniony Matt. Zmienił się nawet fizycznie: zniknęła dziecięca pulchność, wyostrzyły mu się rysy, odsłaniając więcej kanciastości niż krągłości. Zaczął nosić strój, który uwielbiał: traperki, niebieskie dżinsy, ciemne swetry lub podkoszulki oraz długi do kolan czarny płaszcz z kapturem – strasznie lubił, kiedy łopotał na wietrze. Zapuścił włosy, które zaczynały mu sterczeć nad uszami i na karku niczym znaki zapytania.

Dzisiaj oba jego światy wzajemnie się przenikały, niekiedy zderzając. Świat gier i figurek, który tak bardzo cenił, i świat młodego mężczyzny, którym miał się wkrótce stać. Zastanawiał się, jak powinien postąpić: poświęcić młodzieńcze pasje w imię dojrzałości? Newton właśnie tak mniej więcej zrobił. Z kolei Tobias nadal czuł się dzieckiem – ubierał się byle jak i liczyli się dla niego wyłącznie skauci i gry.

Podczas gdy z głośników płynęły wrzaskliwe dźwięki melodii, Matt pogrążył się w niespokojnym śnie, w którym pojawiły się postacie rodziców, kłócących się jak zwykle po cichu w swoim pokoju, następnie zaś Patty i Connie o zmysłowych kształtach, a na koniec mężczyzna z językiem i oczami węża…

Boże Narodzenie nadeszło szybciej, niż się Matt spodziewał; dni upływały jeden za drugim na RPG-ach z Newtonem i Tobiasem. Tobias w końcu nie wyjechał na obóz, prognoza pogody zmusiła bowiem jego drużynę do rezygnacji z wypadu do lasu. Na początku ferii rodzicom Matta wypadł służbowy trzydniowy wyjazd, chłopak zaś musiał się postawić, żeby mu pozwolono zostać samemu w domu. Chcieli zadzwonić po Maât, która od lat była jego opiekunką. Maât pochodziła z Egiptu i mieszkała na tym samym piętrze. Rozświetlona słońcem skóra odzwierciedlała jej usposobienie: serdeczne i radosne. Była to bardzo tęga, łagodna i dobra kobieta, która opiekowała się Mattem przez wiele lat wieczorami, kiedy rodzice nie mogli wcześniej wrócić. Matt mile ją wspominał, lecz teraz pragnął więcej wolności. I chociaż nadal darzył Maât pewnym rodzajem czułości, nie mógł zaprzeczyć, że ta zatwardziała stara panna drażni go obecnie swymi drobnymi uprzejmościami. W końcu zdołał się nacieszyć tymi trzema dniami w samotności – Maât odwiedziła go dopiero ostatniego wieczoru.

W Boże Narodzenie Matt stwierdził z zadowoleniem, że rodzice usiłują zachować spokój i mało brakowało, by uwierzył, że zejdą się z powrotem. Na widok stosu prezentów, jakimi go zasypali, w pierwszej chwili ogarnęła go radość, po chwili jednak sobie uświadomił, że rozpieszczają go tak dlatego, że to ich ostatnie wspólne święta. Uśmiech zamarł mu na ustach, zanim chłopak wziął do ręki ostatnią paczkę, największą. Od razu wiedział, co to jest, toteż zalała go fala szczęścia: miecz Aragorna.

– To wierna kopia! – wyjaśnił z dumą ojciec. – Nie byle dmuchana imitacja. Jeżeli go naostrzysz, stanie się prawdziwą bronią. Będziesz więc musiał zachować ostrożność, mój panie.

Matt rozpakował miecz i wyciągnął przed siebie, zdumiony jego wagą: był potwornie ciężki! Jego ostrze lśniło, odbijając światła sufitowych lamp. Niczym elfickie gwiazdy, pomyślał. Do wyposażenia dodano podpórkę do powieszenia na ścianie, skórzaną pochwę i pasy, które pozwalały nosić go na plecach, zupełnie jak w filmie.

– Dziękuję! Już wiem, gdzie go będę trzymał! – zawołał Matt. – Nie mogę się doczekać, żeby zobaczyć miny chłopaków, kiedy im go pokażę!

Nazajutrz rano Matt ubrał się w pośpiechu i poszedł do salonu, gdzie ojciec oglądał kanał informacyjny w telewizji. Prezenter komentował właśnie straszliwe obrazy burzy:

„To już trzeci cyklon, jaki nawiedził ten zazwyczaj spokojny region w ciągu ostatnich dwóch miesięcy, przy czym nie należy zapominać o fali trzęsień ziemi, jakie występują w Azji".

Po chwili pałeczkę przejął inny dziennikarz:

„Owszem, Dan, to pytanie jest teraz na ustach wszystkich: z powodu pór roku, które w niczym nie przypominają tego, co znaliśmy do tej pory, i wszystkich tych klęsk żywiołowych, które ciągną się od kilku lat, można się zastanawiać, czy na Ziemi nie następują o wiele szybsze zmiany, niż przewidywaliśmy w związku z globalnym ociepleniem..."

Ojciec Matta zmienił pilotem kanał. Tym razem pokazały się obrazy żołnierzy patrolujących jakieś odległe miasto, towarzyszył im monotonny głos lektora, wcale nieprzejętego własnymi słowami: „Uzbrojone oddziały przeczesują miasto, podczas gdy całym krajem wstrząsają konflikty. Przypomnijmy, że..." Znów nastąpiła zmiana kanału. Prognoza pogody.

„Prosimy osoby cierpiące na niewydolność oddechową lub astmę, żeby się nie forsowały, ponieważ powietrze będzie miało dzisiaj szósty stopień czystości. To zła wiadomość, nie powinniśmy jednak zapominać, że wkrótce Wigilia..."

Ojciec wyłączył telewizor i spojrzał na Matta.

– Wychodzisz, synku?

– Idę się spotkać z Tobiasem i Newtonem, muszę im pokazać miecz!

– Nic z tego, nigdzie z tym nie pójdziesz, przypominam ci, że to broń, to niedozwolone. Jeśli chcesz, żeby go zobaczyli, niech przyjdą tutaj.

Matt westchnął, mimo to się zgodził.

– W porządku, zostawię go w domu. Idę do Newtona, wypróbujemy jego nową konsolę do gier.

Pięć minut później Matt przemierzał ulice East Side'u opatulony płaszczem, z szyją owiniętą szalikiem. Mróz skuł miasto nagle, bez uprzedzenia, w ciągu jednej nocy, tak jakby chciał nadrobić całe opóźnienie w ciągu kilku godzin. Dochodziła dziewiąta rano, samochody posuwały się w żółwim tempie po całkowicie oblodzonych jezdniach.

Matt skręcił w Dziewięćdziesiątą Szóstą Ulicę, spokojniejszą aleję, na której garstka przechodniów robiła wszystko, żeby się nie pośliznąć, uważnie patrząc pod nogi.

Właśnie się zbliżał do ciemnego zaułka, gdy wtem pojawiło się w nim niebieskie światło, które równie szybko zgasło. Chłopiec zwolnił. Niebieski błysk znów się pojawił, zalewając chodnik.

Czyżby podświetlany napis? Na takiej uliczce? Matt jakoś sobie nie przypominał, żeby tam był. Wyglądało to jednak na potężny mrugający neon. Chłopiec przystanął przed ślepą dróżką. Wąską, pełną cieni. Jak betonowy język wciśnięty między dwa budynki i prowadzący do kontenerów na śmieci i schodów przeciwpożarowych.

Podszedł bliżej. Mrok był tak gęsty, że nie mógł dojrzeć zaułka.

Niebieski błysk znów się pojawił, oświetlając tył skrzyni ładunkowej i omiatając okna na pierwszym piętrze. Matt drgnął. „Rany boskie! Co to takiego?"

Jednocześnie w tym samym miejscu poruszyła się jakaś ludzka postać, lecz z miejsca, gdzie się znajdował, chłopiec nie zdołał dostrzec nic więcej.

W tej samej chwili w powietrzu rozległo się jakby elektryczne buczenie, po czym ucichło.

Matt się zawahał. Powinien sprawdzić, czy facet nie jest ranny, czy wziąć nogi za pas?

Niebieska błyskawica znów się pokazała. Tym razem omiotła ziemię, nie wznosząc się do góry, liżąc asfalt i natychmiast roztapiając lód. Pochodziła z ziemi, jak stwierdził Matt, i przemieszczała się niczym przecięty kabel: gwałtownymi skokami. „Zupełnie jak wąż", pomyślał Matt, któremu nieprzyjemny dreszcz przebiegł po plecach. Tym razem błyskawica nie zgasła tak szybko, tylko posuwała się falistym ruchem. Zakończyła się małymi snopami iskier, które przebiegały po walających się gazetach niczym palce. Papier zresztą od razu się zapalił. Następnie znieruchomiała przed dwoma kontenerami, jakby właśnie znalazła to, czego szukała.

Wówczas Matt usłyszał jęk. Ktoś potrzebował pomocy. Nie zastanawiając się dłużej, chłopiec rzucił się w zaułek.

Ledwie zdążył zobaczyć miotające się zniszczone adidasy i brudne spodnie, gdy zalało je światło błyskawicy. Po czym zniknęło z suchym trzaskiem, pozostawiając po sobie gęsty mdlący dym – zupełnie jak ten wywołany przez doświadczenia chemiczne, które przeprowadzali w klasie. Matt odskoczył do tyłu i odczekał chwilę z łomoczącym sercem, nim ośmielił się ruszyć. Kiedy podszedł w końcu do miejsca, gdzie widział czyjeś nogi, ujrzał tylko stos ubrań. Tak jakby mężczyzna wyparował.

„Niemożliwe!"

Porozrzucane wokół niego gazety kończyły się jednak właśnie dopalać, uwalniając nikłe niebieskożółte płomyki. Wszystko potoczyło się tak szybko. Czy to możliwe, żeby źle widział?

„Nie! Tym razem jestem pewien! To się wydarzyło naprawdę. Jakiś mężczyzna został... połknięty przez błyskawicę, która wyszła spod ziemi!"

Matt się cofnął.

– O kurczę... – szepnął.

„Uszczypnij się, uderz się po twarzy, zrób cokolwiek – powiedział sobie. – Nie możesz tu zostać! To coś może wrócić!" Tylko dokąd miałby pójść? Do domu, zawiadomić rodziców? Policję? Nikt by mu nie uwierzył.

Kumple! Na początku będą się z niego nabijać, ale ufał, że w końcu uwierzą.

Usłyszawszy elektryczne buczenie w głębi alejki, czym prędzej zwiał.

Kiedy opowiedział im swą historię, ku jego ogromnemu zdziwieniu ani Tobias, ani Newton się nie śmiali. Być może z powodu strachu, który nadal malował się na jego twarzy. Gdy więc dorzucił jeszcze opowieść o wężu w Bazarze Balthazara, Tobias wybuchnął:

– Aha! Wiedziałem! Te całe kulki! To były oczy! Wiedziałem, że nie śnię!

Teraz z kolei on opowiedział o kulkach w kształcie oczu, które śledziły go wzrokiem. Wtedy Newton dodał z poważną miną:

– Jeden gostek z gimnazjum mówił, że widział niebieskie światło wydobywające się z łazienki w podziemiach. Był przekonany, że to nie jest kwestia prądu. W takim razie powiedzcie, chłopaki: czy to my przesadzamy, czy *naprawdę* coś się dzieje?

– Mam cykora przez to wszystko – wyznał Tobias. – Mówisz, że nie zostało nic oprócz ciuchów?

Matt pokiwał głową.

– Po tym, co miał na sobie, widać, że to był na pewno bezdomny. A po drodze nagle do mnie dotarło, że ostatnio wcale się ich dużo nie widuje, zauważyliście?

– Jest zima, chowają się w cieple – próbował łagodzić Tobias, chcąc dodać sobie odwagi.

– Nie, aż do dzisiejszego ranka wcale nie było zimno – zaprzeczył Newton. – Masz rację, Matt, coś się z nimi dzieje. Widać ich coraz mniej, a najgorsze jest to, że oni nie należą do osób, których szukano by na pierwszym miejscu, bo nikt nie zwraca na nich uwagi. Wszelki ślad może po nich zaginąć, zanim ktoś się zorientuje. Te typy dla przechodniów właściwie nie istnieją.

– O rany! To mi przywodzi na myśl ubrania, które się widuje czasami na ulicy albo na poboczu autostrady – zaniepokoił się Tobias. – Człowiek zawsze się zastanawia, jak ktoś mógł tak po prostu zgubić but, koszulę czy spodenki! Takie rzeczy się zdarzają, widać to coś z błyskawicą od dawna porywa ludzi i nikt jeszcze tego nie zauważył.

– Tylko że to narasta – wtrącił Matt.

Tobias skrzywił się przerażony.

– W takim razie dlaczego media o tym nie mówią? – zapytał.

– Bo są zbyt zajęte katastrofami i wojnami – podsunął Matt, przypomniawszy sobie poranny dziennik telewizyjny.

Newton gestem dał do zrozumienia, że się z tym nie zgadza.

– A może żaden dorosły tego nie dostrzega? – powiedział. – Tobias, potem ty, potem tamten gostek z gimnazjum... Wszyscy ci świadkowie to kolesie w naszym wieku, nie dorośli.

Tobias skrzyżował ręce na piersiach.

– Mamy przerąbane – oświadczył.

Newton właśnie otwierał usta, gdy do pokoju weszła jego matka.

– Chłopcy, musicie natychmiast wracać do domu – oznajmiła. – Przed chwilą zapowiedzieli wielką zamieć na dzisiejsze popołudnie.

Trójka chłopców spoglądała na siebie w milczeniu.

– Dobrze, proszę pani – powiedział w końcu Matt.

– Chcecie, żebym was odwiozła samochodem?

– Nie, nie trzeba, mieszkamy niedaleko. Ja i Tobias wrócimy razem.

– W takim razie pospieszcie się. Za dwie, trzy godziny zerwie się potworny wiatr, który zamieni ulice Nowego Jorku w jeden wielki wygwizdów.

Wyszła, zamykając za sobą drzwi.

– Będziemy rozmawiać na czacie, dobra? – zaproponował Newton, wskazując komputer.

Dwaj pozostali przytaknęli i po chwili Matt i Tobias podążali Lexington Avenue, po której już hulał silny wiatr.

– Ta cała historia wcale mi się nie podoba – jęknął Tobias. – Czuję, że to się źle skończy. Może powinniśmy powiedzieć o tym rodzicom, nie uważasz?

– W każdym razie nie moim! – odparł Matt, przekrzykując wichurę. – Nie uwierzą w ani jedno słowo.

– Może będą mieli rację, co? Już sam nie wiem, co o tym myśleć. A jeśli nie ma żadnego powodu, żeby się bać? Chyba byłoby głośno o błyskawicach, które potrafią się wydobywać spod ziemi i porywać ludzi, nie?

– Posłuchaj, zrób, jak chcesz, ja nie będę o tym rozmawiał z rodzicami, i tyle.

Dotarli pod budynek Tobiasa; Matt mieszkał kwartał dalej.

– Spotkamy się na czacie za godzinę – powiedział. – Powiesz mi, co na to twoi starzy.

Tobias, który zrobił zakłopotaną minę, w końcu kiwnął potakująco głową. Zanim się rozstali, Matt położył mu dłoń na ramieniu, mówiąc:

– Ale w jednym się z tobą zgadzam: mam wrażenie, że to się źle skończy.

3

BURZA

Matt poszedł do swojego pokoju. Jego ojciec siedział w salonie przed telewizorem, matka zaś wisiała na telefonie w gabinecie.

Miecz lśnił na łóżku – jeszcze nie miał czasu go powiesić na ścianie. Włączył komputer i wszedł na czat. Newton zdążył się już zalogować, używając nicka „Turtletoxic". Matt wysłał mu wiadomość:

[Grominable napisał:] Jestem.

Rozmowa natychmiast się rozpoczęła:

[Turtletoxic napisał:] Musish zmienic pseudo bo to jest cretynskie.

[Grominable napisał:] Przestań pisać jak kobold. Lubię mój pseudonim, bo jest fajny. A człowiek nie wystrzega się tego, czego nie docenia. Praktyczne!

[Turtletoxic napisał:] Niech będzie Grominable. Corobisz?

[Grominable napisał:] Po raz ostatni: pisz normalnie. Po co nam język, skoro go marnujemy?

[Turtletoxic napisał:] To żywy język, nie? Jest po to żeby się rozwijać.

[Grominable napisał:] Tak, żywy język, a ty go mordujesz.

[Turtletoxic napisał:] OK, dobra, będę go głaskał z włosem, daj se na wstrzymanie, panie Pierce.

Pan Pierce był ich nauczycielem angielskiego. Matt wstał i włączył przenośny telewizorek, który miał w pokoju. Trafił na specjalne wydanie wiadomości. Prezenter namawiał ludzi, by nie wychodzili z domów, ponieważ nad Nowy Jork nadciąga k o l o s a l n a (na dźwięk tego słowa Matt drgnął, nie schodziło ono bowiem z ust prezenterów telewizyjnych, co nie zapowiadało nic dobrego) zamieć, spodziewany jest wiatr, który w porywach może przekroczyć prędkość stu pięćdziesięciu kilometrów na godzinę, i k o l o s a l n e opady śniegu. Tym razem Matt poderwał się z miejsca. Prezenterzy telewizyjni nigdy nie powtarzają tego samego słowa w jednym zdaniu – to tak jakby fryzjer chciał obciąć włosy sekatorem: dorosły, na dodatek zawodowiec, nie popełnia tak wielkich błędów. Kilkakrotne użycie określenia „kolosalny" świadczyło o wysokim poziomie paniki, w jaką wpadła redakcja. Matt rzucił się do klawiatury.

[Grominable napisał:] Oglądałeś telewizję? Moim zdaniem oni są przerażeni, nawet ci od wiadomości. Sprawy nie mają się dobrze.

[Turtletoxic napisał:] Taaa. Mocno przesadzony komunikat o pogodzie?? Gadałem też na czacie z moim kuzynem z Bostonu i od pięciu minut nic. Przed chwilą próbowałem się z nim połączyć, ale linia jest uszkodzona. W wiadomościach podają, że w tej chwili zamieć jest nad Bostonem!

Właśnie zalogował się Tobias.

[KastorMagic napisał:] Siema chłopaki. Rozmawiałem z rodzicami. Nie uwierzyli mi.

[Turtletoxic napisał:] Żartujesz? A czego się spodziewałeś? Że poszukają w książce telefonicznej numeru do Pogromców Duchów, żeby nas ocalić?

[KastorMagic napisał:] Nie wiem. Czy nie tego cię uczono: liczyć na własnych rodziców? Tym razem kicha.

Matt miał się właśnie włączyć do dyskusji, lecz jego uwagę przyciągnął telewizor. Obraz zanikał, postać prezentera zaczęła drgać z powodu zakłóceń. „To przekaz satelitarny, co oznacza, że burza się zbliża". Jakby na potwierdzenie tych słów ulicę przysłonił gigantyczny cień. Matt podbiegł do okna. Cała ulica była pogrążona w półmroku z powodu zmierzchu, toteż budynki zapłonęły setkami świateł. Matt miał wrażenie, że nad dachami zastygł jakiś olbrzymi ptak. Popatrzył uważnie na niebo: nad całym miastem zawisła czarna chmura. Kolosalna chmura.

Wtem na ulicę wtargnął wiatr, uderzając w okno z przenikliwym gwizdem.

Kineskop zaszedł mgłą, kolory uciekły. Po czym nastąpił pstryk i obraz zniknął zupełnie. Czarny ekran, wkrótce zastąpiony obrazem kontrolnym. Wciskając guziki pilota, Matt stwierdził, że na większości kanałów jest tak samo. Przestano nadawać na wszystkich po kolei.

Chłopiec usiadł przed komputerem.

[Grominable napisał:] Stało się, zamieć śnieżna jest tuż-tuż; nadeszła szybciej, niż zapowiadali! Nie ma nawet telewizji!

[Turtletoxic napisał:] Też mi nowina! Na mojej ulicy wybuchła panika, ludzie są kompletnie zaskoczeni, wszyscy trąbią! Mam

Newton nie dokończył zdania. Matt odczekał chwilę, tylko że dalszy ciąg nie nastąpił. Nagle ukazał się komunikat: „Połączenie zostało zerwane". Matt usiłował je wznowić, łącznie z uruchomieniem na nowo modemu, lecz bez powodzenia.

– Co się dzieje...

Wtem w pokoju zgasło światło. Matta otoczyły ciemność i cisza.

– Nie ma prądu! – zawołał z salonu ojciec. – Idę do kuchni po świece, niech nikt się nie rusza.

Przysunąwszy fotel do okna, Matt patrzył, jak we wszystkich domach po kolei gasną światła. Miasto pogrążyło się w mroku. Chociaż nie minęło jeszcze południe, można by pomyśleć, że to ostatnie sekundy zachodu słońca, kiedy światło przybiera ów bardzo szczególny, widmowy odcień. To było właśnie to: światło duchów, które nie przenika przez ciemności, które przez krótką chwilę jedynie podkreśla życie.

Ojciec Matta zapukał do drzwi i postawił na biurku lichtarz z zapaloną świecą.

– Nie przejmuj się, synku, zaraz włączą prąd.

– Oglądałeś wiadomości, tato? Zamieć miała nadejść dopiero po południu.

– Znów dali ciała! Mówię ci, powinni zwolnić tego faceta od pogody! Ich prognozy są coraz mniej wiarygodne!

Ojciec był w znakomitym humorze – traktował to wszystko lekko. „O ile nie chce cię w ten sposób uspokoić!", pomyślał Matt.

– Ten cały brak prądu może długo potrwać...

– Brak prądu? Równie dobrze dwie minuty, jak i dwa dni, zależy, co trzeba naprawić. Nie martw się, w tej samej chwili, kiedy sobie rozmawiamy, dziesiątki techników uwijają się jak mrówki, żeby wszystko wróciło do normy.

Optymizm ojca go dobijał. Z dorosłymi często tak bywa. Są zbyt dużymi optymistami albo zbyt dużymi pesymistami. Matt rzadko spotykał ludzi, którzy zachowywali spokój, nie martwiąc się zbytnio. Zresztą doskonale to widać na filmach: w razie katastrofy jedna część ludzi wrzeszczy i pogrąża innych w rozpaczy, druga zaś uważa się za niezniszczalną i wcale nie kończy lepiej. Bohaterami są ci, którzy potrafią pozostać pośrodku, traktując wszystko bez zbytnich emocji, z koniecznym dystansem. Czy w rzeczywistości też tak jest? Czy porządni ludzie, „bohaterowie" tego świata, potrafią zachować umiar w każdych okolicznościach?

– Jazda, nadeszła pora powyciągać stare dobre horrory – oświadczył ojciec. – Nie masz gdzieś pod ręką jakiegoś Stephena Kinga? W tej sytuacji byłaby to niezapomniana lektura! Jeśli ty go nie masz, powinien być w mojej biblioteczce.

– Mam co trzeba. Dzięki, tato.

Ojciec przyglądał mu się przez moment, nie znajdując słów, które pragnąłby powiedzieć synowi. Puściwszy do niego oko, wyszedł i zamknął za sobą drzwi.

Płonąca świeca dawała bursztynowe światło. Pewnie, że było idealne do czytania, Matt jednak wcale nie miał na to ochoty. Zbyt mocno niepokoił się tym, co się działo na zewnątrz. Wyjrzał przez okno.

Teraz fruwały na wietrze ogromne płatki śniegu, manewrując w powietrzu z siłą i zręcznością myśliwców. W ciągu kilku minut ulica zniknęła za gęstą wirującą zasłoną. Matt przestał cokolwiek widzieć, to był koniec. Współczuł wszystkim osobom, które znajdowały się jeszcze na zewnątrz, usiłując jakoś wrócić do domów mimo tak słabej widoczności. Przecież człowiek nie widział nawet własnych dłoni!

Po kilku godzinach Matt wreszcie zaczął się nudzić. Wziął do ręki komiks i przekartkował go niedbale. Po południu spróbował włączyć najpierw telewizor, potem radio, ale bez skutku – nadal nie było prądu. Natomiast okna bezustannie zasypywały lawiny śniegu.

Pod koniec dnia matka jęła pukać do drzwi sąsiadów, by się upewnić, czy nikomu nic nie jest, następnie wszystkie sześć rodzin zamieszkujących to samo piętro zorganizowało się tak, aby ugotować na zmianę kolację na gazie, niektórzy mieli bowiem wyłącznie kuchenki elektryczne. Gaz ma więc swoje zalety, powtarzano na korytarzu ze śmiechem, zaś pomiędzy mieszkaniami, które pozostawiono otwarte na oścież, zapanowała nader przyjazna atmosfera.

Wieczorem rodzina Carterów zjadła kolację w towarzystwie Maât i Gutierrezów, małżeństwa emerytów, które mieszkało tuż obok. Żadna z rodzin na piętrze nie miała dzieci w wieku Matta, a jego jedyny kumpel z bloku wyjechał na ferie do Kalifornii.

Matt wstał wcześnie od stołu, życząc wszystkim dobrej nocy. Maât pożegnała go czulej niż rodzice pogrążeni w rozmowie z Gutierrezami. Chwyciwszy po drodze paczkę herbatników, zamknął się w swoim pokoju. Prowiant na wypadek ataku nocnego głodu, latarka, żeby sobie poświecić, kiedy będzie musiał pójść do łazienki, i wspaniała burza na zewnątrz, żeby urozmaicić noc. Skoro wszyscy żartowali z zaistniałej sytuacji, Matt postanowił także potraktować ją z humorem, a przynajmniej raczej z ekscytacją niż z lękiem. Owszem, była ogromna zamieć; owszem, spadła na nich wcześniej, niż przewidywano, ale przecież to jeszcze nie koniec świata. „Tylko że od kilku dni pojawiają się te wszystkie dziwne znaki". Stary sklepikarz z wężowym językiem, kulki-oczy, błyskawice-połykacze ludzi, to zbyt wiele. Jednocześnie, po upływie kilku godzin, Matt wspominał wszystko z mniejszym niepokojem. Musiało przecież istnieć jakieś racjonalne wytłumaczenie. Coś typowego dla dorosłych, czego Matt i jego przyjaciele nie potrafili pojąć. Tak, może jakiś narkotyk, którego terroryści dodali do miejskiej wody pitnej, a który wywołuje halucynacje? Dlaczego nie? Bez przerwy się mówi o terrorystach! Kiedyś, jeszcze będąc dzieckiem, płakał, ponieważ bał się ataku terrorystów, i dziadek wówczas rzekł:

– Powiedz sobie, że przed terrorystami byli komuniści, byli naziści. Przed nazistami byli Anglicy, byli Indianie. Jednym słowem w tym kraju zawsze musieliśmy sobie wymyślać wrogów. I coś ci powiem: niektórzy z nich zostali naszymi przyjaciółmi, z kolei inni już nie istnieją albo są niegroźni. Świat już taki jest, chłopcze, jeśli nie masz wrogów, nie posuwasz się naprzód. Więc się uspokój i traktuj ich jak siłę napędową do rozwijania się w życiu. Bądź silny!

Na co matka odparła, że dziadek to „republikański kmiot". Tego jednak Matt nie zrozumiał i nie pojmował nawet teraz. Mimo wszystko zagrożenie ze strony terrorystów mogło wyjaśnić to, co widział.

Położył się wraz z latarką i całą stertą komiksów, które powyciągał z szuflad. Na pościeli znajdowała się również paczka herbatników oraz miecz. Matt się zawahał – przecież nie może spać z bronią. Co by sobie o nim pomyślały

Connie i Patty, gdyby wiedziały, że śpi z mieczem? Na pewno miałyby niezły ubaw. W jego wieku… „Tak, ale ich tu nie ma", uciął ostatecznie.

Wiatr jeszcze przybrał na sile i walił w szybę, która w nocnej porze stała się czarna. Na ulicy nie widać było ani jednego światła, ani jednej świecy palącej się w budynku naprzeciwko. Nic, tylko nieprzenikniony mrok i szalejąca burza.

Wreszcie Matt zasnął. Po raz pierwszy obudzili go Gutierrezowie, którzy się żegnali, zbyt głośno dziękując, po raz drugi zaś, o wiele później, jakiś wybuch.

Matt podskoczył. Powieki drgały mu równie szybko, jak łomotało serce. Gdzieś padł wystrzał – czyżby w mieszkaniu? Z sąsiednich pokoi nie wydostawał się żaden dźwięk, żaden promyk światła. Wtedy właśnie do niego dotarło: burza ucichła. Odruchowo spojrzał na budzik, którego ekran nadal pozostawał czarny: jeszcze nie włączyli prądu. Zegarek wskazywał 3.30.

Matt podszedł do okna w podkoszulku i w spodenkach. Ulicę nadal spowijał mrok. Brzegi szyb i parapety pokrywała gruba warstwa śniegu. Wtedy ciszę przerwała kolejna eksplozja, wprawdzie gdzieś daleko w mieście, ale i tak dostatecznie wyraźna. Instynktownie cofnął się o krok.

– Co to znowu za hałas? – mruknął, tym razem przekonany, że to nie był wystrzał.

Przykleiwszy z powrotem nos do szyby, wpatrywał się w ciemność.

Potężny niebieski błysk rozświetlił horyzont i na ułamek sekundy na niebie ukazały się kontury budynków przypominające chińskie cienie.

– O kurczę! – zawołał, cofając się znowu, tym razem z powodu zaskoczenia.

Noc rozdarły jednocześnie trzy błyskawice. N i e b i e s k i e błyskawice. Miasto w oddali zaczęło natychmiast migotać. Matt naliczył tuzin błyskawic, które pojawiły się n a budynkach na kształt czepiających się ich gigantycznych dłoni. Potem dwa tuziny, lecz nie upłynęła nawet minuta, a nie był już w stanie ich zliczyć. Przypominały tamtą błyskawicę, która spowodowała zniknięcie bezdomnego w zaułku, tyle że w wersji olbrzyma. Ślizgały się po murach w niezwykle szybkim tempie, Matt zaś miał wrażenie, że d o t y k a j ą ścian, tak jak się maca owoc przed zjedzeniem, aby sprawdzić, czy jest dojrzały. Gorzej: posuwały się naprzód, zbliżały do niego.

– O nie, tylko nie to – szepnął.

Musi wyjść. „I znaleźć się na dworze razem z tym czymś? Nie, to nie jest dobry pomysł". Przeciwnie, powinien zostać w środku, wtedy może one przejdą nad nim albo obok, nie czyniąc szkód.

Wpatrzył się w horyzont. Zbliżały się w okamgnieniu.

Zerwał się wiatr, unosząc tumany wirującego śniegu. Tym razem wiał w drugą stronę. Co się dzieje? Kolejna burza idąca w przeciwnym kierunku?

Kiedy na całej ulicy rozległ się grzmot, z ziemi podniosła się gigantyczna błyskawica i rzuciła się na budynek po drugiej stronie jezdni. Matt widział, jak olbrzymi łuk elektryczny wspina się od okna do okna, wyrzucając trzeszczące macki, by jak najprędzej ich dosięgnąć. „To wielka łapa! Tak, to jest to! Wielka łapa!" I właśnie wtedy, gdy sądził, że zobaczył już najstraszniejsze, Matt odkrył, mrużąc oczy, że krawędzie błyskawicy nie tylko się wspinają po budynku, lecz wchodzą przez okna, rozbijają je i natychmiast wychodzą, pozostawiając po sobie biały dym.

„To coś sprawia, że ludzie wyparowują! Tak jak tamten bezdomny dziś rano!"

Niedługo wszyscy dadzą się wessać. Znikną w ułamku sekundy. Matt porwał spodnie, włożył je w pośpiechu i wsunął stopy w buty, nie zawracając sobie głowy skarpetkami. Nie wiedział, dokąd pójść, ale nie powinien tu zostać, może w przedpokoju będzie bezpieczny przed tymi podłymi...

Aż podskoczył, słysząc kolejne straszne trzaśnięcie, podczas gdy na fasadzie budynku stojącego dokładnie naprzeciwko pojawiła się nowa błyskawica.

Jeśli chce przeżyć, musi się spieszyć.

Ostrzec rodziców.

Oślepił go niebieski błysk, zadrżała podłoga. Z fundamentów uniósł się grzmot. Na domu znajdowała się już błyskawica, wspinała się ku Mattowi, pożerając ludzi na mijanych piętrach.

– Nie ma czasu! – powiedział głośno na widok płaszcza w rogu pokoju.

Popędził do przedpokoju; ojciec spał na kanapie w salonie, matka w sypialni. „Prędko!"

Ściany również zaczęły drżeć, pomruk stał się głośniejszy, ogłuszający.

I tuż zanim Matt wszedł do salonu, szyby się roztrzaskały.

Błyskawica, za którą podążał niesamowity wyjący wiatr, przemierzyła całe mieszkanie, niszcząc wszystko po drodze. Kiedy dotarła do Matta, chłopiec ledwie zdążył zasłonić rękami twarz, poraziła go i odeszła, pozostawiwszy za nim gęsty biały dym.

4

INNY ŚWIAT

Obudził go chłód. Matt z trudem otworzył oczy. Jego powieki były ciężkie, ciało obolałe, tak jakby poprzedniego dnia przebiegł maraton. Zdał sobie sprawę z otaczającego go zimna.

Gdzie jest? Co się stało?

Przypomniawszy sobie nagle nieuniknione spotkanie z błyskawicą, zbyt szybko się wyprostował. Zakręciło mu się w głowie, oparł się dłonią o ścianę przedpokoju. Było jasno, świtało. Parkiet pokrywał lód. Jakieś papiery, uniesione do góry przez podmuch powietrza, fruwały miękko po mieszkaniu niczym zabłąkane obłoki. Matt wstał i poszedł do salonu ze ściśniętym żołądkiem. Co się stało z rodzicami? Salon wyglądał tak, jakby przebiegło przez niego stado słoni. Wszystko było poprzewracane, książki walały się razem z naczyniami, potłuczone bibeloty leżały u stóp mebli, z których zaledwie część stała na miejscu. Matt dostrzegł na sofie bokserki i stary podkoszulek Rangersów – strój, który ojciec często wkładał do spania. Po zajmującym całą ścianę oknie nie było śladu; do mieszkania wpadał wiatr prosto z ulicy, niosąc ze sobą płatki śniegu. Matt przełknął ślinę. Zawrócił i ruszył do sypialni rodziców. Równie pustej i zdewastowanej. Zajrzał do wszystkich opustoszałych pokoi. Nie było ani jednego całego okna, toteż Matt trząsł się z zimna, mimo że emocje przytłumiły jego wrażliwość. Odgarnął pościel z łóżka, na którym sypiała matka: na środku materaca leżała jej koszula nocna, na której prawie nie było widać zagnieceń. „Zupełnie jak z bezdomnym w uliczce... Zostało tylko ubranie!" Matt pokręcił głową, chcąc strząsnąć łzy. Nie chciał w to uwierzyć. „Nie, oni gdzieś tu są, pewnie u Gutierrezów albo u Maât!" Wszystko to przypominało jakiś koszmar. Wypadł na klatkę schodową i zaczął dzwonić kolejno do każdych drzwi, następnie zaś, skoro nie było żadnej odpowiedzi, jął w nie walić.

Nikt nie otworzył.

Matt nie usłyszał żadnego dźwięku, żadnego śladu życia. Czy to możliwe, że wyłącznie on ocalał? „Tylko nie to, litości, tylko nie to", powiedział do siebie, nie adresując swojej modlitwy do nikogo konkretnego.

Wrócił do mieszkania, podniósł słuchawkę telefonu: nie było żadnego sygnału, podobnie zresztą jak w komórce. Telewizor też nie działał, prądu nadal nie było. Wychylił się przez okno, w którym kiedyś tkwiła szyba. Znajdująca się dwadzieścia trzy piętra niżej ulica zdawała się go wciągać. Matt przytrzymał się framugi. Krajobraz pokrywała warstwa śniegu, już ani jeden samochód nie był widoczny, nic, tylko gęsta biała wata. Czy całe miasto ucierpiało? Cały kraj?

Co on teraz zrobi? Żołądek mu się ścisnął i z przerażenia podjechał aż do gardła, oczy zaś napełniły się łzami. CO ON TERAZ ZROBI?

Czując, że nogi odmawiają mu posłuszeństwa, Matt osunął się na podłogę. Miał tak zmarznięte policzki, że nie zdawał sobie sprawy z płynących po nich łez. To był koniec, koniec wszystkiego na Ziemi. Skulił się drżący.

Po chwili łzy obeschły. Jego ciało pragnęło żyć, walczyło. I nagle chłopiec uświadomił sobie, że ciągle tli się w nim życie. Życie i nadzieja. Co wie na temat tego, co się działo na zewnątrz? Co wie na temat tego, co się stało z ludźmi pożartymi przez błyskawice? A jeśli nadal gdzieś żyją? „A jeśli wcale nie zniknęli, tylko wszyscy są na dole albo schronili się w jakiejś siłowni czy coś w tym rodzaju?" Wydawało mu się to mało prawdopodobne – rodzice nigdy by go tu nie zostawili. „Muszę sprawdzić. Na ulicach na pewno są ludzie".

Chłód uśpił dręczący go strach i panikę. Matt spróbował się poruszyć, podniósł się z ogromnym trudem. Okryć się, rozgrzać – teraz to było najistotniejsze. W tej samej chwili z ulicy dobiegł krzyk, krzyk dziecka, krzyk przerażenia, który natychmiast ucichł. Wstrząsany dreszczami Matt wyjrzał ponownie, lecz nie dostrzegł nic szczególnego. A przecież to dziecko musiało doznać albo być świadkiem czegoś potwornego, skoro krzyknęło w ten sposób.

Nasuwał się jeden pozytywny wniosek: nie jest sam.

Wrócił do swego pokoju, opatulił się wełnianym kocem, żeby się rozgrzać, i usiadł na łóżku, by pomyśleć. Przede wszystkim musi zejść na dół, może spotka na klatce sąsiadów – pójdzie schodami, nie ma mowy o wsiadaniu do windy, bo nawet jeśli działa, w co Matt szczerze wątpił, ani mu się śni ryzykować, że utknie w niej na resztę swoich dni. Jeżeli nie spotka nikogo z sąsiadów, rozejrzy się w poszukiwaniu tych, którzy przeżyli. „To złe słowo, bo oznacza, że skoro ktoś przeżył, to reszta jest martwa, a tego nie wiem, może znajdują się... gdzie indziej". Smutek powrócił na myśl o rodzicach, Matt odegnał go jednak. Musi znaleźć klucz do tajemnicy, żeby... ich uratować!

Chciał sprawdzić, która godzina, ale jego zegarek przestał chodzić. Chłopiec zaklął, zdjął go z nadgarstka i zostawił na biurku.

Powinien zadbać o ekwipunek, lepiej, by niczego nie pominął, ponieważ nie pokona z powrotem tak od razu dwudziestu trzech pięter pod górę! Czego potrzebuje? Ciepłych ubrań, latarki, trochę wody i jedzenia, żeby nabrać sił w ciągu dnia. „Środków opatrunkowych! – przyszło mu na myśl. – Żeby opatrzyć ewentualnych rannych". Zgoda, tylko co można zdziałać za pomocą zwykłego plastra i bandaża? „I broni!" Co go może czekać na dole? „Przecież niedźwiedzie nie atakują w Nowym Jorku!" Mimo to weźmie broń. Odwrócił się i pogładził ostrze miecza. Świetnie się nada.

Odczekał jeszcze kwadrans, aby się porządnie rozgrzać, wtem jednak z ulicy dobiegł odgłos tłuczonego szkła. Matt podszedł do okna i wypatrywał przez dobrą minutę, ale nic nie zauważył.

„Jazda, trzeba się stąd ruszyć". Włożył gruby czarny golf i płaszcz do kolan, który wprawdzie był za cienki na tę porę roku, za to miał tę zaletę, że znajdował się akurat pod ręką, po czym zabrał rękawiczki. Do płóciennego chlebaka zapakował pudełko herbatników z poprzedniego dnia, butelkę wody i trzy jabłka, które wyszperał w lodówce. Latarka i środki opatrunkowe dopełniły reszty.

Na koniec chwycił skórzaną pochwę i rzemienie, które zamierzał powiesić na ścianie, i zawiązawszy je na plecach, wsunął do środka miecz. Poruszył ramionami, żeby się oswoić z ciężarem. Był zupełnie gotów.

W niecałą godzinę ze stanu rozpaczy przeszedł w stan determinacji. Nie zdając sobie sprawy, że przechodzi z jednego stanu emocji do drugiego z łatwością, która powinna go zaniepokoić. Każdy dorosły by pojął, że jest bliski załamania nerwowego.

Opuściwszy mieszkanie, chłopiec stanął przed drzwiami Maât. Zapukał kilka razy i zawołał:

– Maât! To ja, mały Matt! No dalej, otwórz!

Dziwna rzecz, kiedy tak czekał w półmroku, zalała go fala miłych wspomnień związanych z kobietą, która była jego opiekunką, czasami nawet nianią. Zawsze mu powtarzała, że są stworzeni do tego, by się wzajemnie rozumieć. Tylko Maât potrafiła go zrozumieć. W ciągu ostatnich miesięcy, od powrotu z wakacji spędzonych z kuzynem Tedem, prawie jej unikał, jej łagodność i grzeczność kojarzyły mu się bowiem zbyt mocno z dzieckiem, którym dopiero co był, a od którego usiłował uciec. W tej chwili wszakże oddałby wszystko, byleby tylko pojawiła się w progu i wzięła go w ramiona.

Długo nie dawał za wygraną, w końcu jednak postanowił odejść.

Ruszył ku drzwiom na schody i pchnął je. Spowijał je głęboki mrok. Nie było żadnego światła, żadnego odgłosu poza świstem wiejącego pod drzwiami wiatru, który przypominał wycie wilka.

– Najwyższa pora, żebyś udowodnił swoje męstwo – dodał sobie odwagi, zapalając latarkę.

Popędził na dół, przytrzymując się poręczy. Miecz nie okazał się zbyt praktyczny, podskakiwał bowiem przy każdym ruchu, zdając się podwajać swój ciężar z każdym mijanym stopniem. Matt zaczął przemawiać na głos, aby dodać sobie odwagi:

– Najpierw pójdę do Tobiasa. Potem do Newtona, a po drodze może spotkam jakichś ludzi.

Latarka rzucała przed nim snop białego światła, wkrótce Matt się zorientował, dlaczego czuje się nieswojo: z powodu tego wszystkiego, czego nie mógł zobaczyć. Otóż na tego typu schodach nie dało się nic zobaczyć. Duże czerwone liczby wskazywały mijane piętra. 19... 18... 17...

Wtem kilka poziomów niżej zaskrzypiały i trzasnęły drzwi.

Matt zastygł w bezruchu.

– Jest tam kto? – zapytał bez przekonania.

Brak odpowiedzi, nic, tylko upiornie wyjący wiatr.

– Jest tam kto? – powtórzył, tym razem głośniej. – Jestem Matt Carter z mieszkania dwa tysiące trzysta sześć.

Jego odgłos odbił się echem po trzydziestu piętrach betonowych schodów, on zaś miał wrażenie, że dziesięciu chłopców zadaje to samo pytanie.

Nadal brak odpowiedzi.

Matt schodził dalej zaintrygowany. Czy to wiatr otworzył drzwi? Pewnie tak.

15... 14... 13...

Już miał zejść na kolejne piętro, lecz zamarł z nogą w powietrzu, słysząc jakiś pomruk. Kiedy skierował latarkę w stronę, z której dobiegał dźwięk, jego oczom ukazał się biały psiak.

– Co ty tu robisz? Zgubiłeś się, tak?

Pies siedział, wpatrując się weń czarnymi ślepiami.

Kiedy Matt podszedł bliżej, zwierzak podwinął wargi, odsłaniając dwa rzędy ostrych zębów.

– W porządku, już mnie nie ma! Spokój! Dobry piesek!

Zwierzę jednak rzuciło się na chłopca, który odskoczył do tyłu, gdy jego szczęki zacisnęły się na spodniach. Pies wczepił się w niego z gardłowym warkotem, jakiego Matt nigdy dotąd nie słyszał. Było to bardzo zaskakujące jak na psa, zwłaszcza tej wielkości.

Przejęty strachem Matt potrząsnął nogą, chcąc go zmusić, żeby puścił. Mały potwór upadł na ziemię, wiedziony zaś równie zbawiennym, co okrutnym odruchem Matt wymierzył mu mistrzowskiego kopniaka, po którym pies przeleciał pod poręczą i poszybował dwanaście pięter w dół.

Matt zakrył dłonią usta, słysząc obrzydliwe, miękkie, mokre plaśnięcie. Pies nawet nie szczeknął.

– Co ja zrobiłem? – przeraził się chłopiec.

Właśnie zabił psiaka. Ogarnęło go tak silne poczucie winy, że o mało się nie rozpłakał, ale wtedy zobaczył na nowo całą sytuację. Przecież pies go zaatakował. On się tylko bronił. To właśnie jest „obrona konieczna", o której mówią w telewizji na kanale pokazującym na okrągło rozprawy sądowe. Matt się otrząsnął, zaczerpnął potężny haust powietrza i ruszył w dalszą drogę.

Dotarłszy na parter, oddałby wszystko, byleby tylko nie musieć oglądać zakrwawionych psich zwłok, na które od razu się natknął. Chłopiec odwrócił wzrok i popędził do holu.

Nikogo nie zauważył. Drzwi do budynku były pozamykane. Gdy pociągnął za jedną z klamek, natychmiast pod stopy wysypał mu się tuman śniegu i owiał go lodowaty wiatr.

Przed oczami miał warstwę nieskażonego ludzką stopą puchu grubości około pół metra. Marsz w takich warunkach zapowiadał się na prawdziwe wyzwanie.

– Zdecydowanie nieźle się zaczyna – zazgrzytał zębami.

Zdołał się wydostać na zewnątrz, jego przeczucia zaś potwierdzały się z każdym krokiem: to było dosłownie piekło. Musiał wydłużyć krok, zapadając się w śnieg do połowy uda. Wkrótce też jęły go niepokoić dwie rzeczy: z jednej strony ołowiane niebo i chmury wiszące tak nisko, że zasłaniały wierzchołki najwyższych domów, z drugiej panująca nad miastem nieprawdopodobna cisza. W mieście, normalnie hałaśliwym o każdej porze dnia i nocy, teraz słyszał tylko wycie wiatru w głębokich arteriach. Owa cisza w krajobrazie składającym się ze stali i szkła tworzyła niepokojący paradoks. Było coś jeszcze, czego nie potrafił nazwać, nie umiał rozpoznać, a co krążyło wokół niego.

Matt pchnął drzwi małej, zazwyczaj zatłoczonej restauracji na rogu ulicy. Na podłodze leżały porozrzucane ubrania. Buty, skarpetki, bielizna. W środku brakowało tylko ciał.

Zacisnął zęby, nie zdołał wszakże powstrzymać łez i zaniósł się szlochem wsparty o bar. Gdzie się wszyscy podziali? Co się stało z jego rodzicami, z sąsiadami, z milionami mieszkańców miasta?

Kiedy się już wypłakał, wyszedł, nie oglądając się za siebie. Ciągle miał jeszcze nadzieję spotkać innych ocalałych. Aby się nie załamać, pragnął jedynie nie oglądać więcej walających się wszędzie ubrań, które przywodziły mu na myśl duchy, a tego nie potrafił znieść.

Dotarcie do domu Tobiasa zajęło mu pół godziny, chociaż normalnie wystarczyło pięć minut. Już miał wejść do budynku, gdy jego uwagę przykuło skrzypienie śniegu: jakieś pięćdziesiąt metrów dalej wirowały płatki i coś usiłowało się wydostać z zaspy. „Pies – pomyślał. – Duży pies. Jeżeli jest taki jak tamten, lepiej się nie zatrzymywać". Czym prędzej schował się do środka.

Schody były tu takie same, jak u niego w domu: pogrążone w egipskich ciemnościach. „Czas start", westchnął. Wdrapał się na piętro Tobiasa, lecz tym razem nie został zaatakowany, chociaż gdy na szóstym usłyszał kota, który wściekle drapał w drzwi, popędził, przeskakując po cztery stopnie naraz. Nawet jeśli świat oszalał w ciągu kilku godzin, jedno nie uległo zmianie: od wspinaczki na dwunaste piętro uda i łydki zawsze bolą tak samo!

Korytarz nie posiadał żadnego okna wychodzącego na zewnątrz, toteż Matt musiał mieć stale włączoną latarkę. Gdyby cokolwiek się działo, nie zdołałby utrzymać równocześnie i miecza, i latarki, broń była bowiem zbyt ciężka, by mógł sobie poradzić jedną ręką. „Nie ma żadnego powodu, żeby stało się coś złego," uspokoił sam siebie.

Podbiegł do mieszkania Tobiasa, nacisnął dzwonek i załomotał do drzwi. Nie otrzymawszy żadnej odpowiedzi, wrzasnął:

– Tobias, to ja, Matt! Otwórz! No dalej, proszę, pospiesz się.

Ponieważ nie było żadnej reakcji, Matt musiał się pogodzić z faktem oczywistym: Tobias też zniknął.

– To nieprawda – powiedział, czując, jak coś ściska go za gardło, do oczu zaś napływają łzy. – Nie zostanę sam.

Nagle za jego plecami rozległ się głuchy pomruk przypominający ryk niedźwiedzia albo lwa. Dochodził z mieszkania naprzeciwko.

Matt zesztywniał.

Następnie drzwi, za którymi znajdowało się to… c o ś, zatrzęsły się, jakby napierano na nie od wewnątrz. Matt sporządził pospieszny bilans sytuacji: za chwilę wypryśnie stamtąd jakieś dzikie zwierzę i zagrodzi mu drogę do schodów.

Drzwi ledwie się trzymały na zawiasach, gotowe z nich wylecieć.

Nie było czasu, by je minąć i uciec. Matt zerknął w drugą stronę: ściana bez wyjścia. Pokręcił głową. Znalazł się w pułapce.

Wtedy drzwi runęły z hukiem, po czym na próg wyskoczyła potężna postać.

Ani całkiem ludzka, ani całkiem zwierzęca.

5
MUTANTY

Matt poczuł, że nogi odmawiają mu posłuszeństwa, i upadł na plecy. Przez moment wydawało mu się, że to emocje pozbawiły go sił, zaraz jednak zdał sobie sprawę, że leży w mieszkaniu Tobiasa. Drzwi się otworzyły, kiedy na nie napierał.

Tobias stał nad nim, przyglądając mu się z ciekawością i zarazem niedowierzaniem. Kiedy to coś w korytarzu ryknęło po raz drugi, podniósł głowę przerażony. Słychać było zbliżające się ciężkie kroki. Gdy Matt pomimo ekwipunku przekoziołkował po wykładzinie, Tobias zdołał zatrzasnąć drzwi i zamknąć wszystkie zasuwy.

– To coś właśnie rozwaliło drzwi do mieszkania, musimy wiać! – krzyknął Matt.

– Rodzice-wymienili-drzwi-po-tym-jak-nas-okradli-te-są-stalowe-myślisz-że-to-wystarczy? – wysapał jednym tchem Tobias.

Matt wstał, mówiąc:

– Zaraz się przekonamy.

Drzwi zaczęły drżeć pod wpływem potężnych ciosów.

– Co... co to takiego? – zapytał Matt. – Jest podobne do tych pomarszczonych psów, tych, co mają za dużo skóry, tych no...

– Sharpei – dopowiedział Tobias, zmieniony na twarzy ze strachu.

– Właśnie. Wygląda jak człowiek o skórze sharpei, który złapał jakieś choróbsko. Był cały w parchach...

Tobias rozdziawił usta, oczy wychodziły mu z orbit, ręce drżały.

– Wszystko w porządku, stary?

Tobias pokiwał głową. Mimo to Matt się zorientował, że jest w szoku.

– Widziałeś, co się dzieje na ulicy? – chciał wiedzieć młodszy kolega.

– Jasne, właśnie stamtąd idę.

– Czy… czy to koniec świata?

Matt przełknął ślinę. Co mógł odpowiedzieć? Czy w ogóle miał jakieś pojęcie o tym, co się działo? Zawahał się. Przyjaciel nie czuł się dobrze. W każdym razie gorzej niż on sam. Musiał świecić przykładem.

– Nie, nie, skoro jeszcze żyjemy. Gdyby nastąpił koniec świata, nie rozmawialibyśmy teraz o tym, nie uważasz?

Tobias przytaknął bez przekonania. Podniósł ramię i rzekł, wskazując na drzwi do kuchni.

– Tam jest taki sam… m u t a n t, jak ten na klatce schodowej. Kiedy się rano obudziłem, już tam był. Zdążyłem zamknąć drzwi, zanim wyszedł.

Teraz to Matt wybałuszył oczy.

– Co takiego? Chcesz powiedzieć, że jest ich dwóch?

– Ten z kuchni jest mniej agresywny, ale i tak próbował mnie dźgnąć nożem. Wydają się jacyś… niezdarni.

Teraz, kiedy napięcie nieco opadło, Tobias mówił powoli.

– Posłuchaj, Matt, mam złe przeczucie. Kiedy rano zobaczyłem, jak się obżera z głową wsadzoną do lodówki, wydawało mi się… wydawało mi się, że to mój ojciec. – Oczy zaszły mu łzami, których nie próbował powstrzymać. – Miał na sobie to samo ubranie. To był… to był czarnoskóry człowiek-sharpei w ciuchach mojego ojca! Widzisz…

Wówczas Matt zrobił coś, co w innej sytuacji uznałby za absolutnie niemożliwe: objął przyjaciela i poklepał serdecznie po plecach.

– Jak powiedziałby mój dziadek, nie krępuj się, wypłacz się, to ci dobrze zrobi. Tak samo jest z pierdzeniem.

Tobias zatrząsł się od szaleńczego nerwowego śmiechu, nad którym nie potrafił zapanować.

– Poza tym wcale nie jestem pewien, czy można wierzyć „republikańskiemu kmiotowi" – dodał Matt, uwalniając go z uścisku.

Tobias wydał z siebie jeszcze jedno parsknięcie, po czym wyznał:

– Nie wiem, co to znaczy „republikański kmiot".

– Prawdę mówiąc, ja też nie.

I znów obaj wybuchnęli śmiechem, który im pomagał i zarazem szkodził, doprowadzeni do kresu wytrzymałości nerwowej.

– Musimy znaleźć sposób, żeby się stąd wydostać – oznajmił Matt, kiedy się uspokoili. – Nie możemy czekać, aż ten… jak go nazywasz, mutant wyjdzie, bo wtedy byśmy się znaleźli w potrzasku między nim a tym drugim.

– No to dokąd chcesz pójść?

– Skoro ty i ja nadal tu jesteśmy, to może Newtonowi też się upiekło.

– A co potem?

– Nie mam pojęcia, później się zastanowimy. Wszystko w swoim czasie. Chyba już damy radę wyjść. Czy można się stąd jakoś dostać do schodów przeciwpożarowych na zewnątrz budynku?

– Nie, od strony zsypu na śmiecie, w korytarzu. Trzeba by minąć mutanta. – Wtem w jego oczach zalśniła maleńka iskierka. – Czekaj! Możemy przeskoczyć z okna w łazience.

Matt natychmiast zauważył, że w mieszkaniu żadna szyba nie jest zbita.

– Nie było u was błyskawic?

– W nocy? Całe mnóstwo! To znaczy nie w mieszkaniu, tylko wszędzie w mieście i na budynku; waliło ze wszystkich stron. W pewnej chwili był wielki błysk i straciłem przytomność. Dopiero co się obudziłem. Od tamtej pory nic nie działa, ani telefony, ani żadne urządzenie elektryczne.

Matt dał znak, że rozumie, widząc jednak, że oczy przyjaciela znów zaszły mgłą, wolał zmienić temat.

– Masz jakieś ciepłe ciuchy? – zapytał, wskazując na piżamę Tobiasa.

– Tak. Zaraz po nie pójdę... Zaczekaj tutaj – rzucił, ocierając oczy.

– Weź jeszcze latarkę, jeśli masz.

Matt już miał mu powiedzieć, żeby zabrał jakiś prowiant, lecz ugryzł się w język na myśl o tym, co czaiło się w kuchni. „Mówi, że to pewnie jego ojciec! Czyli że jedni ludzie poznikali, za to drudzy... zamienili się w ludzio-sharpeio-ropuchy, w mutanty". Mattowi przeszło przez myśl, czy każde mieszkanie, przez które nie przeniknęły błyskawice, jest pełne mutantów, a wszyscy inni wyparowali. Po raz kolejny pomyślał o rodzicach i wówczas do gardła znów podjechała mu bolesna kula. Co się z nimi stało? Musiał kilka razy przełknąć ślinę, żeby powstrzymać wzbierający szloch.

Matt czekał przez pięć minut, podczas których słyszał, jak mutant wali z rykiem o ściany, nim wywnioskował, że on na nie wpada! „To coś nie widzi w ciemnościach!"

Tobias wrócił okutany w budrysówkę, na którą włożył zielony sztormiak. Matt miał na końcu języka, że lekko przesadził, ale wolał siedzieć cicho. Tobias musi robić wszystko po swojemu.

– Mam w środku swój sprzęt skautowski – oświadczył, poklepując plecak.

– Świetnie, no to jazda.

Postępowali zgodnie z planem i wszystko toczyło się po ich myśli, co bardzo przypadło Mattowi do gustu. Obawiał się, że będzie musiał przez całą noc pilnować drzwi do kuchni.

Posuwali się w kierunku domu Newtona, zapadając się w śnieg po kolana. Po godzinie wysiłków spoceni, zdyszani, mieli za sobą trzy czwarte drogi.

Tobias wypatrzył ich pierwszy:
– Tam! – wykrzyknął. – Ludzie!
– Nie drzyj się, jeżeli to mutanty, nie mam ochoty, żeby nas namierzyły.
Matt nie potrafił ich rozpoznać. Tobias wyciągnął z plecaka nowiusieńką lornetkę i nastawił ostrość. Nie mógł uwierzyć, że błąkali się po Nowym Jorku w całej tej ciszy, w całym tym śniegu i że nie spotkali żywego ducha… aż do teraz.
– Ale numer! – zawołał. – To dzieciaki. Zaczekaj, jest z nimi dwóch… nie, trzech nastolatków. Jest ich co najmniej dziesięcioro.
– Nie ma dorosłych?
– Nie widzę ani jednego.
Wtedy Matt zaczął wrzeszczeć do nich na całe gardło.
– Chyba nie słyszą – zauważył Tobias z lornetką nadal przytkniętą do oczu.
– To normalne, są za daleko, na dodatek stoimy pod wiatr.
– Spróbujemy ich dogonić?
– Nie da rady. Mają za dużą przewagę, a w tym śniegu nigdy ich nie złapiemy. Zostaniemy przy naszym planie – dodał z nutką żalu w głosie.
Tobias schował lornetkę i ruszył za nim, zerkając ukradkiem na postacie, które zniknęły właśnie za rogiem odległej ulicy.
– Naprawdę myślisz, że nie ma już dorosłych? – zapytał po chwili.
– Nie wiem. Wolę się nad tym nie zastanawiać.
Dotarłszy pod dom Newtona, ostrożnie weszli na górę. Przeczesali całe piętro, lecz nic nie znaleźli. Wszystkie szyby w oknach były roztrzaskane. Na rozgrzebanym łóżku kolegi leżały porzucone spodenki i podkoszulek.
– Może się gdzieś schował? – podsunął Tobias.
– Wątpię – odparł ponuro Matt, wpatrując się w leżące na łóżku ubranie.

Przyjaciel wyparował tak samo jak wszyscy inni za sprawą dziwnych błyskawic.

– I co teraz?

Matt wzruszył ramionami.

– Lepiej jak stąd wyjdziemy i poszukamy innych ludzi. Im nas będzie więcej, tym raźniej. Może jeśli wysłuchamy jak najwięcej relacji, będziemy mogli zrozumieć, co się stało.

– Myślisz, że komuś się udało uciec przed… tym czymś?

– Tak, grupa, którą spotkaliśmy, jest tego dowodem. Ty i ja też.

Uświadomiwszy sobie, że od poprzedniego dnia nie miał nic w ustach i że zaczyna mu doskwierać głód, Matt dodał:

– Chyba dochodzi południe, powinniśmy coś wszamać.

– Nie jestem pewien, czy dam radę coś przełknąć…

– Zmuś się – uciął Matt. – Przy przedzieraniu się przez śnieg przydadzą ci się siły.

Przygotowali kanapki z tego, co wyszperali w lodówce: z szynki i sera. Następnie posmarowali chleb tostowy masłem orzechowym.

– To nam przynajmniej zostanie w żołądku.

Po czym wyszli na ulicę.

– Którędy idziemy? – zapytał Tobias.

– Jesteśmy niedaleko East River, więc zajrzymy tam. Będzie stamtąd widać przeciwległy brzeg rzeki, zobaczymy, czy Queens i Brooklynowi też się dostało.

Tobias energicznie pokiwał głową. Najwyraźniej spodobał mu się pomysł, że w pozostałej części miasta wszystko może być jak dawniej.

Posuwali się z trudem, unosząc wysoko nogi.

Po pewnym czasie Tobias zauważył:

– Widziałeś, że wszystko, co jeździ, zniknęło?

Matt klepnął się w czoło rękawiczką. Oto co mu nie pasowało, chociaż nie potrafił tego ubrać w słowa. Ulice były zupełnie puste!

– I pomyśleć, że nawet nie zwróciłem na to uwagi! W takim razie gdzie się podziały samochody?

– A jeśli błyskawice sprawiają, że wyparowują nie tylko ludzie?

Matt przytaknął. Tak, nie mogło być innego wytłumaczenia. „Żywe istoty i samochody – powiedział sobie w duchu, nie do końca w to wierząc. – To wszystko jest kompletnie porąbane. Ja chyba śnię, zaraz się obudzę i wszystko będzie normalne". Natychmiast jednak głos rozsądku przywołał go do rzeczywistości: „Nie, nie, nie. To wszystko dzieje się naprawdę. Czy kiedykolwiek było ci aż tak zimno we śnie? A poza tym sny nigdy nie są aż tak długie; ten trwa już kilka godzin... To wszystko prawda!"

Gdy zbliżali się do rzeki, wiatr przybrał na sile, smagając w policzki swym lodowatym językiem. Pomiędzy dwoma budynkami ukazała się East River: szeroka wstęga ciemnej wody. Położony na przeciwległym brzegu Queens wydawał się równie spokojny jak ich dzielnica.

– Wygląda na to, że po tamtej stronie nie ma większego ruchu niż tu – stwierdził Tobias, nie kryjąc rozczarowania.

Matt wpatrywał się wyłącznie w fasady domów znajdujące się w odległości kilkuset metrów.

– Możesz mi podać lornetkę? – poprosił znienacka.

Kiedy Tobias spełnił polecenie, Matt ustawił ostrość na niewielki park na drugim brzegu. Nie mylił się: za drzewem chowało się trzech skulonych osobników. Przepatrując okolicę, wkrótce dostrzegł przyczynę ich lęku: pochylonego do przodu mutanta, który szedł powoli, jakby kogoś szukał. Nie sposób było ich ostrzec – znajdowali się zbyt daleko.

– Co się dzieje? – niecierpliwił się Tobias.

– Widzę trzy osoby. Zaczekaj... Wstały. To nastolatki, nie, jest z nimi dziecko, nie ma nawet dziesięciu lat. Puszczają się biegiem, uciekają przed mutantem w adidasach.

Tobias aż się wyprostował.

– Dogoni ich? – zapytał.

Matt odczekał kilka sekund, nim odrzekł:

– Nie… Są szybcy, a on nie. – Oddał lornetkę przyjacielowi. – Dobra, przynajmniej wiemy, co z resztą miasta. Wszędzie jest tak samo.

– Myślisz, że cały świat się zmienił?

Nie chcąc dopuścić, żeby Tobias znów zalał się łzami (i wcale nie mając pewności, że sam tego nie zrobi), Matt odparł z tak wielkim optymizmem, na jaki tylko było go stać:

– Na razie nic nie wiadomo. Może cały kraj, może nie. A nawet jeśli całe państwo zniknęło, nie mamy pojęcia, co jest z Ameryką Południową, tym bardziej z Europą. Prędzej czy później nadejdzie pomoc.

Tobias wpatrywał się w Matta z zaciśniętymi ustami, nie wiedząc, czy powinien mu wierzyć, czy nie. Nagle jego wzrok powędrował daleko, ku ogromnemu mostowi łączącemu Manhattan i Queens. Czym prędzej sięgnął po lornetkę. Szeroko rozdziawił buzię.

– No nie, to niemożliwe. – Takie były jego pierwsze słowa.

6

ZAMEK W ŚRODKU MIASTA

Chociaż od początku kataklizmu twarz Tobiasa była blada, tym razem stała się kredowobiała.

– Co? – zawołał przybity Matt.

– Most... Ca... ca... cały most opanowali mutanci! – wybełkotał Tobias, nie odrywając od twarzy lornetki. – Jest ich co najmniej... stu! Ale... oni są świrnięci! Walą się po łbach... Co za kocioł!

– Dobra, przynajmniej wiemy jedno: nie zbliżać się do mostu. – Matt usiłował zachować właściwe proporcje.

– A jeśli ze wszystkimi mostami jest tak samo? Przecież Manhattan to wyspa, nie? Będziemy tu tkwić uwięzieni, dopóki nas w końcu nie znajdą?

Matt podniósł ręce uspokajającym gestem.

– Opanuj się, Tobias, to ważne – powiedział. – Jeżeli wpadniemy w panikę, nigdy się stąd nie wydostaniemy. W porządku?

Tobias schował lornetkę, kiwając głową.

– Tak, masz rację. Panuję nad sobą. Panuję nad sobą.

Matt wcale nie był pewien, czy Tobias długo wytrzyma, powtarzając w kółko to samo, ale jeśli podziała chociaż przez kilka godzin, dobre i to. Dopóki nie znajdą jakiegoś schronienia i innych ocalonych, miał nadzieję. „W jedności siła, nie? Trzeba się jak najprędzej przegrupować".

– Wiesz co? – odezwał się. – Wrócimy do centrum i poszukamy jakiejś kryjówki. Przy odrobinie szczęścia po drodze natkniemy się na innych ludzi...

Zamilkł na widok wykrzywionej twarzy Tobiasa.

– Co jest?

– Chyba widać, że nad sobą panuję, nie? – wykrztusił cały skulony.

Tobias zaczynał w nim budzić strach. Matt podążył za jego wzrokiem.

W oddali na północy horyzont był cały czarny. Nie tak jak chmury – przypominał zbliżającą się ścianę ciemności.

– O kurczę! – szepnął Matt.

Wewnątrz wiły się dziesiątki błyskawic, które w przeciwieństwie do zwykłych burz nie znikały po upływie jednej, dwóch sekund, lecz przeciwnie, przemieszczając się po ziemi, przez cały czas świeciły.

– Zupełnie... Zupełnie jakby przeszukiwały ulice! – stwierdził Matt.

– Na dodatek idą tutaj.

Ściana znajdowała się dość daleko i nie zbliżała się zbyt szybko. Matt ocenił, że mają jeszcze może godzinę, zanim ich dopadnie.

– Mam pomysł! – zawołał Tobias. – Wystarczy pójść do banku, w którym pracuje mój ojciec! W podziemiach jest olbrzymi skarbiec. Założę się, że po tym wszystkim, co się stało, i przy braku prądu koniec! Nie ma żadnego alarmu ani nic, więc powinniśmy dać radę się tam ukryć. Te piekielne błyskawice nie przebiją się aż tak nisko i nie przenikną przez drzwi.

– Nie łudź się, nigdy nam się nie uda tam dostać, ten twój cały skarbiec na pewno jest zamknięty na cztery spusty!

– Właśnie że nie. Ojciec mówił, że akurat teraz trwają tam jakieś prace, nie ma już ani pieniędzy, ani nic, jest otwarty na oścież!

Chociaż Matt nie sprawiał wrażenia przekonanego, grzmot, który tym razem dotarł aż do nich, uświadomił mu grozę sytuacji.

– Niech będzie – ustąpił. – Lepiej się nie grzebać, tylko pobiec najszybciej jak się da.

– Najkrótsza droga prowadzi przez Central Park.

Matt się skulił. Wcale mu się nie uśmiechało pętanie po olbrzymim parku stanowiącym strefę gęstej roślinności w samym środku miasta. Nawet w biały dzień miejsce to może czasem napędzić stracha z powodu labiryntu alejek, stalowoszarego jeziora czy ostrych kamieni, toteż bał się myśleć, na co mogliby się natknąć teraz, kiedy wszystko było możliwe!

– Nie będziemy się grzebać – powiedział. – Tam jest kompletna dzicz.

Wymieniwszy porozumiewawcze spojrzenia, natychmiast ruszyli w drogę. Bank znajdował się kilka kilometrów dalej, musieli się więc pospieszyć.

Po drodze Tobias zapytał:

– Jak myślisz, czy nasi rodzice…

– Wolałbym o tym nie mówić, Toby. Nie teraz.

– W porządku, rozumiem.

Pod wpływem rytmicznych oddechów z ich ust wydobywały się obłoki pary pojawiające się tym częściej, im bardziej przyspieszali kroku. Gdy wpadli na okalającą Central Park Piątą Aleję, Matt zdziwił się, nie widząc ani jednego pojazdu na tej osi przecinającej miasto od końca do końca. Nic, tylko stalowo-szklany przesmyk przysypany grubą warstwą śniegu i jak okiem sięgnąć nikogo.

„Gdzie się podziały wszystkie samochody? Co to za burza, która potrafi sprawić, że wyparowują wszyscy ludzie i urządzenia, a reszta zostaje?", zadał sobie pytanie.

Przyjrzawszy się dokładniej, doszedł do wniosku, że to nie jest dokładnie tak: bardzo daleko na południu przesuwały się jakieś ludzkie postacie. Obraz widziany przez lornetkę też to potwierdził: w odległości kilku kilometrów podążała ku nim grupa osób.

– Coraz lepiej – skwitował z przekąsem. – To mutanci. Są jeszcze daleko, ale nie możemy tu zostać, bo wpadniemy w potrzask między nich i burzę.

Na skraju dużego lasu było pełno drżących cieni. Matt wiedział, że nawet gdyby go przemierzyli wszerz, musieliby pokonać kilometr, co uznał za zbyt wiele jak na tak mało przyjemne miejsce.

Kiedy ruszyli aleją, zaczął ich pchać potężny wiatr, który poprzyklejał im ubrania do ciał. Mimo to przeszli na drugą stronę, gdy zaś przeskoczyli przez murek okalający park, wycie wichru ucichło. Tutaj śnieg nie napadał aż tak gęsto z powodu bariery, jaką stanowiły liście, toteż sięgał nie wyżej niż do pół łydki, co sprawiło ulgę obu chłopcom, którzy mieli obolałe nogi.

– Proponuję iść tą aleją na południe, żeby okrążyć jezioro, następnie skręcimy, żeby się nie nadziać na mutantów, a potem wyjdziemy w samym środku parku niedaleko banku. Pasuje ci to? – podsunął Matt.

Tobias polegał całkowicie na przyjacielu, miał bowiem wrażenie, że jego własny umysł już nie dostrzega rzeczywistości z taką samą wyrazistością jak zawsze. Czy to właśnie jest „stan szoku"? Czy po prostu zmęczenie?

Ku ogromnej uldze Matta w głębi Central Parku nie zauważyli niczego alarmującego. Z kolei od północy nadchodziło coś o wiele bardziej niepokojącego pod postacią atramentowoczarnej góry, która wypełniała sobą całe niebo, zbliżając się wraz z sondującymi ulice błyskawicami.

– Musimy iść szybciej – polecił.

Matt już sam nie wiedział, czy wiatr rzeczywiście ustał, czy znajdują się pod osłoną roślinności, cenił sobie jednak to wytchnienie, jako że stawianie czoła lodowatym porywom zmęczyło ich, nie mówiąc już o wyciu, od którego nadal dudniło im w skroniach.

Nagle las rozświetlił niebieski błysk, który natychmiast opadł.

– O, nie – jęknął Tobias. – Błyskawice! Już tu są!

– Prędzej, Toby, prędzej.

Zmusili do wysiłku ciężkie nogi, lawirując między brunatnymi pniami. Chociaż mogła być dopiero trzecia po południu, już zmierzchało. Czarna ściana zaczęła ich przygważdżać. Odkąd zboczyli z drogi, Matt prowadził, polegając na własnym zmyśle orientacji w nadziei, że się nie pomyli. Poruszali się po prawdziwym lesie. Aż trudno uwierzyć, że znajdowali się w samym sercu Nowego Jorku, na dodatek oprócz kilku skał czy wyjątkowo wysokich drzew nie miał żadnego punktu zaczepienia.

Wtem za nimi rozległ się grzmot. „Gotowe, ta cholerna burza już nas dopadła – pomyślał z niepokojem Matt. – Nigdy nie zdążymy dobiec do banku!" Od samego początku miał przeświadczenie, że to nie jest dobry pomysł. „Potrzebny nam jakiś plan B".

Otaczały ich rosnące gdzieniegdzie krzaki i niskie gałęzie, nie stanowiące idealnej kryjówki na przeczekanie burzy. Za ich plecami niebo przecięła niebieska błyskawica. Rozległ się kolejny grzmot. Powietrze się naelektryzowało; Matt czuł, jak wstają mu włosy na karku. Burza znajdowała się całkiem blisko; mogła ich porwać w ciągu najwyżej kilku minut. Pojawiła się lekka bryza, pod której wpływem kaptur Tobiasa zaczął uderzać o ramiona, po czym nasiliła się, przybierając nagle postać gwałtownego podmuchu, który o mało ich nie przewrócił. Z ziemi wzbił się tuman śniegu i jął wirować wokół nich, drzewa zaczęły skrzypieć, gałęzie z kolei poruszać się tak gwałtownie, że same w sobie stały się zagrożeniem.

Opatuliwszy się mocniej płaszczami, chwycili się za ręce, spuścili głowy i przyspieszyli kroku.

Kiedy rozsunęli kępę wysokich trzcin, ich oczom ukazało się jeziorko. Naprzeciw nich na czerwonej skale wznosił się zamek podobny do tych z filmów fantasy. Przed wejściem stała zbudowana na kamiennych filarach altana, dalej znajdował się dziedziniec i główny budynek, obok niego zaś stołp zwieńczony wysoką kopułą.

– Zamek Belweder! – zawołał Tobias. – Moglibyśmy się tam schować, bo chyba nigdy nie damy rady dojść do banku!

– To samo pomyślałem! – odparł Matt, przekrzykując wiatr.

Niebo przecięły właśnie kolejno trzy błyskawice. Zdążyła już zapaść noc. Śnieg wirował, zasypując chłopców szuflami białego puchu.

Okrążyli staw, kuląc się, by dać jak najmniejsze szanse wichrowi, który usiłował ich zmieść. Wtem Matt ujrzał sforę psów, które biegły z wyszczerzonymi kłami, usiłując uciec przed burzą. Popchnął przyjaciela, by przyspieszył kroku. Tobias wspiął się po schodach i pierwszy przeszedł pod zamkową altaną. Wyjący wiatr wtargnął między mury budowli, które zatrzęsły się pod wpływem niesamowitego uderzenia pioruna, po czym Matt zamknął za sobą drzwi zdyszany.

Patrzyli, jak za oknami robi się czarno. W ciągu sekundy miasto spowił gęsty mrok.

Matt usłyszał odgłos sapania, po chwili zaś domyślił się, że przyjaciel grzebie w plecaku. Tobias zapalił latarkę, którą wydobył spośród swoich rzeczy.

– Nie… nie mogę w to uwierzyć – wydyszał, świecąc naokoło. – Daliśmy radę.

Wtem drzwi zadrżały od gwałtownego podmuchu wiatru, na co obaj chłopcy aż podskoczyli.

– I co teraz? – zapytał Tobias. – Co robimy?

Matt uwolnił się od chlebaka, który uwierał go w ramię i w biodro, następnie rozwiązał rzemienie od miecza i z uczuciem ogromnej ulgi wyswobodził się z jego ciężaru. Klinga brzęknęła o posadzkę.

– Zdaje się, że nie mamy wyboru. Musimy zaczekać, aż przejdzie – odrzekł.

Znieruchomiał i jął nasłuchiwać.

Pochyliwszy się, wydobył miecz z pochwy i wyciągnął przed siebie. Mięśnie mu zesztywniały po wysiłku, którego dopiero co dokonał, toteż nie mógł go utrzymać w ten sposób zbyt długo.

– Nie mamy żadnego dowodu, że jesteśmy tutaj sami – szepnął, starając się, żeby jego głos przebił się przez huk piorunów. – Było otwarte.

Tobias podskoczył, jakby oberwał kamieniem w głowę.

– Nie mów tak, nie zamierzam stąd wychodzić!

Matt przeszukał dokładnie obszerną salę, Tobias zaś przyświecał mu latarką. Ściany były z kamienia, bladozielone i pomarańczowobrązowe meble eksponowały przyrządy obserwacyjne: lunetę, mikroskop oraz przewodniki po faunie żyjącej w Central Parku. Na piętrze obejrzeli jakieś piętnaście wypchanych ptaków, po czym wdrapali się po krętych schodach na sam szczyt wieży, gdzie na taras prowadziły drzwi, nie otworzyli ich jednak, tylko wrócili na dół, wcale nie mając ochoty wpuszczać chłodu i śniegu. Nabrawszy otuchy, Matt położył swą cenną broń na bufecie i stanął przed jednym z ostrołukowych okien.

– Widzę s z p e r a j ą c e błyskawice – powiedział. – Są niedaleko.

Zdał sobie sprawę, że głos mu lekko drży. Odetchnął głęboko, próbując się uspokoić. „Tak czy inaczej nie ma sensu wpadać w panikę”. Na razie powinni się rozgrzać – ich spodnie były zupełnie przemoczone.

Tobias wyjął z plecaka trzy świece. Zapalił je i porozmieszczał po sali.

– Zabrałem je przed wyjściem z domu; odruch skauta. Widzisz, skauci wcale nie są tacy źli!

– Nigdy w to nie wątpiłem – odrzekł łagodnie Matt, nie patrząc na niego. – Tak się tylko zgrywaliśmy z Newtonem, żeby cię wkręcić.

– Aha.

Najwyraźniej Tobiasowi zrobiło się przykro na myśl, że przyjaciele zawiązali spisek, by się z nim drażnić.

– Twoim zdaniem Newton… To znaczy uważasz, że stał się mutantem?

Matt nadal śledził, jak burza przybiera na sile.

– Nie, raczej nie. Wydaje mi się, że mutanci to dorośli. Są wysocy, dość dobrze zbudowani. Zeszłej nocy część ludzi wyparowała, a część zamieniła się w te ohydne stwory. Wygląda na to, że chwilowo jedynymi ocalonymi są… dzieci albo nastolatki.

Tobias pochylił się i wpatrzył w płomień. Ogień ogrzewał mu twarz.

– Myślisz, że świat już taki zostanie? – wymamrotał również drżącym głosem. – Że już nigdy nie zobaczymy rodziców ani kumpli?

Matt nic nie odpowiedział. Miał ściśnięte gardło. Na jego milczenie Tobias również zareagował milczeniem, czekali więc bez ruchu, z przemoczonymi nogami, podczas gdy nawałnica atakowała Manhattan, przykrywając wyspę ciemnym płaszczem. Ogromne martwe fasady budynków rozświetlały błyskawice. Matt miał wrażenie, że znalazł się w samym sercu miasta widma. Na architektonicznym cmentarzu. Błyskawice wystrzeliwały z ziemi, przechadzały się, sondując ulice i zaglądając do wnętrza domów na chybił trafił, następnie znikały, by pojawić się znów dalej.

– Zbliżają się – ostrzegł Matt po dwóch godzinach czuwania. Przysunęło się do nich właśnie coś w rodzaju wielkiej czarnej chmury. – Zastanawiam się, co to może być.

– Ja mam to w nosie. Interesuje mnie wyłącznie to, dlaczego wszyscy zniknęli. I gdzie teraz są.

W lesie Central Parku zmaterializowały się właśnie dwie błyskawice, Matt nie zdołał ich jednak wyraźnie zobaczyć.

– Idę na górę – oświadczył. – Stamtąd będzie je lepiej widać.

Zajął pozycję na szczycie wieży przy okrągłym oknie, obok drzwi wiodących na taras. Z tego miejsca dostrzegł jedną z dwóch błyskawic, która powoli podchodziła coraz bliżej, na końcu rozdzielona na pięć mniejszych odgałęzień.

– To naprawdę są ręce – szepnął do siebie.

Żołądek wywrócił mu się na drugą stronę na widok błyskawicy, która sunęła teraz prosto na nich, mrugając. Byli bezbronni; schronienie się w szafie nic by nie dało, to c o ś ślizgało się po ziemi i wszędzie wciskało. Długa niebieska ręka nieustannie drżała, chwilami tracąc moc. Zaczęła zwalniać, kiedy zaś zwinęła się i zniknęła, pozostawiając po sobie smużkę dymu, Matt nie mógł uwierzyć własnym oczom. Daleko w parku kolejna błyskawica podzieliła los pierwszej. Właśnie wtedy spostrzegł trzecią, która usiłowała przeniknąć do lasu, lecz spotkało ją to samo. „Zupełnie jakby nie mogły znieść lasu!", zatriumfował w myślach. Nagle jego uwagę przykuł delikatniejszy ruch u stóp zamku: po drzewie biegało i skakało stado małp. Chłopiec zbiegł po schodach do Tobiasa.

– Dobra wiadomość: wydaje mi się, że błyskawice mają trudności z przemieszczaniem się wśród roślin. Zła wiadomość: przed drzwiami koczują babuiny.

– B a b u i n y? – powtórzył z niedowierzaniem Tobias.

– Przysięgam, to mi się nie śniło, małpy w Nowym Jorku, w samym środku zimy.

– Oczywiście! Pochodzą z zoo w Central Parku!

– Ach tak? A czy tam są niebezpieczne zwierzęta? Bo wszystko wskazuje na to, że te małpy uciekły.

– Babuiny już same w sobie nie należą do sympatycznych. Jeżeli nas namierzą, mogą zaatakować, widziałem na jednym filmie przyrodniczym. Ale istnieje niebezpieczeństwo, i to duże: w tym zoo trzymają niedźwiedzie polarne. A jeśli miśki są głodne, to mamy przerąbane!

Matt westchnął. Tylko tego brakowało.

– W takim razie co robimy? – zapytał Tobias.

– Zaczekamy, aż przejdzie burza – zaproponował Matt. – Masz lepszy pomysł?

Tobias pokręcił głową.

– Spędzimy noc tutaj, a jutro zobaczymy – zgodził się.

Po czym wstał i zastawił drzwi biurkiem.

– Gotowe – wysapał po wysiłku. – To zatrzyma nieproszonych gości, żebyśmy w razie czego zdążyli się zorganizować...

Podczas gdy na zewnątrz nadal szalały żywioły, chłopcy zjedli kanapki z masłem orzechowym, nie wiedząc nawet, czy za górującą nad ich głowami lepką chmurą zapada prawdziwa noc. Co do błyskawic, ciągle przemierzały ulice, wspinały się po budowlach i wyłaniały z powrotem, pozostawiając po sobie złowróżbny biały dym. Po chwili Matt poczuł dojmujący chłód, pootwierał więc wszystkie szafy w poszukiwaniu ciepłych ubrań. Znalazł jakieś stare koce, którymi się opatulili, zdjąwszy przedtem przemoczone spodnie i powiesiwszy je do wyschnięcia nad zapalonymi świecami. Wprawdzie uznali takie rozwiązanie za mizerne, ale lepsze to niż nic.

Tobias zasnął pierwszy, zwinąwszy się w kłębek pod stołem. Matt wolał zostać blisko okna. Uważał się za szczęściarza, mając u boku Tobiasa. Oszalałby, gdyby był sam. Z Tobiasem wszystko wyglądało inaczej. Byli jak bracia. Ich przyjaźń trwała już od podstawówki. Pewnego dnia Matt zauważył, jak ten drobny chłopiec płacze. Otóż matka pewnej koleżanki z klasy zabroniła jej się z nim bawić, ponieważ jest czarny. Za jednym zamachem Matt odkrył wtedy, co to jest rasizm i co znaczy najlepszy przyjaciel. Pocieszył go i od tej pory już nigdy się nie rozstawali.

Ujrzał przed oczami twarze rodziców. Jednocześnie do oczu napłynęły mu łzy. Co się z nimi stało? Czy zginęli? Po raz pierwszy od tragedii wstrząsnął nim gwałtowny szloch, płakał więc, dopóki starczyło mu sił.

Czuwał do późna, aż powieki same mu opadły.

Obudził się, szczękając zębami z zimna. Wszystkie świece zdążyły pogasnąć. W pomieszczeniu było równie ciemno jak na zewnątrz. Matt otulił się ciaśniej kocem; od spania na drewnianym blacie bolały go plecy. Już miał się przewrócić na drugi bok, żeby jeszcze trochę pospać, gdy wtem kątem oka dostrzegł jakiś błysk.

Podniósł głowę i wyjrzał przez okno.

W ciemnościach poruszały się bezszelestnie dziesiątki świateł.

7

SZCZUDLARZE

Światła przemieszczały się parami, płynąc trzy, cztery metry nad ziemią. Matt przykleił czoło do szyby, usiłując coś z tego zrozumieć. Lasem zbliżało się z piętnaście świateł w tempie niewiele szybszym niż krok człowieka.

Wyprostował się, chwycił za miecz (wolał mieć go przy sobie) i wdrapał się na sam szczyt wieży obserwacyjnej.

Alejami okalającymi park i wszystkimi ulicami, jakie zdołał dojrzeć, również nadciągały światła. Pięćdziesiąt błądzących par, może więcej. Nagle snop silnego światła omiótł zamkowy dziedziniec, po czym Matt ujrzał nadchodzącą postać, która miała ze cztery metry wzrostu. Była ubrana w długi płaszcz z kapturem, z którego właśnie wydobywały się owe dwa światła. „Reflektory na czubku przenośnej wieży strażniczej", pomyślał. Spod płaszcza zamiast nóg wyłaniały się dwa czarne pręty, pewnie szczudła. Postać, ochrzczona właśnie przez Matta jako „szczudlarz", posuwała się bezszelestnie po śniegu.

„On czegoś szuka. Albo kogoś!" Może to dalszy ciąg błyskawic lub jakiś stwór tropiący ostatnie źródło życia, żeby je unicestwić.

Kiedy znienacka nocną ciszę rozdarł głos Tobiasa, który pozostał na dole, serce o mało nie wyskoczyło mu z piersi.

– Matt? Matt! Gdzie jesteś?

Matt wypadł na schody, zostawiwszy broń, pognał na dół, o mało nie skręcając nogi w kostce, w ostatniej chwili chwycił się poręczy i wylądował w wielkiej sali przed Tobiasem.

– Cicho bądź! – rozkazał stanowczym tonem. – Na dworze pałętają się jacyś szczudlarze. Jeden jest tutaj! Całkiem blisko!

– Co takiego?

– Jakieś olbrzymie stwory z lampami zamiast oczu.

Przed drzwiami wejściowymi zaskrzypiał śnieg.

– Zbliża się – ostrzegł Matt, rozglądając się wokół w poszukiwaniu kryjówki. – Chodź tu, pomóż mi, trzeba odsunąć biurko.

– Nic z tych rzeczy! Nie wolno go wpuścić!

– Wierz mi, biurko i tak go nie powstrzyma! Za to ostrzeże, że ktoś jest w środku! Pomóż mi, nie ma czasu na dyskusje!

Tobias zrobił zrozpaczoną minę, ale pomógł Mattowi. Bezszelestnie przenieśli biurko i odstawili na miejsce.

Tymczasem szczudlarz zdążył dotrzeć do drzwi. W każdej chwili mógł przekroczyć próg.

Matt otworzył szafę pod oknem, wepchnął do niej Tobiasa, a następnie sam wlazł do środka i zamknął drzwi. Siedzieli skuleni, ściśnięci niczym śledzie w beczce.

– Boję się – jęknął Tobias.

Matt położył palec na ustach, w klitce jednak było ciemno. Wtem dostrzegł maleńką szparę w drewnie, wystarczającą, by podejrzeć, co się dzieje w pomieszczeniu.

Drzwi do zamku zaskrzypiały, otwierając się, po czym hol rozświetliło białe światło. Tobias chwycił Matta za nadgarstek i zacisnął palce przerażony.

Przyłożywszy oko do dziurki, Matt zobaczył szczudlarza, który pochylał się właśnie, żeby wejść.

„Nie. On się nie pochyla, to jego nogi… szczudła wsuwają się pod płaszcz!"

Stwór znalazł się w środku w dwóch susach, nie robiąc najmniejszego hałasu. Z pomniejszonymi szczudłami mierzył już *tylko* trzy metry. Jego kaptur się obracał, chociaż nie było widać, co się pod nim kryje, poza dwiema silnymi wiązkami światła wydostającymi się spod spodu. To były jego oczy...

Szczudlarz właśnie sondował salę, wodząc swym oślepiającym wzrokiem po posadzce, meblach i ścianach. Kiedy kaptur ustawił się przodem do chłopców, Matt musiał zamknąć oczy; światło przesunęło się czym prędzej po bufecie. Matt nadal nie oddychał, Tobias zaś siedział z palcami wczepionymi w jego nadgarstek. Wtedy Matt zauważył za przeciwległym oknem kolejnego szczudlarza, który podążał wzdłuż muru. Jego szczudła dla odmiany się rozciągały. „Żeby mógł zajrzeć na piętro z zewnątrz! Oni przeszukują cały zamek!"

Nagle szczudlarz, który znajdował się w sali, zagwizdał, niemal zawył. Oświetlił swymi światłami chlebak Matta i podszedł do niego.

Spod płaszcza wysunęło się białawe ramię pokryte grubą skórą i dłoń zakończona palcami trzy razy dłuższymi niż ludzkie. Dłoń pomacała stół niczym jakiś ohydny pająk, nim dotknęła chlebaka. Wówczas szczudlarz zaczął węszyć. Po chwili wyprostował się i wydał z siebie serię okrzyków podobnych do dźwięków emitowanych przez wieloryby: na przemian to lamentował, to piszczał tak głośno i przenikliwie, że Matt zacisnął zęby, aby nie jęknąć. „Zaraz podburzy całą dzielnicę!" Właśnie to robił teraz szczudlarz: wzywał posiłki. „Mamy przechlapane, namierzyli nas, to koniec". Na domiar złego Matt zostawił miecz na szczycie wieży i nie było mowy, żeby po niego poszedł. Mogli tylko uciekać, mając nadzieję, że szczudlarz okaże się wolniejszy od nich, w co bardzo wątpił. Kiedy tak tkwili przywarci jeden do drugiego, uświadomił sobie, że sterczą na czworakach w szafie otuleni w koce, w dodatku bez spodni. Nie było szans, żeby się stąd wyrwali.

Do sali wszedł następny szczudlarz. Krzyki umilkły i ku ogromnemu zaskoczeniu Matta obaj zaczęli ze sobą rozmawiać. Syczącym, niemal niesłyszalnym głosem.

– Szszszszsz... on... był... tam! Szszszszsz.

Matta przebiegł potężny dreszcz, kiedy mówiąc te słowa, szczudlarz podniósł do góry jego chlebak.

– Tak... Szszszszsz. Tam. Szszszszsz... Niedaleko. Szszszszsz. Jeszcze... w mieście. Szszszszsz – odrzekł drugi.

– Prędko... szszszsz. Znaleźć go. Szszszsz. Zanim będzie na południu... Szszszsz.

– Tak... szszszsz. Zanim będzie na południu. Szszszsz. On tego chce. Szszszsz.

Szczudlarz potrząsnął chlebakiem, który trzymał w swych obleśnych palcach.

– Tak... Szszszsz. Dla Niego. Szszszsz... On będzie chciał... szszszsz... to zobaczyć. Szszszsz.

Ręka cofnęła się, wciągając chlebak Matta pod szeroki płaszcz. Szczudlarze odwrócili się i wyszli, po czym odzyskali normalny wzrost i bezszelestnie zniknęli.

– Słyszałeś to? – wykrztusił w końcu z zapartym tchem Matt.

– Tak. O czym oni mówili? O naszych rzeczach?

– O moim chlebaku.

– O, to nie wróży nic dobrego. A co to za jeden ten „On", o którym gadali?

– Niby skąd mam wiedzieć? Słuchają czyichś rozkazów, ale kiedy człowiek na nich patrzy, wcale nie ma ochoty spotkać ich władcy! Nie podoba mi się to. Oni szukali... mnie! – powiedział na głos, cały się trzęsąc z oburzenia. – Niech to szlag! Chciałbym, żeby to się skończyło!

Matt otworzył szafę na oczach wystraszonego Tobiasa, upewniwszy się zaś, że na dziedzińcu nie ma już żadnego szczudlarza, wyszedł na zewnątrz.

Zasłonił dłonią usta i usiadł na ławce. Tobias ostrożnie ruszył jego śladem.

– Może... – podsunął nieśmiało – może się pomylili. Może szukają kogoś innego.

Matt milczał.

– Co miałeś w chlebaku? – naciskał Tobias. – Co ci zabrali?

Matt zastanawiał się w pośpiechu, ale wcale nie nad tym, o co pytał Tobias. Przeżuwał to, co właśnie usłyszał, rozważając równocześnie, jak powinni postąpić. Musieli działać szybko, czuł to. Te stwory niedługo wrócą i jeśli on i Tobias nic nie zrobią, szczudlarze ich nakryją. Matt nie miał zielonego pojęcia, co się dzieje ani dlaczego i na czyje polecenie są ścigani, nie miał też jednak najmniejszej ochoty się tego dowiedzieć.

– Musimy stąd spadać – powiedział wreszcie. – Iść na południe. Oni właśnie tego się boją: że dotrę na południe, zanim zdążą mnie znaleźć. Nie wiem, co tam jest, ale wygląda na to, że oni tego nie lubią.

– A może świat na południu się nie zmienił?

– Weź swoje graty, wynosimy się z miasta.

8

ZAKUPY W ŚRODKU NOCY

Włożyli jeszcze wilgotne spodnie, Matt pobiegł po miecz i przytroczył go sobie na plecach.

– Jak się wydostaniemy z miasta? – zapytał Tobias. – Jeżeli wszystkie mosty są w takim stanie jak ten, któryśmy wcześniej widzieli, to nic z tego.

– Nie będziemy szli przez żaden most. Pójdziemy na południe.

– Ale to niemożliwe, przecież nie ma mostu, którym dałoby się wydostać z Manhattanu na południe!

– Właśnie przed chwilą to powiedziałem: nie pójdziemy mostem, tylko tunelem. Tunelem Lincolna, pod rzeką, z drugiej strony miasta.

– A skąd masz pewność, że jego też nie zajęli… mutanci?

– Oni nie widzą w ciemnościach. Ten, który był na twoim piętrze, bez przerwy się o coś uderzał. Nawet jeśli sprawiają wrażenie głupków, nie wydaje mi się, żeby sami zastawili na siebie pułapkę, zamykając się w ciemnym miejscu. Bo przecież prąd w tunelu musiał zostać odcięty, jak wszędzie.

Tobias westchnął.

– I tak nie mamy wyboru, prawda?

Matt podszedł do drzwi i upewniwszy się, że droga wolna, puścił się przez śnieg, a za nim Tobias.

Wkrótce ujrzeli białe światła szczudlarzy patrolujących aleje, chcąc zaś uniknąć owych wartowników o przenikliwym spojrzeniu, Matt skręcił w las. Kiedy niedaleko znienacka trzasnęła gałąź, od razu przemknęła mu przez głowę myśl o niedźwiedziach polarnych z zoo, toteż zamierzał wziąć nogi za pas. Tylko że zamiast niedźwiedzia zobaczyli mężczyznę, czy też raczej mutanta, zważywszy na jego pofałdowaną twarz i pokrywające ją olbrzymie brodawki. Siedział, waląc puszką wędliny o kamień, nie dostrzegł ich jednak. Widok zniekształconego dorosłego człowieka w Central Parku w samym środku nocy, niezdolnego otworzyć konserwy, w równym stopniu sprawił Mattowi ból, co napędził mu strachu.

Zawahał się, czy dobyć miecza, lecz wolał ograniczyć wszelkie ruchy, by nie obudzić czujności mutanta. Tamten zaś rąbnął puszką z całej siły i ryknął gniewnie, widząc, że nie pękła. Kiedy chłopcom udało się dotrzeć na skraj parku, Matt uświadomił sobie, że żal mu porzucać leśną kryjówkę, chociaż za dnia tak bardzo bał się tam zapuszczać. Aby znaleźć schronienie w bardziej dyskretnych zaułkach, musieli się przedostać na drugą stronę szerokiego Broadwayu, tylko że okolicę patrolowało trzech szczudlarzy.

– Szybko i bez hałasu! – ostrzegł Matt. – Jeżeli któryś z tych stworów nas zobaczy, zacznie wrzeszczeć tak jak tamten przed chwilą, żeby ostrzec kumpli, a wtedy będzie po nas.

– Nie damy rady biec ulicą po tym śniegu – stwierdził Tobias. – Popatrz, nie uważasz, że można by spróbować tędy? – Wskazał palcem wejście do metra. – Zejdziemy na dół, będziemy się posuwać wzdłuż torów i wyjdziemy niedaleko tunelu Lincolna – objaśnił.

Matt już miał ochoczo przytaknąć, gdy wtem ujrzeli wyłaniającego się z metra szczudlarza.

– Zły pomysł – poprawił się Tobias.

– Trzymamy się pierwszego planu. Gotów? Start!

Matt wyprysnął do przodu zgięty w pół, żeby nie zwracać na siebie uwagi, Tobias pognał tuż za nim. Musieli podnosić bardzo wysoko nogi, przy każdym kroku zapadali się po uda w śniegu. Na następnym skrzyżowaniu pojawił się szczudlarz, który przeczesywał wzrokiem okolicę. Matt zwiększył tempo. Tamten się zawahał, w końcu jednak ruszył w ich stronę, znacząc szczudłami głębokie ślady. Szedł z o wiele większą łatwością, a zatem o wiele szybciej niż oni. Jego oczy omiatały bezustannie drogę w promieniu dwóch metrów. Gdyby podniósł głowę, a raczej kaptur, który mu służył za głowę, nie mógłby nie zauważyć chłopców. Matt zerknął na przyjaciela, który podążał za nim w tym samym rytmie.

Zdążyli dotrzeć na przeciwległy chodnik przed szczudlarzem i wówczas Tobias dostrzegł jakąś wnękę, w którą wciągnął Matta. Szczudlarz minął ich, nie zwalniając kroku.

– Jednego mniej – odetchnął Tobias, kiedy stwór się oddalił.

Potem już było lepiej. Odnaleźli właściwe tempo, posuwając się od kryjówki do kryjówki, czekając, aż szczudlarze znajdą się jak najdalej, by przejść przez jezdnię. Pokonawszy w ten sposób w ciągu godziny dwadzieścia kwartałów, znaleźli się wreszcie przed tunelem Lincolna. Czuli się wyczerpani marszem utrudnionym z powodu śniegu i nieustannym zachowywaniem czujności. Widzieli, jak między dwiema ścianami domów jeden ze szczudlarzy zatrzymał dwóch zataczających się mutantów, przeszukawszy ich zaś dokładnie, poszedł dalej, odprowadzany osłupiałymi spojrzeniami obu humanoidów. Nawet jeśli nie można było mówić o przymierzu, między obydwoma gatunkami istniało coś w rodzaju „życzliwej neutralności", zauważył Matt. „Życzliwa neutralność" była ulubionym określeniem ich nauczyciela historii z gimnazjum. Wspomnienie szkoły rozdzierało mu serce. Wszystko, co miało związek z ich codziennością sprzed burzy, sprawiało mu dojmujący ból. Czy tamto spokojne życie już nigdy nie wróci? Czy na zawsze stracili rodziców, przyjaciół i komfort n o r m a l n o ś c i? Matt wolał więcej o tym nie myśleć, zanim gardło ściśnie mu się znowu i nie zdoła już zapanować nad własnymi emocjami. Nie czas się załamywać.

Nagle Tobias chwycił go za ramię, by mu pokazać ogromny sklep sportowy.

– Nie sądzisz, że powinniśmy zrobić sobie przerwę i zgromadzić zapasy? W końcu południe to pojęcie względne, dojście tam może nam zająć wiele dni. Moglibyśmy skompletować ekwipunek.

– Genialny pomysł!

Ponieważ drzwi były zamknięte, Matt dobył miecza i upewniwszy się, że na widoku nie ma żadnego szczudlarza, wymierzył potężny cios w szybę gałką rękojeści. Broń odskoczyła, przez co chłopiec o mało się nie przewrócił. Ponownie wytężył siły, złapał jelec obiema dłońmi i tym razem zamachnął się całym ciężarem ciała. Szkło pokryła pajęczyna pęknięć, widniał w nim ślad po uderzeniu, ale szyba nadal się trzymała.

– Co do cholery?! – zdumiał się Tobias. – Nigdy bym nie przypuszczał, że to takie trudne.

Trzeci cios okazał się skuteczny – cała szyba rozprysnęła się na kawałki. Kiedy Matt się cofnął, posypała się na ziemię, na szczęście zamortyzowana przez śnieg, który nie pozwolił, by łoskot rozległ się na całej ulicy.

– Nadszedł czas wyprzedaży – oznajmił Matt głosem, w którym nie było radości.

Zapalili latarkę Tobiasa, ponieważ jego przepadła razem z chlebakiem, i zaczęli przemierzać alejki w poszukiwaniu towarów. Przystanąwszy przed stoiskiem turystycznym, Tobias wybrał duży plecak i zastąpił nim własny. Ten nowy miał mnóstwo kieszeni i był o wiele bardziej pakowny. Matt wolał mały, który nie będzie mu krępował ruchów przy mieczu przewieszonym przez plecy, i z radością znalazł chlebak taki sam jak ten, który stracił. Następnie ruszyli ku regałom ze śpiworami, gdzie wybrali dwa – ostatni krzyk mody. Zgodnie z zapewnieniem producenta w ogóle nie zajmowały miejsca i grzały bez porównania lepiej niż wszystkie pozostałe.

– Tak czy inaczej, to stek kłamstw. Ciekawe, u kogo będziemy składać reklamacje – oświadczył Tobias, którego zakupy wprawiły w dobry humor.

Ten chłopak zawsze był praktyczny. Wyprawa po wielką przygodę sama w sobie mu nie przeszkadzała, pod warunkiem, że dysponował odpowiednim sprzętem. Z następnych półek pościągał latarki, baterie, latarki chemiczne, liofilizowaną żywność, maszynkę gazową z butlą, podstawowe naczynia i sztućce. Potem przyszła kolej na ubrania. Napełnili bagaże najrozmaitszymi akcesoriami, aby niczego im nie zabrakło, i już mieli zawrócić, gdy uwagę Tobiasa przykuła lada z bronią palną.

– Nigdy tego nie lubiłem – przyznał – ale wygląda na to, że okoliczności uległy zmianie. Nie miałbym nic przeciwko karabinkowi na...

Zatrzymał się przed stojakiem na broń i oświetlił pokrywającą go metalową skorupę.

– Coś takiego... Zdaje się, że broń się stopiła...

– Nie wszystka – sprostował Matt, wskazując drugą alejkę. W gablotach stały rzędy łuków sportowych.

– Coś ci powiem: to wszystko, co się od wczoraj dzieje, n a p r a w d ę nie jest normalne – zaprotestował Tobias. – Świat się zmienia? Dlaczego nie... Ludzie wyparowują albo zmieniają się w mutantów? Ostatecznie to też mogę zrozumieć! Ale żeby samochody znikały, a broń się topiła, tego już za bardzo nie pojmuję.

– To Ziemia buntuje się przeciwko człowiekowi, przeciwko zanieczyszczeniu i wojnom, jakie on powoduje – podsunął Matt, sam w to nie wierząc.

Tobias odwrócił się ku niemu i zapytał z bardzo poważną miną:

– Tak uważasz?

Matt wzruszył ramionami.

– Nieee, to znaczy nie mam pojęcia. Chodźmy stąd, szkoda czasu.

Tobias ochoczo skinął głową i obejrzał dokładnie łuki. Wybrał model średniej wielkości i kołczan z przykrywką, który rozepchał, wciskając do środka tyle strzał, ile tylko się dało. Na koniec chłopcy wyposażyli się w duże noże myśliwskie – po jednym przypięli do pasa i po jednym do uda.

Po pięciu minutach byli na zewnątrz, kierując się w stronę tunelu Lincolna.

Wtem zaintrygował ich cichy plusk. Matt przyspieszył kroku.

Przed nimi widniało wejście do tunelu. Matt stanął jak wryty.

Ucieczka nie będzie łatwa.

9

WĘDRÓWKA W CIEMNOŚCIACH

Tunel był zalany.

Ulica prowadziła do szerokiej, ciemnej dziury, wypełnionej w jednej trzeciej czarną, falującą wodą.

Przez kilka sekund wpatrywali się przybici w niedostępny otwór, po czym Tobias stwierdził:

– Łodzią to możliwe. Nad wodą są jeszcze dwa, o ile nie trzy metry powietrza, czyli więcej, niż trzeba.

Matt zmierzył przyjaciela wzrokiem od stóp do głów. Po raz pierwszy to on grał rolę optymisty.

– Niby skąd mamy wziąć tę łódź?

– Przypominam, że właśnie obrobiliśmy sklep sportowy!

Matt przytaknął, po czym dodał:

– Będziemy musieli długo wiosłować. Pod ziemią i po ciemku! Czujesz się na siłach?

Tobias zastanawiał się przez chwilę, nim odrzekł:

– Jeśli mam wybierać między tym a pozostaniem jeszcze przez jedną noc w mieście, to chyba już wolę wiosłować.

– No to jazda!

W drodze powrotnej do sklepu Matt zatrzymał się przed kamiennym występem. Schody prowadziły do przeszklonych drzwi. W świetle latarki ujrzał granatowe ubranie i jakiś słaby błysk. Był to mundur policyjny, przy którym lśniła złota odznaka. Matt przyklęknął. Jeszcze wczoraj był tu jakiś człowiek, policjant, po którym zostały zaledwie strzępy materiału. Broń w kaburze się stopiła, płaszcz zaś nadal wypychała kamizelka kuloodporna. Matt wydobył ją i włożył pod sweter.

– To kevlar, lepszy niż zbroja! – stwierdził z zachwytem.

Uchwycił smutny wzrok Tobiasa, który nie był w stanie się oderwać od kupki ubrań. Matt położył mu dłoń na ramieniu.

– Spróbuj o tym nie myśleć – poradził. – Wiem, że to trudne, ale tak trzeba, bo inaczej nigdy się stąd nie wyrwiemy.

Tobias westchnął głęboko i ruszył w dalszą drogę. W sklepie sportowym wyszperali automatycznie nadmuchiwany ponton i trzy wiosła – Matt uparł się, żeby wziąć jedno więcej na wszelki wypadek.

Stanąwszy z powrotem przed tunelem, rozwiązali rzemienie przytrzymujące ponton, następnie Tobias rzucił okiem na instrukcję, nim pociągnął za gumkę, by uwolnić zawleczkę od naboju z powietrzem. Ponton sam się rozłożył i nadmuchał. Cała operacja zajęła raptem piętnaście sekund.

– Zupełnie jak szalupy ratunkowe w samolocie – powiedział z uznaniem.

Załadowali bagaże, wsiedli na pokład i zaczęli wiosłować, by wpłynąć do tunelu, nie oglądając się za siebie ani razu. Matt poczuł ukłucie żalu – opuszczał przecież swoje miasto, dom. Rodziców. Co się z nimi stało? Nie miał żadnej pewności, że kiedyś pozna prawdę, że ich znów zobaczy ani nawet że wyjdzie z tego żywy. To, czego obaj z Tobiasem właśnie doświadczali, było kompletnym koszmarem. Mógł radzić przyjacielowi, by o tym nie myślał, a i tak rozpacz i strach nie dawały im spokoju, czyhając na najdrobniejsze pęknięcie, żeby ich pogrążyć.

Z zadumy wyrwał go Tobias, który porzucił swoje stanowisko, by chwycić latarkę i przymocować ją do dzioba szeroką szarą taśmą samoprzylepną.

– I pomyśleć, że o mało co nie odradziłem ci zabrania tej taśmy – przyznał się Matt.

Kiedy Tobias nacisnął guzik, latarka otworzyła im drogę. Wrócił na miejsce z wiosłem w dłoniach.

Ocenili głębokość wody na jakieś dwa i pół metra. Ze sklepienia kapały krople, tworząc dosłownie strumienie, które zaniepokoiły chłopców.

Po półgodzinnym wysiłku znaleźli się pod rzeką Hudson, bacznie obserwując coraz liczniejsze przecieki. Czyżby tunel groził zawaleniem? Obaj chłopcy jęli instynktownie wiosłować szybciej, aż zdrętwiały im ramiona i rozbolały ich plecy.

Nagle Matt dostrzegł na powierzchni wody pęcherzyki powietrza. Z początku były maleńkie, więc się nimi nie przejął, kiedy jednak przybrały wielkość pizzy, nie mógł już dłużej udawać, że ich nie ma.

– Widziałeś to? – zapytał cicho.

– Tak. Wygląda na to, że płyną za nami.

– Są tuż pod nami i nie oddalają się nawet o metr.

– A ja nie mogę już dłużej wiosłować tak szybko, wszystko mnie boli.

Ponieważ nieszczęścia zawsze chodzą parami, pełniąca funkcję reflektora latarka zaczęła dawać oznaki osłabienia. Tobias porzucił wiosło, żeby ją poklepać, ale mrugała coraz częściej, aż wreszcie zgasła. Matt słyszał, jak Tobias odkleja ją od dzioba, potrząsa nią. Na próżno wcisnął kilkakrotnie przełącznik.

– Houston, mamy problem – powiedział Tobias, któremu wcale nie było do śmiechu. Z jego głosu przebijał strach.

Matt chwycił własną latarkę i nacisnął guzik. Nic.

Teraz na powierzchni pękało z bulgotem mnóstwo baniek. Matt wymacał plecak i wydobył latarkę chemiczną. Kiedy ją przełamał, płynący ku wilgotnej ścianie ponton zalało nikłe zielone światło.

Wpatrzony w nie Tobias odetchnął z ulgą.

– Już myślałem, że będziemy tak sterczeć w tych ciemnościach jak jakieś cholerne krety – oznajmił.

Matt pochylił się i przyjrzał bańkom, które zdawały się tworzyć wokół nich.

– To nas otacza – powiedział.

Wtem coś uniosło dno pontonu, przewracając bagaże, i równie nagle zniknęło. Chłopcy ścisnęli mocniej wiosła. Spojrzawszy po sobie w widmowym świetle, zaczęli bez słowa machać nimi ile sił w rękach. Tunel zdawał się nie mieć końca, plecy i ramiona aż ich paliły z bólu. Woda wszędzie chlupała, Matt zaś nie potrafił się rozeznać, które pluski są ich dziełem, a które tego c z e g o ś, czymkolwiek to było. Wyobrażał sobie olbrzymiego robaka. Sam nie wiedział dlaczego, po prostu c z u ł, że to właśnie to. Coś w rodzaju kilkumetrowego skrzyżowania węgorza z dżdżownicą, które krąży wokół nich jak wygłodniały drapieżnik wokół swojej ofiary.

Po czym daleko w ciemnościach pojawiła się jakaś zmiana, blade światło w sporej odległości od nich.

– To... wyjście! – wysapał Tobias.

Byli spoceni, zdyszani, mięśnie piekły ich z bólu.

Węgorzo-dżdżownica uderzyła znowu, tym razem mocniej, popychając ponton na ścianę. Tobias upadł na plecy, na szczęście jednak nie za burtę.

– Szybko! – zawołał Matt, podając mu wiosło. – To coś robi się agresywne!

Podwoili wysiłki z zaciętymi twarzami, z kostkami pobielałymi od ściskania wioseł... Wyjście było coraz bliżej. Woda wokół nich wrzała, węgorzo-dżdżownica jeszcze dwukrotnie uniosła dno pontonu, tak jakby chciała je wymacać. Matt bał się, że je przegryzie, czuł, że ona się zbliża, zaraz ich stopy znikną w pełnej ostrych zębów paszczy, która wciągnie ich do ciemnej wody.

Wreszcie pojawił się lekki spadek i zakręt, o który rozbijały się drobne fale – wyjście z tunelu.

Jeszcze jakieś dwadzieścia metrów.

Nagle pontonem znów zatrzęsło; cios był tak silny, że Matt o mało nie wpadł do wody. Po czym węgorzo-dżdżownica przepłynęła pod nimi i uderzyła, podrywając burtę do góry. Chłopcy uczepili się mocno, o mały włos nie wpadli do wody. Trwali tak przez sekundę w chwiejnej równowadze, po czym Matt wypuścił wiosło i przeturlał się ku drugiej burcie, żeby zrównoważyć ciężar. Kiedy ponton rąbnął z pluskiem o wodę, Matt leżał z rozpostartymi ramionami, z twarzą o parę centymetrów od niepokojącego wiru. Zadrżał, czując pod palcami dotyk śliskiej skóry. Kontakt z ludzkim ciałem przyprawił o dreszcz również węgorzo-dżdżownicę, która, jak się domyślił chłopiec, zmieniła pozycję. „Żeby mi pokazać zęby! Zaraz mnie ugryzie!" Napiął mięśnie brzucha i odskoczył do tyłu w chwili, gdy jego dłonie musnęło coś zimnego.

Tobias rozpaczliwie wiosłował.

Byli prawie na miejscu.

O dziwo, woda jęła się uspokajać. Wokół nich nie było już widać żadnych baniek, żadnych groźnych smug. Węgorzo-dżdżownica odpłynęła.

Dotarli do asfaltowego brzegu. Tobias zeskoczył na ziemię, oddychając z ulgą. Pomógł przyjacielowi się podnieść, po czym obaj czym prędzej chwycili bagaże i wzięli nogi za pas.

Wspięli się do góry, przyświecając sobie chemiczną latarką. Podczas gdy znajdowali się pod ziemią, wstał świt. Mimo to wcale nie było widać słońca, tylko gęstą mgłę. Która spowijała wszystko. Mimo to chłopcy dostrzegli całkowitą zmianę otoczenia. Matt dobrze znał wyjście z tunelu Lincolna, wiedział, że są tam ogromne estakady, gigantyczne banery i nieliczne budynki, za to zupełnie nie ma roślinności. Tymczasem docierał do nich nieustanny szum, szum wiatru poruszającego bujnym listowiem.

Ledwie wyłonili się z tunelu, usłyszeli pod stopami skrzypienie korzeni i szelest liści, które zaścielały całą drogę. Po dziesięciu krokach asfalt zniknął pod dywanem z lian i bluszczu.

– Tutaj też coś się stało. Coś innego – zauważył Matt złowieszczym tonem. – Niczego nie rozpoznaję.

10

MIĘDZY SCYLLĄ I CHARYBDĄ

Zielone światło chemicznej latarki przestało wystarczać, by przebić się przez mgłę przypominającą lepką maź, toteż chłopcy nie widzieli dalej niż na dwa metry. Zdołali wszakże zauważyć, że wszędzie otaczają ich gałęzie, liany, paprocie i ogromny bluszcz, który wyglądał, jakby rósł tu od dwudziestu lat.

– Uszczypnij mnie – poprosił przyjaciela Matt. – Można by przypuszczać, że rośliny opanowały świat raptem w ciągu dwóch nocy.

– I nie ma ani śladu śniegu! – dodał Tobias, przechylając się przez balustradę przy drodze, żeby lepiej widzieć.

– Coraz lepiej. Czy twoja latarka działa?

Tobias usiłował ją zapalić, ale bez skutku.

– Nie, prawdę mówiąc żadna – stwierdził po wypróbowaniu kilku innych. – Co teraz zrobimy? Miałem nadzieję, że spotkamy jakichś ludzi…

– Trzymamy się planu: idziemy na południe.

– Przez to? – zaprotestował Tobias, mając na myśli otaczającą ich mgłę.

– Tak. Nie zamierzam tu zostać i czekać, aż dopadną nas szczudlarze. Oni boją się czegoś, co jest na południu. Chcę się dowiedzieć, co to takiego.

– Zdajesz sobie sprawę, że to całe południe, o którym oni mówią, może oznaczać Florydę? Mamy iść tysiące kilometrów?!

Matt poprawił plecak i chlebak, miecz umieścił dokładnie między łopatkami, po czym ruszył dalej.

– Możliwe – rzucił. – W każdym razie ja idę.

Tobias zarzucił swój wielki plecak, burcząc pod nosem w jakimś niejasnym proteście, i popędził za przyjacielem.

– Zauważyłeś, że wszystkie urządzenia elektryczne przestały działać? – zapytał. – Nie mamy ani zegarka, ani latarki, nic. Kiedy zapadnie noc, będziemy uziemieni.

– Przecież zostało nam parę latarek chemicznych, a ty jesteś skautem, nie? Potrafisz rozpalić ogień! Będziemy mogli sobie coś upiec i rozgrzać się.

– Mimo wszystko to straszne. Kiedy się popatrzy na to, co się stało w Nowym Jorku i tutaj, aż strach pomyśleć, co nas jeszcze czeka!

– Tobias?

– Co?

– Mniej myśl i chodź szybciej.

Tobias się nadąsał, ale przyjął komunikat do wiadomości i zamilkł.

Posuwali się naprzód, przebijając mgłę zielonym światłem. Dopiero po godzinie marszu na końcu drogi zamajaczyło miasto. Z tego, co zdołali dojrzeć, ulice świeciły pustkami, nikogo nie było widać na horyzoncie, nie dobiegał żaden odgłos. Wkrótce ukazały się sklepy i punkty usługowe: zakład fryzjerski, sklep monopolowy, salon pielęgnacji dla psów, poczta… Mijając kościół, Tobias zaproponował:

– Można by wstąpić i zapalić świeczkę, tak na wszelki wypadek…

– Na wypadek czego?

– No wiesz… Bóg, te sprawy.

– Ty w to wierzysz?

Tobias wzruszył ramionami.

– Moi rodzice wierzą.

– Wątpię, żeby to wystarczyło. A tak szczerze mówiąc, widziałeś, jak wygląda miasto? Czy kiedy patrzysz na świat, naprawdę wierzysz, że Bóg istnieje?

– Zło to wcale niekoniecznie Jego sprawka, może to nasza wina, On tylko obserwuje i pozwala nam działać, coś w tym guście…

– W takim razie nie warto go prosić o pomoc, pewnie jest tak samo skołowany jak my.

Co powiedziawszy, Matt bez uprzedzenia zmienił kierunek i ruszył prosto do kościoła.

– Zdawało mi się, że nie warto? – zdumiał się Tobias, który przestał cokolwiek rozumieć.

Matt wkroczył do świątyni równie opustoszałej jak reszta miasta, złapał dużą paczkę świec i włożył do chlebaka.

– Skoro już chcesz zapalić świeczkę, niech przynajmniej n a p r a w d ę nam przyświeci – oświadczył i wyszedł.

W centrum miasta nie było żadnych oznak życia. Przystanęli na schodach przed ratuszem, żeby się napić i dać odpocząć plecom.

– Zwróciłeś uwagę, że wcale nie słychać ptaków? Nawet w dzień! – odezwał się Tobias.

Matt wyprostował się i skinął głową.

– Właśnie. Ani ćwierkania, ani trzepotu skrzydeł.

Matt zaczął się zastanawiać nad tą ciężką ciszą. Czyżby błyskawice okazały się wyjątkowo sprytne, czy też istniało jakieś inne wytłumaczenie? Matt czuł się nieswojo – mgła przyprawiała go o niepokój. Mając całkowicie przesłonięte pole widzenia, byli zmuszeni obierać kierunek zaledwie na kilka metrów naprzód, nigdy więcej. Czuł się potwornie bezbronny z chemiczną latarką świecącą w tych bezkresnych oparach. Rozejrzał się ostrożnie wokoło. Nie mógł nawet dostrzec, gdzie się kończy otaczająca ich roślinność.

Nagle Tobias gwałtownie ścisnął przyjaciela za ramię.

– Ała! Co cię napadło? – oburzył się Matt.

Tobias stał z rozdziawioną buzią, z palcem wytkniętym prosto przed siebie.

Z mgły wyłoniła się czarna stonoga wysokości kota i długości autobusu. Pełzała, kołysząc się niczym fala, macając podłoże delikatnymi czułkami.

Matt sięgnął za plecy po miecz. Olbrzymi insekt najwyraźniej ich nie zauważył, sunął bowiem bezszelestnie nadal, po czym zniknął równie szybko, jak się pojawił.

– Ja... ja chcę, żeby się to wszystko skończyło – szepnął Tobias wyczerpany.

Matt wypuścił broń i wstał.

– Nie łam się – odrzekł łagodnie. – Musimy wytrzymać. No chodź, nie możemy tutaj zostać.

– Niby dokąd mamy iść? – wykrzyknął Tobias.

Matt wyczuł w jego głosie początek paniki.

– Na południe. Może znajdziemy tam coś, co nam pomoże.

– Skąd możesz to wiedzieć, co?

Matt wzruszył ramionami.

– Już ci mówiłem. Skoro szczudlarze się bali, że tam pójdę, to znaczy, że istnieje jakiś powód. Musimy tam iść, c z u j ę to.

– Ten twój cholerny instynkt, zgadza się?

Matt spojrzał w zaczerwienione oczy przyjaciela.

– Tak – odparł. – Jestem przekonany, że musimy iść na południe. Pamiętasz? Kiedyśmy się zgubili w górach Catskills, odnalazłem kryjówkę grupy. A kiedyśmy się bawili w parku od strony Richmond Town, c z u ł e m, że nie należy tam iść, i tamci trzej kretyni na nas napadli! Za każdym razem, kiedy mam przeczucie, to działa. Zaufaj mi. Musimy iść na południe.

Tobias podniósł się z trudem.

– Mam nadzieję, że się nie mylisz – wymamrotał, poprawiając plecak i łuk.

Ruszyli dalej wzdłuż głównej ulicy, którą dotarli aż na przedmieścia. Tam Tobias oddalił się nieco, by zabrać butelkę mleka z ganku przed drewnianą chatką. Wniebowzięty z powodu łupu, na moment zapomniał o przytłaczającej mgle.

– Rzadko się spotyka szklane butelki! – powiedział. – Ludzie już nie zamawiają mleka z ranną dostawą do domu.

– To dlatego, że jesteś mieszczuchem – odrzekł z przekąsem Matt.

Mleko przed drzwiami przypomniało mu przede wszystkim o zniknięciu mieszkańców w całej okolicy, a może nawet w całym kraju.

Po godzinie marszu droga zaczęła skręcać na wschód, co wcale nie przypadło do gustu Mattowi, który jednak nie odważył się z niej zboczyć. Z pobocza nie widział wiele więcej niż cienie gęstej niskiej roślinności. Nie było tam żadnych drzew, żadnych wybujałych krzewów, nic, tylko niekończące się dywany lian i bluszczu, morze paproci. Natknęli się na raczej niezarośnięte tory kolejowe; chociaż prowadziły w dobrym kierunku, Matt nimi nie poszedł. Droga sprawiała pokrzepiające wrażenie, stanowiła bowiem arterię łączącą elementy czegoś, co kiedyś było cywilizacją: miasta. Chciał je przemierzyć – z dala od nich było mniej bezpiecznie, znajdowali mniej kryjówek.

Kilometr dalej, tam gdzie tablice informacyjne zapowiadały bliskość miasta, zwolnili, słysząc we mgle tuż przed sobą charkot i ryk. Przyświecająca im latarka chemiczna zaczynała słabnąć, Matt skorzystał więc z tego, by cisnąć ją daleko w dzikie pola leżące wzdłuż drogi.

Niecałe sto metrów od szlaku ktoś wydał z siebie serię pomruków. Natychmiast padła odpowiedź z miejsca, które znajdowało się jeszcze bliżej. Potem dalej odezwały się kolejne pomruki, później jeszcze następne i tak w kółko. Matt doliczył się dziewięciu. Rozległy się odgłosy ciężkich kroków.

– Myślisz to, co ja? – zapytał Tobias.

– Mutanci?

– Tak mi to brzmi! Takie same ohydne dźwięki. Możemy ich ominąć, idąc przez paprocie.

Matt się skrzywił. Wcale nie miał ochoty zanurzać się w tę dziwaczną roślinność.

– Masz inny pomysł? – szepnął Tobias. – Najwyższy czas go wyjawić, bo to coś się zbliża!

– Tory kolejowe.

– Co? Za nami?

– Prowadzą na południe. Tutaj nawet nie wiemy, dokąd idziemy, na dodatek aż się roi od mutantów.

– Coś mi się zdaje, że bezpieczniej będzie w miastach niż na wsi.

– Ja też tak myślałem, ale… wygląda na to, że… mutanci to… dorośli, którzy nie zniknęli. Dlatego jest ich więcej w miastach i miasteczkach.

Teraz odgłosy kroków rozległy się zupełnie blisko.

Tobias odwrócił głowę w tę stronę i skapitulował przed groźbą.

– Dobra, zawracamy – powiedział. – Prędko.

Wzięli nogi za pas. Matt odczekał, aż oddalą się od pomruków co najmniej na trzysta metrów, nim przełamał kolejną chemiczną latarkę, która zalała wszystko wokół zielonym blaskiem. Dotarłszy do torów kolejowych, ruszyli naprzód po podkładach. Obaj mieli żołądki ściśnięte ze strachu.

– Skąd ta pewność, że prowadzą na południe? – zapytał Tobias po długim milczeniu.

Matt wyciągnął z kieszeni płaszcza jakiś mały przedmiot, kiedy zaś otworzył dłoń, widniał na niej kompas.

– Zabrałem go ze sklepu sportowego.

– Nawet jeśli aparatura elektroniczna nie działa, przynajmniej na pole magnetyczne zawsze można liczyć!

– Mam nadzieję – przytaknął ponuro Matt.

Stawiając stopy kolejno na każdym podkładzie kolejowym, zauważyli liany poowijane wokół szyn. Wkrótce zahipnotyzował ich idealnie zsynchronizowany rytm własnych kroków. Stres minął, pojawiło się natomiast zmęczenie, a wraz z nim głód. Nim wybiło południe, zrobili sobie przerwę, przysiadając na torach. Wypili niemal całą butelkę mleka, bez słowa jedząc batony energetyczne. Mgła jeszcze nie zelżała, słońce przebijało się przez nią jedynie w postaci białego halo. Dając tyle światła, ile o zmierzchu.

Co jakiś czas pojawiały się nieliczne, wysokie cienie drzew. Na moment Matta ogarnęły wątpliwości: a jeżeli idą tak na próżno? Jeżeli ich wędrówka nigdy się nie skończy? Jeżeli na południu nic nie ma? Czym prędzej zamrugał i odpędził złe myśli. Nie wiedział co, ale na południu było c o ś, co nie dawało szczudlarzom spokoju. I to tak skutecznie, że szukali go na polecenie swojego... pana, słynnego „Onego". Matt był przekonany, że musi natychmiast wiać jak najdalej od Nowego Jorku.

Czym prędzej znów ruszyli w drogę. Niewyspanie, lęk i proces trawienia stanowiły koktajl usypiający, pod którego wpływem chwiali się, idąc. Matt podniósł dłoń, proponując postój. Wyjęli śpiwory, Matt położył swój między szynami, na podkładach.

– Będziesz spał t u t a j? – zdziwił się Tobias.

– Tak, a czego ty się boisz? Chyba nie pociągów.

– Ja bym nie mógł. Już wolę korzenie.

Mimo napięcia i niewygód od razu zapadli w sen.

Sen bez marzeń. Zimny sen.

Kiedy zaś spali, w górze, między ścianą mgły a słońcem, przemknął jakiś cień. Cichy cień, który wirował ponad nimi przez minutę, jakby próbował ich wyczuć, lecz obaj chłopcy, uwięzieni w swych sarkofagach z pary, pozostali niewidzialni. Cień nabrał w końcu wysokości i rozpłynął się na horyzoncie.

11

SCHODY W CHMURACH

Odzyskawszy świadomość, Tobias w pierwszej chwili się przeraził, że nic nie widzi, po chwili zdał sobie jednak sprawę, że chemiczna latarka się wyczerpała. Spali o wiele dłużej, niż zamierzali. Tymczasem zapadła noc i nadal utrzymywała się gęsta mgła.

Tobias chciał obudzić Matta, którego dostrzegał metr od siebie, kiedy poczuł, że coś mu trzyma stopy. Przeszył go lodowaty dreszcz.

Wokół nóg owinęła mu się liana, która wyrosła w kilka godzin.

Tobias uwolnił się gwałtownie i potrząsnął przyjacielem.

– Matt... Matt... jest noc.

Chłopiec otworzył oczy i wyprostował się.

– Nie wiem, która może być godzina, ale jest ciemna noc – rzucił Tobias. – A chemiczna latarka zdechła. Trzeba przełamać następną.

Matt pokiwał głową, po chwili zaś doszedł do siebie. Otworzywszy chlebak, naliczył sześć latarek chemicznych.

– Powinienem mieć tyle samo – oznajmił Tobias. – To nam pozwoli przetrwać jakiś tydzień. Co robimy? Idziemy dalej?

Matt zastanawiał się przez moment, nim przytaknął.

– Nie traćmy czasu. Jesteśmy przytomni, więc pora ruszać. Tylko najpierw chętnie bym zjadł coś pożywnego.

Tobias wyciągnął porcje liofilizowanej żywności, po czym na jednym z podkładów kolejowych zainstalowali maszynkę gazową. Wydobywał się z niej tańczący płomień, który zabarwił ich twarze niebieskim światłem. Wkrótce nad rondelkiem ukazał się delikatny obłoczek pary – kurczak z makaronem nabierał gęstości na ich oczach. Kiedy posiłek był gotowy, Matt bez żalu wyłączył maszynkę, bo przy jej świetle, które musiało być widoczne z daleka mimo otaczającej ich mgły, czuł się straszliwie bezbronny.

Zjedli z ochotą, a następnie wytarli naczynia.

– Zabraknie nam wody – zauważył Tobias. – W tym tempie jutro będziemy musieli wpaść do miasta.

– Poradzimy sobie. Chodź, idziemy.

Zapalili kolejną chemiczną latarkę, żeby widzieć, gdzie stawiają stopy, i ruszyli w drogę. Od czasu do czasu w krzakach bądź między drzewami słyszeli jakiś szelest, ale nie rozróżniali żadnych kształtów.

Matt szedł pierwszy, posuwając się między szynami. Po jakichś trzech godzinach marszu (nie mieli żadnego sposobu, żeby dokładnie sprawdzać czas) zrobili sobie przerwę, aby ugasić pragnienie i rozmasować stopy. Zanim znów zaczną pokonywać kilometry.

Nieco później Matt zauważył zmianę w oświetleniu – wkrótce miał nadejść świt. Kolejny świt. Po całej nocy monotonnego marszu posuwali się niczym automaty, stawiając jedną stopę przed drugą, wiedzeni czystym odruchem. Matt nie zwracał uwagi na otaczające ich odgłosy, idąc naprzód z ramionami obolałymi od dźwigania ekwipunku.

Nagle zdał sobie sprawę, że wzdłuż nasypu, na którym się właśnie znajdowali, ciągnie się murek. Odwróciwszy się do Tobiasa, powiedział:

– Chyba się do czegoś zbliżamy.

Tobias, tak samo ukołysany regularnym rytmem marszu, otworzył szeroko oczy, jakby budził się ze snu.

– Ach tak? Zaczynam się czuć zmęczony.

– Chodźmy jeszcze kawałek, może znajdziemy jakieś suche miejsce na postój.

Murek stał się wyższy. Kiedy wreszcie Matt podszedł bliżej, przechylił się i wyjrzał. Mimo to nie dostrzegł niczego poza mgłą. Ani roślinności, ani żadnej budowli, tylko wiatr gwiżdżący w dole.

Chwycił kamyk z podsypki i cisnął nim w otchłań. Kamyk poleciał i zniknął w kokonie z pary, nie wydając żadnego dźwięku.

– Kurczę! – wykrzyknął chłopiec. – Zdaje się, że jesteśmy na moście!

Tobias natychmiast sprawdził odległość między obydwiema barierkami. Była niewielka. Jeśli nadjedzie pociąg, nie będzie dokąd uskoczyć. „Nie ma żadnego powodu, żeby przejeżdżał tędy pociąg, już nie...", pomyślał, sam nie wiedząc, czy powinien się tym cieszyć, czy smucić. Pociągnął Matta za rękaw.

– Chodź, nie stójmy tak – powiedział, przyspieszając kroku.

Nie mógł się doczekać, kiedy wreszcie zejdą z tego mostu. Jednak mimo że pokonali już jakieś pięćdziesiąt metrów, ciągle jeszcze nie połączyli się ze stałym lądem. Gdzieś tam nisko pod stopami wiatr się nasilił, tymczasem na ich wysokości nie czuć było najmniejszej bryzy.

– To osobliwe miejsce i wcale mi się nie podoba – wyznał.

Wtem nad ich głowami rozległ się taki dźwięk, jakby kawałek płótna załopotał na wietrze. Matt zrobił unik, potknął się na podsypce, Tobias zaś skulił się, osłaniając twarz. Dźwięk rozległ się znowu, tym razem gdzieś wyżej, oddalając się.

– To był... piekielnie duży ptak – szepnął Tobias.

Matt wyprostował się z sercem walącym jak młotem.

– Otarł się o nas, poczułem go na karku. Przeleciał całkiem blisko.

Nie powiedziawszy już ani słowa więcej, ruszyli dalej energicznym krokiem. Wpatrywali się w przytłaczającą nieprzeniknioną mgłę, zdając sobie doskonale sprawę, że jeśli ten potwór ponownie ku nim zapikuje, zobaczą go dopiero w ostatniej chwili. Nic wszakże nie przefrunęło, nie zatrzepotały żadne olbrzymie skrzydła.

Natomiast za ich plecami, u wejścia na most, rozbłysły dwa białe światła. Dwa potężne reflektory jeden obok drugiego, które dość szybko się zbliżały.

– A niech to! – zawołał Tobias. – Widzisz... widzisz, że mogą tędy jeździć pociągi?!

Posiniały Matt pokręcił głową.

– To nie pociąg, tylko szczudlarz. I zdaje się, że nas namierzył.

Słowa Matta się potwierdziły, kiedy za ich plecami zabrzmiały krzyki wieloryba. Przenikliwe jęki i piski przebiły gęstą jak wata mgłę.

– Biegiem! – ryknął Matt. – Biegiem!

Popędził ze spuszczoną głową, ciągnąc za sobą przyjaciela.

Natychmiast za nimi zazgrzytały toczące się kamyki – to szczudlarz rzucił się w pościg.

Czy mieli jakiekolwiek szanse, żeby zgubić szczudlarza? Matt w to wątpił. Powinien oszczędzać energię na ewentualne starcie czy stawić mu od razu czoło i dobyć miecza? Nogi niosły go metr za metrem, jakby nie chciały się pogodzić z tą drugą ewentualnością. Słyszał, jak szczudła potwora zagłębiają się w podsypce z regularnością maszyny. Już sama ich długość wystarczyła, by zapewnić mu przewagę. Zaraz ich dorwie. Matt już miał płytki oddech, ekwipunek bardzo mu bowiem ciążył. O mało się go nie pozbył. O mało nie wyrzucił wszystkiego, nawet broni, żeby tylko uciec.

Przed nimi zamajaczyło coś o geometrycznych kształtach. Mgłę przebiły ostre krawędzie. Rampa, dach... peron. Na moście wznosił się dworzec kolejowy. Tobias i Matt dopadli go zdyszani i wspięli się na brudny opuszczony peron. Na ścianach widniały wielkie plamy od rdzy i szerokie szpary przypominające pęknięcia na wyrośniętym chlebie. Jarzeniówki pokrywała gruba warstwa brudu, w kątach zaś było pełno pajęczyn.

Chłopcy biegli wzdłuż peronu, tymczasem szczudlarz wchodził już na betonowy stopień. Schody stanowiły wyjście, Matt złapał się więc poręczy i wskoczył na nie, a Tobias za nim. Metalowa struktura zagłębiała się pod dworzec. Po chwili natrafili na rozwidlenie: po jednej stronie wiodła prosta linia znikająca pod mostem, po drugiej równie wąskie, jak strome schody. Matt wybrał schody. Dosłownie przefrunął nad stopniami, mając za plecami Tobiasa. Znienacka na schodach wyrósł podest, po czym skręciły one w innym kierunku, rysując gigantyczne Z. Konstrukcja, zawieszona na linach i belkach, na których widać było wyraźnie nity, przypominała wieżę Eiffla. Matt i Tobias, którym już brakowało tchu, zastygli w bezruchu, nie słysząc więcej szczudlarza. Matt odważył się zerknąć do góry. Ich prześladowca zatrzymał się przed wejściem na schody. Nawet przy schowanych szczudłach był zbyt wysoki, żeby się tam zmieścić. Matt widział, jak się waha i pochyla do przodu, usiłując się wśliznąć do klatki. Nie czując się pewnie, wczepił się mlecznobiałymi palcami w oczka ścian. Matt, którego płuca aż paliły, przyglądał się, jak się cofa, wychodzi, podnosi głowę i wydaje swe rozdzierające piski, wzywając pomocy.

Złożony w scyzoryk wyczerpany Tobias oparł dłonie na kolanach.

– Zdaje się… że… wraca mi… astma!

– Nigdy nie… miałeś… astmy!

– Czasem… świszcze mi… w płucach.

– Przestań – uciął Matt. – Lepiej stąd spadajmy, dopóki to coś… nie może nas gonić.

Ruszyli dalej, tym razem wolniej, zastanawiając się, jak głęboko zejdą w ten sposób. Mgła powoli rzedła i falowała coraz bardziej. Dołączył do niej wiatr pieszczący włosy. Jakieś dziesięć metrów niżej zaczął gwizdać, smagając policzki. Mgła zniknęła i ustąpiła miejsca wirowi chmur, które stopniowo się rozpadły, odsłaniając w dole wierzchołek lasu. Jak nisko zeszli? Sto metrów? Pewnie dwieście, obliczył Matt, nim dotarł do ostatnich stopni wśród wysokich sosen. Czując w nogach skurcze od wysiłku, chłopcy upadli bezwładnie na mech.

Ledwie złapali oddech, uświadomili sobie, że miejsce jest oświetlone. Wysokie niczym koła ciężarówek grzyby emanowały białym światłem.

– A to dopiero! – parsknął Tobias. – Wyglądają zupełnie jak latarnie! Patrz! Są wszędzie! Będziemy mogli zaoszczędzić na latarkach.

Matt już obiegał okolicę; las przecinała ścieżka. Czym prędzej wrócił do Tobiasa.

– Jesteśmy na dobrej drodze! – wykrzyknął.

– Skąd wiesz?

Zamiast odpowiedzieć, Matt zaprowadził go do starej szopy ukrytej wśród paproci i krzaków jeżyn, na skrzyżowaniu ścieżki i drogi wiodącej od schodów. Tam zaś widniała oparta o pień drzewa szeroka deska lśniąca w łagodnym świetle grzybów. Przyjrzawszy się dokładnie, Tobias pojął, że to nie sama deska błyszczy, ale farba.

Ktoś się nią posłużył, żeby napisać wiadomość.

12

NOCNE SPOTKANIE

Nie idźcie na północ. Dorośli zniknęli. Zastępują ich potwory. Jest nas dziewięcioro. Idziemy na południe.
Skarabeusze wskażą wam drogę.

W Tobiasa wstąpiła nowa nadzieja.

– Miałeś rację, Południe to przyszłość – zawołał. – Tylko o co chodzi z tymi skarabeuszami?

– Nie mam zielonego pojęcia – skrzywił się Matt. – Chodź, nie wiadomo, na jak długo utknęli szczudlarze, ale wcale mi się nie uśmiecha znaleźć się z nimi twarzą w twarz, kiedy tu zejdą.

Chociaż na horyzoncie świt malował delikatną wstęgę, gęste korony drzew przepuszczały tak mało światła, że gdyby nie świecące grzyby, byłoby zupełnie ciemno.

– Jak myślisz, czy jeżeli utnę kawałek, nadal będzie świecił? – zapytał po drodze Tobias.

– Wystarczy spróbować.

Tobias czym prędzej wyciągnął nóż myśliwski i starannie odkroił długi pasek białego miąższu.

– To działa! – wykrzyknął. – Już nie będziemy potrzebowali świec!

Wsunął swą zdobycz delikatnie do kieszeni, blask jednak wcale nie stracił na intensywności. Kilka kilometrów szli leśną ścieżką, aż wstało słońce. Gdy zrobiło się zupełnie jasno, światło rzucane przez grzyby jęło blednąć i w końcu całkiem zgasło.

Maszerowali cały dzień przez gęsty las, przystając tylko po to, by się pożywić i dać odpoczynek obolałym kończynom. Pod wieczór nie byli już w stanie iść dalej. Zboczyli ze ścieżki i schronili się w gęstwinie. Matt przysiadł na pniaku, zdjął buty i skarpetki, odsłaniając pięć olbrzymich pęcherzy.

– Zauważyłeś, że po tej stronie tunelu śnieg zniknął? – zapytał Tobias.

– A klimat stał się bardziej łagodny. Wcale nie jest mi zimno – podsunął Matt, krzywiąc się na widok szóstego pęcherza.

Tobias przyjrzał się stopom przyjaciela z obrzydzeniem.

– Jestem pewien, że mam takie same! Wcale nie chcę ich oglądać! Piekielnie mnie bolą.

Co powiedziawszy, uruchomił palnik gazowy. Zjedli kolację w milczeniu, zbyt wyczerpani, żeby rozmawiać. Gdy zaczęli przysypiać, Tobias wpadł na pomysł, żeby na zmianę pełnili wartę.

– Nie damy rady, oczy same nam się zamykają. Potrzebujemy jak najwięcej snu. Nie wydaje mi się, żeby stanie na warcie było specjalnie potrzebne.

Tobias w końcu rozsznurował buty, żeby przewietrzyć stopy. Rozmasował sobie kostki.

– Jak myślisz, długo jeszcze będziemy tak szli? – zapytał poważnym tonem.

Matt wyczuł w jego głosie coś więcej niż niepokój: rezygnację, nagłe znużenie. Czy miał prawo go obwiniać? Co jeszcze gorszego mogło ich spotkać? Szli samotni, nie wiedząc, czego właściwie szukają, bez nadziei na wytchnienie, kierując się wyłącznie przeczuciem.

„Ale wiem, że trzeba iść na południe! – próbował dodać sobie otuchy. – Szczudlarze się bali, że już tam jestem. Kiedy tam dojdziemy, coś nam pomoże. Inni ocaleni to wiedzą!”, powtarzał w myślach, przypominając sobie namalowane na desce słowa: „Skarabeusze wskażą wam drogę".

– Nie wiem – przyznał w końcu. – Będziemy szli tak długo, jak to będzie konieczne. Lepiej się nad tym nie zastanawiać; brak pewności budzi lęk, a tego nam nie trzeba.

– Gadasz jak belfer! – parsknął śmiechem Tobias.

Matt zmarszczył brwi, ale po chwili dotarło do niego, że przyjaciel ma rację. Odkąd wyruszyli w drogę, zaczął się zachowywać jak przywódca, przybierając odpowiednią postawę: emanował siłą i pewnością siebie, lecz były to tylko pozory. Tobias przejawiał oznaki słabości, które należało zrównoważyć, Matt pchał go więc naprzód, ani razu jednak nie stał się na powrót przerażonym nastolatkiem, którym był w rzeczywistości. „To wszystko bzdury! O mało się nie skichałem ze strachu! Mam ochotę się rozbeczeć jak dzieciak!" Równocześnie przeczuwał, że tak się nie stanie, nie teraz. Musi być silny. Musi ich poprowadzić na południe, ku nadziei.

Mimo to pewna rzecz dręczyła go tak bardzo, że robiła wyłom w jego determinacji. Dlaczego właśnie on? Dlaczego szczudlarze ścigają akurat jego? Dlaczego nie Tobiasa? I kim jest ten cały „On", na którego polecenie go prześladują?

„Lepiej, żebym zadawał mniej pytań i poszedł spać", przemówił sobie do rozsądku, chcąc rozwiać wątpliwości. W głębi duszy żywił przekonanie, że prędzej czy później usłyszy o tym całym „Onym", że szczudlarze nie pozwolą mu o nim zapomnieć. „Chyba że dotrzemy na południe, zanim nas znajdą..." Wkrótce wszystko stało się płynne, pogmatwane, zaczęło mu się mieszać w głowie, musiał uciec od rzeczywistości choć na jakiś czas, zasnąć. I właśnie to obaj zrobili, upewniwszy się przedtem, że są dobrze ukryci w paprociach.

Obydwom przyśnił się podobny sen. O normalnym świecie. O szkole, o znienawidzonych i uwielbianych nauczycielach. O posiłkach przy rodzinnym stole.

Matt otworzył oczy.

Nie znajdował się w domu, nie leżał w bezpiecznym łóżku.

Była jeszcze ciemna noc, której mrok potęgowały dodatkowo wierzchołki drzew. Zmarzł, wilgoć zakradła się do śpiwora, bolały go plecy, po całym ciele zaś przebiegały mu skurcze. Przygoda ta miała nader gorzki smak w porównaniu z tymi, o których marzył, grając w RPG-i.

Wokół nich bzykały owady. Dwie sowy wymieniały się wrażeniami za pomocą tajemniczych pohukiwań. Ku wielkiemu rozczarowaniu chłopca świecące grzyby nie rosły w tej okolicy. Nagle rozległ się w ciemnościach przenikliwy krzyk, jakiego Matt nigdy dotąd nie słyszał. Krzyk ten wzmagał się i płynął w powietrzu przez kilka sekund, po czym ustał. Przypominał skargę przechodzącą w obsceniczny, przerywany śmiech hieny. Gigantycznej, zwyrodniałej hieny.

Tobias zerwał się w mgnieniu oka.

– Co… to takiego? – wyjąkał.

– Zdaje się, że coś, co mnie obudziło.

Matt zdążył już chwycić za miecz, chociaż jeszcze go nie wydobył z pochwy.

Tuż obok nich zaskrzypiało drzewo. Po chwili wszystkie rośliny gwałtownie się zatrzęsły.

– Tam! – zawołał Tobias, wskazując ciężką gałąź, która jeszcze drżała. – Kurczę! To coś musi być olbrzymie!

Czym prędzej złapał za łuk, wymacał strzały, nałożył jedną na cięciwę i wstał, rozglądając się uważnie dokoła.

Matt, któremu wyrwał się jęk, podszedł do niego powoli i wyszeptał:

– Widzę go! Jest na górze… Siedzi w miejscu, gdzie pień się rozdziela.

Tobias podniósł wzrok i zamarł. Czaiła się tam jakaś dziwaczna postać wielkości człowieka.

– Widzisz go? – dopytywał się przyjaciel.

– Tak. Mam… cykora, Matt.

Matt pozostał niewzruszony. On także wpadł w panikę. Dostrzegł długie pazury w miejscu dłoni i stóp. Wtem stwór się pochylił, żeby się lepiej przyjrzeć chłopcom.

Matta przebiegł dreszcz.

Głowa potwora przypominała pozbawioną ciała czaszkę pokrytą białą skórą, wargi odsłaniały nieprzeciętnie długie, ostre zęby osadzone w wydatnej szczęce. Ogromna, pełna kłów paszcza nie przestawała toczyć gęstej piany. Czujne oczy lśniły.

Paskudztwo stworzone po to, by przecinać, rozszarpywać. Drapieżnik.

Matt pojął w jednej chwili, że zaraz się na nich rzuci.

Pociągnął za rękojeść miecza i spojrzał na jego ostrze. Chwycił broń oburącz i zamarł, zastanawiając się, czy długo wytrzyma. Walczył ze sobą, żeby nie upaść i nie wrzasnąć ze strachu.

Kątem oka dostrzegł grot strzały. Tobias właśnie wycelował w bestię. Metalowy grot drżał tak mocno, że Matt miał wątpliwości, czy przyjaciel trafi, nawet jeśli cel będzie nieruchomy.

Nagle stwór odwrócił głowę i zaczął węszyć. Zdawał się wahać, skupił uwagę na chłopcach, znów powęszył w kierunku ścieżki i wydał gniewny okrzyk pod adresem swych ofiar.

Zanim Tobias zdążył wypuścić strzałę, stwór zniknął, skacząc z drzewa na drzewo, aż rozpłynął się w mroku.

Chłopiec westchnął i opadł na śpiwór.

– Coś się zbliża ścieżką – szepnął Matt. – Coś, co wypłoszyło to… stworzenie.

W chwili, gdy wypowiadał te słowa, z ciemności na drodze wyłonił się zwierzęcy kształt. Chłopcy czym prędzej skryli się w paprociach.

– Widziałeś, co to było? – zapytał Tobias.

– Nie, było duże, owłosione, coś jak pantera albo niedźwiedź, ale poruszało się zbyt szybko.

Idące ciężkim krokiem zwierzę miażdżyło łapami gałęzie, naraz zwolniło. Usłyszeli sapanie – węszyło przy ziemi.

– Czuje nas – zorientował się Matt.

Tobias skinął głową, ponownie zdjęty paraliżującym strachem. Co za potwór był zdolny przepłoszyć takiego drapieżnika jak ten, który przed chwilą na nich czatował?

Właśnie wtedy zwierzę wyszło z zarośli, sunąc wprost na nich.

Matt wyprostował się z mieczem w dłoniach, gotów uderzyć mimo przerażenia, które całkowicie odbierało mu siły. Tobias uczynił to samo, celując z łuku z całą energią, jaką daje rozpacz.

Ich oczom ukazał się olbrzymi pies.

Luźno zwisające fafle, łagodne spojrzenie – można by sądzić, że to skrzyżowanie bernardyna z nowofundlandem. Tobias poczuł, jak cięciwa łuku wyślizguje mu się spod wilgotnych palców.

– Co robimy? – wykrztusił.

Pies zdawał się zaskoczony ich przyjęciem. Otworzył pysk i ziejąc, wystawił wielki różowy język, jakby był z siebie zadowolony. Przypominał dużego misia.

– Schowaj łuk – poradził Matt. – On nie jest zły.

Ledwie chłopcy opuścili broń, pies podszedł bliżej, otarł się o Matta i poczęstował go radosnym liźnięciem.

– Co ty tu robisz, hm? To nie miejsce dla psów.

– Czy ma obrożę?

– Nie. Nic z tych rzeczy.

– To ciekawe. Jak dotąd jedyne psy, jakie widziałem, na powrót zdziczały.

Zwierzak zaczął krążyć po ich zaimprowizowanym obozowisku, obwąchując plecaki i miejsca, w których spali.

– Może szczudlarze go wysłali, żeby nas wytropił – podsunął Tobias.

– Nie. W ogóle nie jest agresywny, to poczciwina.

– W takim razie na pewno do kogoś należy! Do kogoś, kto nie może być daleko!

– Nie – powtórzył Matt. – Ma splątaną sierść; od dawna nikt go nie czesał. Odpręż się, Toby. Ten pies to… przyjaciel.

– Przyjaciel? – oburzył się Tobias. – Jakieś wielkie nie wiadomo co pojawia się znikąd w środku nocy, a ty od razu otwierasz przed nim ramiona!

– Trzeba go jakoś nazwać – stwierdził Matt.

– Nazwać? Naprawdę chcesz go ze sobą wziąć?

Pies gwałtownie odwrócił łeb w stronę Tobiasa i zmierzył go wzrokiem. Chłopak rozdziawił usta.

– Czy on… zrozumiał, co powiedziałem?

– W normalnych czasach uznałbym, że to niemożliwe, ale teraz…

Tobias podniósł ręce, mówiąc do zwierzęcia:

– Nic do ciebie nie mam, po prostu…

– Kudłaty! Będzie się nazywał Kudłaty! To do niego pasuje!

Matt wybuchnął śmiechem. Miał wrażenie, że nie śmiał się całą wieczność. Pies wpatrywał się weń swymi brązowymi oczami.

– Podoba ci się?

Długi ogon poruszał się jak metronom. W innych okolicznościach Matt nie zwróciłby na to uwagi, tylko że świat się zmienił. Zmieniły się ich punkty odniesienia. Bardzo się różniły od ich dawnego życia. „Dawne życie". Te dwa słowa sprawiały ból.

– Posłuchaj – rzekł Matt do przyjaciela – on nie wygląda na wygłodniałego, na pewno potrafi sobie znaleźć pożywienie, może iść po cichu i…

Nagle wpadł mu do głowy pomysł. Chwycił swój plecak i podszedł do Kudłatego.

– Mógłbyś to wziąć na grzbiet?

– Myślisz, że ci odpowie? – parsknął śmiechem Tobias.

Kudłaty ponownie odwrócił ku niemu łeb i spojrzał jak na kretyna. Matt postawił plecak na grzbiecie psa, który wcale nie zaprotestował.

– Oczywiście trzeba będzie zmajstrować jakąś uprząż do chodzenia po mieście, ale to się da zrobić.

Tobias uniósł brwi.

– A więc od teraz mamy w drużynie psa. Na dodatek uczonego psa!

Jako tako rozbudzeni, postanowili pozbierać swoje rzeczy i ruszyć w dalszą drogę. Matt zamierzał właśnie przełamać kolejną chemiczną latarkę, lecz Tobias wyciągnął z kieszeni kawałek grzyba. Nadal świecił, równie mocno jak mała lampka, rozsiewając wokół idealnie biały blask. Tobias podniósł z ziemi długi patyk, który mógłby mu posłużyć jako kostur, i nadział na niego świecący kawałek.

– Pójdę przodem – oświadczył.

Epizod z psem ich wyciszył. Chociaż Kudłaty był tylko dużym porośniętym sierścią towarzyszem, nie mającym nic wspólnego z tym stworem, którego wcześniej widzieli, i tak dodawał im otuchy.

Szli przez całą noc, Kudłaty podskakując, dotrzymywał im kroku. Tobias nie mógł się powstrzymać, żeby go nie pilnować, nie podzielał bowiem entuzjazmu przyjaciela w stosunku do psa. Podejrzewał jakąś pułapkę – wszystko to było zbyt surrealistyczne. Co tu robił taki pies jak ten? Dlaczego z nimi szedł? Tylko dlatego, że byli jedyną przyjazną formą życia, jaką napotkał? Że byli ostatnimi przedstawicielami ludzkiej rasy, jego dawnymi panami, których wyczuł? Po kilku godzinach, wobec wyraźnej łagodności psa, nieufność minęła i Tobias pogodził się w końcu z sytuacją. W sumie Kudłaty był równie zadowolony jak Matt ze spotkania w tym osobliwym lesie sympatycznych istot, co mogło tłumaczyć zapał, z jakim za nimi podążał. Co zaś do jego inteligencji… Już nic nie było takie jak dawniej, trzeba się z tym pogodzić.

Podczas długiego marszu Kudłaty przystawał co rusz, wpatrując się w ciemny las, co rzecz jasna niepokoiło chłopców. Nic wszakże nie zakłóciło ich wędrówki aż do późnego ranka. Kiedy zatrzymali się na postój, Tobias pokazał palcem Kudłatego, który właśnie sikał na dmuchawce.

– Eee… Wydaje mi się, że to suka.

Matt machnął ręką na znak, że mu to obojętne. Liczyła się sama obecność zwierzęcia.

Maszerowali cały dzień, robiąc zaledwie dwugodzinny postój na jedzenie, i ku swemu ogromnemu zdumieniu znaleźli w sobie dość energii, by iść dalej aż do zmroku. Wtedy las wreszcie zaczął rzednąć.

Zanim opuściły ich resztki sił i zanim zapadli w sen, ujrzeli skarabeusze.

Miliony czerwonych i niebieskich skarabeuszy.

13

PIERWSZA PRZEMOC

Kiedy dotarli na szczyt wzgórza, aż ich zatkało.

Matt postanowił się najpierw przyjrzeć dwom rzekom światła płynącym spokojnie obok siebie, jednej czerwonej niczym potok lawy, drugiej niebieskiej jak podświetlony od wewnątrz lodowiec, poruszającym się z prędkością idącego człowieka.

Po czym cała trójka podeszła bliżej, podziwiając owo fascynujące widowisko.

U stóp wzniesienia na odcinku kilku kilometrów wiła się ukryta wśród lian stara autostrada, która znikała za zakrętem w oddali. Droga była usłana milionami, może nawet miliardami skarabeuszy, które wędrowały obok siebie, wszystkie w tym samym kierunku. Panował wśród nich idealny porządek: nie potrącały się wzajemnie ani na siebie nie wchodziły. Posuwały się naprzód, tworząc doskonały szereg małych procesji, chrzęst ich nóżek wybijał rytm. Słychać było uroczyste hipnotyczne buczenie.

Na obu ścieżkach roiło się od skarabeuszy: z lewej strony maszerowały te, którym brzuszki świeciły na czerwono, z prawej zaś te z niebieskimi brzuszkami.

Wszystkie podążały na południe.

Tobias przysunął się bliżej, pokazując palcem małą niebieską kolumnę, która nie posuwała się we właściwym kierunku, lecz skręcała zygzakiem ku zaroślom. Rozpiął plecak, wyjął butelkę mleka, dopił ostatnie krople, pochylił się, złapał kilka skarabeuszy, włożył do środka i zatkał korkiem.

– Będziemy mieli światło!

– Nie rób tego, to okrutne – zganił go Matt.

– Teraz jest prawo dżungli, zwycięża najsilniejszy, który robi, co chce.

Matt pokręcił głową rozczarowany postawą przyjaciela, który zwykle miał ogromny szacunek dla przyrody, teraz zaś zmieniał się wraz ze światem. „Nie, to tylko szok z powodu tego wszystkiego, co się nam przydarza, potem znów będzie taki jak dawniej", usiłował przekonać samego siebie. Najgorszym, co mogłoby mu się teraz przytrafić, byłaby utrata przyjaciela, jedynego łącznika z dawną rzeczywistością, jaki mu jeszcze pozostał.

Tobias podniósł butelkę do twarzy. Miotające się w niewoli owady rzucały na jego hebanową skórę niebieskawe światło.

Szyderczy uśmieszek zamarł mu nagle na ustach. Chłopiec szepnął coś, czego Matt nie zdołał usłyszeć, i czym prędzej uwolnił skarabeusze.

– Jazda, zmykajcie chłopaki – powiedział cicho – pospieszcie się. Wybaczcie mi, nie mam pojęcia, co mnie napadło.

Wrócił do Matta i Kudłatej, którzy spoglądali nań z identyczną dumą.

– Wiem, wiem, to było głupie – oświadczył Tobias. – Chodźcie, zaszyjemy się gdzieś, żeby się przespać.

Ruszyli bez słowa w dalszą drogę. Znaleźli w skale szczelinę, w której mogli spędzić noc. Kudłata położyła się między chłopcami, dodając im otuchy samą swoją obecnością. Jej pojawienie się było takie nieoczekiwane – Matt ciągle jeszcze nie mógł w to uwierzyć. Skąd się wzięła? Dlaczego im towarzyszy, tak jakby szukała właśnie ich, a nie kogoś innego? Matt wątpił, by kiedykolwiek znalazł odpowiedzi na te pytania. Czy one w ogóle istniały? Czy Kudłata mogła być po prostu bezpańskim psem, który uniknął transformacji w dzikie zwierzę, podobnie jak on i Tobias przeżyli spotkanie z błyskawicami? Położył dłoń na potężnej włochatej łapie i natychmiast zapadł w głęboki sen.

Ta noc była spokojna, bez koszmarów.

O świcie podzielili się z Kudłatą odrobiną wody, jaka im została w manierkach. Nadeszła pora, by zatrzymać się w mieście. Chociaż niebo przesłaniały wiszące nisko chmury, nie było zimno.

Przez cały poranek podążali wzdłuż świetlnej autostrady wiodącej ze szczytu wzgórza, zbliżywszy się zaś do miasta, czy raczej do tego, co z niego zostało, skręcili. Wszystko tutaj opanowała roślinność, wspinając się po budynkach, owijając wokół przewodów wysokiego napięcia, zamieniając coś, co było niegdyś aglomeracją, w prawdziwą dżunglę. Zdołali się tam zaopatrzyć w butelkowaną wodę i skorzystali z okazji, by opróżnić delikatesy, kończyły im się bowiem zapasy. Kudłata oddaliła się pod czujnym spojrzeniem Matta: czyżby ona także szukała pożywienia? Kiedy Tobias przeglądał półki ze słodyczami na końcu sklepu, Matt ze ściśniętym sercem kartkował komiks. Jeżeli podbój cywilizacji przez przyrodę będzie następował w takim tempie, wkrótce nie znajdzie już ani jednego. I nie będzie żadnych nowości, nigdy więcej nie pójdzie też z kolegami do kina.

Zatopiony w pełnych nostalgii rozmyślaniach Matt nie zwrócił uwagi na otwierające się w głębi drzwi. Kiedy ciszę przerwał grobowy męski głos, aż podskoczył i opadł na porośniętą grubym zielonym mchem posadzkę.

– Nie ruszaj się!

Tobias, któremu wyrwał się okrzyk, zamierzał uciec, ale mężczyzna rozczapierzył palce i chwycił go za włosy.

– Zostań!

Podniósłszy głowę, Matt uświadomił sobie, że mężczyzna go nie zauważył, że mówi do Tobiasa. Był raczej niski, lecz krępy, miał bujną ciemną czuprynę i twarz obrośniętą gęstą brodą.

– Nie odchodź w ten sposób. Przestraszyłem cię?

– Niech mnie pan puści – burknął Tobias.

– Jeżeli to zrobię, dasz dyla. Widzę to w twoich oczach.

– To boli!

Mężczyzna obrócił się, osaczając Tobiasa w rogu, i puścił jego włosy.

– Teraz lepiej, co? – zapytał bez uprzejmości. – Mam na imię Johnny – powiedział, podając mu rękę.

Tobias milczał.

– Nie jesteś zbyt grzecznym chłopcem. Cóż, można by sądzić, że masz szczęście, skoro mnie spotkałeś. Na zewnątrz zrobiło się diabelnie niebezpiecznie.

Tobias rozkrochmalił się odrobinę.

– Proszę mnie wypuścić.

Johnny jednak ani drgnął.

– A dokąd ty chcesz iść? – zapytał. – Na zewnątrz już nic nie ma, powinieneś był się zorientować. Chodź ze mną na zaplecze. Oprowadzę cię. Będziemy trzymać sztamę, prawda? Będziemy sobie pomagać.

Tobias zamierzał utorować sobie drogę siłą, lecz Johnny chwycił go za ramię.

– Niech mnie pan puści! – wrzasnął chłopiec. – Niech mnie pan puści!

– Przymknij się! – W głosie tamtego zabrzmiała agresja. – Nie cieszysz się, że widzisz żywą istotę? Powinieneś się uważać za szczęściarza, że trafiłeś na mnie, a nie na jedną z tych sfor psów! One by cię rozszarpały w mgnieniu oka.

Tobias próbował się wyswobodzić, ale mężczyzna uderzył go w twarz z taką siłą, że chłopak zbladł jak ściana.

– Przestań! – rozkazał Johnny. – Przecież widzisz, że świat już nie jest taki jak dawniej. Nie bądź idiotą, w pojedynkę nie masz na zewnątrz żadnych szans. Obronię cię. Będziemy sobie wzajemnie wyświadczać przysługi – dodał z obleśnym uśmieszkiem. – Rozumiesz, co mam na myśli, prawda? Spodoba ci się, zaufaj mi.

Ponieważ Tobias się nie odzywał, mężczyzna skinął głową.

– Chyba że należysz do tamtej grupy, co tu była wczoraj, hę? Zgubiłeś się czy twoi kolesie jeszcze się kręcą po okolicy? Jazda, gadaj!

Johnny złapał Tobiasa za kołnierz i podniósł do góry.

– Nie denerwuj mnie. Zapewniam cię, nie chciałbyś, żebym się na ciebie wkurzył.

Matt nie wiedział, jak zareagować. Ten cały Johnny nie jest normalny, był tego pewien. Przypominał jednego z tych zboczeńców, których matka przez cały czas się obawiała. Ale przecież musi jakoś zareagować, nie może zostawić Tobiasa w jego łapach. „Jak to zrobić? Miecz…"

Mężczyzna nadal wydzierał się na Tobiasa.

Matt chwycił za rękojeść miecza, wydobył go z pochwy i podszedł bezszelestnie do napastnika, aby zaskoczyć go od tyłu.

Kiedy wszakże już miał zadać cios, zawahał się. Nie odważył się ani wbić klingi w plecy Johnny'ego, ani zranić go ostrzem. W jednej chwili uświadomił sobie, że zaatakowanie kogoś z bronią w ręku wcale nie jest takie proste. Grając w RPG-i, powtarzał tę scenę setki razy: „Wbijam ostrze w twojego trolla!", wołał z radością. Natomiast trzymać oburącz kilka kilogramów stali, podnieść ramiona i uderzyć z całej siły, zanurzając klingę w plecach człowieka, aby go zranić, a może nawet zabić… Nie, do takiego czynu wcale nie czuł się zdolny. Nawet jeśli tamten zaatakował jego najlepszego przyjaciela, Matt nie był w stanie zadać ciosu temu ciału, temu istnieniu. „Zagłębić ostrze w ludzkim ciele! – zabrzmiało mu w uszach. – Przeciąć mięśnie, żyły, kości! Rozerwać płuca, przedziurawić serce! Nie, nie mogę!"

Johnny, który wyczuł za plecami czyjąś obecność, odwrócił głowę.

– Co… – zaczął.

Wpadłszy w panikę, Matt zamknął oczy i wrzasnął. „Teraz albo nigdy".

Skoczył do przodu, trzymając przed sobą miecz. Jego ramiona musiały pokonać opór, po czym ostrze w coś się wsunęło.

Johnny jęknął, zaklął i zwalił się na regał, z którego posypały się dziesiątki pudełek z przekąskami.

Matt otworzył oczy.

Klinga wbiła się w ciało mężczyzny aż do połowy. Chłopiec cofnął się więc, a wtedy ostrze wyszło, wydając potworny dźwięk, którego miał już nigdy nie zapomnieć. Matt upadł na plecy, wypuszczając z rąk broń.

Johnny pokuśtykał ku niemu. Z rany tryskała mu krew, rozlewając się po ubraniu w przerażającym tempie. Runął na Matta, przygniatając go całym ciężarem.

– Ty gówniarzu… – wycharczał. – Urwę… ci… łeb.

Po czym obiema dłońmi ścisnął go za gardło. Matt usiłował się bronić, czując ze zgrozą, jak dżinsy zalewa mu ciepła lepka maź. Krew mężczyzny kapała wprost na niego.

Johnny potrząsał nim, waląc jego głową o porośniętą mchem posadzkę. Coraz mocniej i mocniej. Chłopiec ujrzał przed oczami błysk, po którym nastąpiła ciemność. Nie wiedział, gdzie jest, nagle opuściły go siły. Kolejne uderzenie, kolejny błysk. Już mu brakowało tchu. Johnny ryczał nad nim, tocząc czerwoną pianę.

Matt przestał oddychać, czując ból w tchawicy. Zdołał chwycić napastnika za nadgarstki…

Jego głowa znów rąbnęła o posadzkę.

Oślepił go błysk. W jednej chwili wszystko zniknęło.

Johnny rozpłynął się w powietrzu.

Matt uświadomił sobie, że drży, po czym jego ciało stało się bezwładne.

Nie pozostało nic prócz mroku zapomnienia.

14

SZEPT CIEMNOŚCI

W bezmiarze śmierci, bowiem Matt od razu wiedział, że nie żyje, chłopiec zrozumiał, co to znaczy bezkresny chłód. Bardziej go dostrzegał, niż czuł, ponieważ nie było zimno, w rzeczywistości nic nie czuł, ale chłód był obecny, otaczał jego duszę, tańcząc jak silny wiatr gotów go pochwycić. Chłód pochodzący z nicości, daleko, bardzo daleko od niego, chłód, który trzymał go w zawieszeniu nad otchłanią stworzoną z ciemności.

Matt długo czekał. Bardzo długo. Tutaj czas nie płynął tak samo, nie istniał sekundnik oddechu, aby mu przypomnieć, że żyje, ani rytm serca, który odmierzałby mijający czas, nie, nie istniało nic, tylko nieskończona cierpliwość, chociaż nic się nie działo. Absolutnie nic.

A przecież Matt tam był, nie fizycznie, lecz w myślach. W niekompletnych myślach, nie potrafił sobie bowiem przypomnieć. Nie był w stanie pomyśleć o niczym konkretnym, zniknęły nawet pojęcia rodziny, przyjaciół. Prawdę mówiąc, pozostała tylko sama istota jego jestestwa, Matt zaś wiedział, że umrzeć, to znaczy zachować tylko substytut własnej świadomości i pozwolić mu pływać na zawsze w próżni. Matt to był Matt i tyle.

Prawdę powiedziawszy, tego było za wiele. Wolałby nic nie wiedzieć, przestać być czymkolwiek, albowiem to czekanie bez cieszenia się własną świadomością i bez obietnicy spełnienia sprawiało mu ból. Swędziało. Oto czym było tutaj czekanie. Swędzeniem, którego nie dało się zlokalizować i o którym wiadomo, że i tak nie sposób mu zaradzić.

Następnie dotarły do niego głosy.

A raczej szepty.

Dalekie i zarazem bliskie. Dalekie, ponieważ zdawały się dochodzić ze skraju otchłani, i bliskie, ponieważ Matt słyszał je w głębi własnej duszy.

Wszystkie mówiły to samo. Powtarzając zdanie niczym zwielokrotnione echo, tworząc gigantyczny gwar. Matt pojął jednak wyraźnie dobiegające doń słowa:

– Chodź do mnie.

Głosy zmieniły ton, stały się bardziej przymilne:

– Razem możemy wszystko. Razem świat należy do nas.

– Chodź do mnie.

Matt wyczuwał w ciemnościach czyjąś obecność. Jakąś majestatyczną istotę znajdującą się całkiem blisko. Im bardziej się zbliżała, tym swędzenie wewnątrz niego stawało się silniejsze; jego dusza zaczęła się chwiać. Wrażenia, które odbierał, były zniekształcone, jego dusza d r ż a ł a. Istota była tuż-tuż. Przygniatała go. Matt wiedział, że nie może nic zrobić. Emanowała tak przytłaczającą charyzmą, że mógłby sądzić, iż to Diabeł we własnej osobie. Tymczasem domyślał się, że wcale tak nie jest. To nie był Diabeł, lecz coś głębszego, bardziej zamierzchłego.

Bardziej przerażającego.

I nagle rozległ się jeden potężny głos:

– Jestem Rauperoden, Matt. Chodź do mnie.

CZĘŚĆ DRUGA

WYSPA PIOTRUSIÓW

15

DZIWNA ŚPIĄCZKA

Matta najpierw rozbolał brzuch. Potem gardło i głowa. Dręczyły go potworne bóle głowy przerywane okresami, kiedy zapadał w głęboki sen i śniły mu się jakieś budzące lęk istoty. Następnie zrobiło mu się zimno. Potem gorąco. Bardzo gorąco. Do tego stopnia, że zaczął majaczyć. Miał krótkie przebłyski świadomości, niezbyt intensywne, widział światło słoneczne. Potem poczuł deszcz. I noc.

W oddali zawyły wilki (o ile nie były to dzikie psy).

Matt rozszyfrował wiadomość skomplikowaną, zważywszy na jego stan. Jego ciało... Jego ciało było obolałe. Wówczas powróciły inne głosy. To znaczy Matt pojął, że to nie te same. Tym razem głosy były w świetle. Bardziej serdeczne, dodające otuchy.

Mówiły o nim.

Znowu zasnął.

Na długo.

Czasami miał wrażenie, że otwiera oczy, tylko że pamiętał to jak przez mgłę. Przypominał sobie gorący blask, łagodny, przyjemny odpoczynek. Oraz pragnienie i głód.

Dużo spał.

Stopniowo opuściły go siły. Mięśnie zwiotczały, z czasem jęły się rozpływać.

Słońce pojawiało się na przemian z księżycem. Z początku za każdym razem, gdy Matt otwierał oczy, wydawało mu się, że jedno ustępuje miejsca drugiemu. Dnie i noce mijały jak sekundy. Potem jak minuty.

Wkrótce przez głowę przeleciał mu tylko szereg wspomnień: przyjemnego światła, płynącej w nim wody, a także jedzenia. Niekiedy lunatycznej wędrówki, przeprowadzki do pokoju obok wraz ze studnią bez dna, w której zdawał się tonąć. Wykonywał gesty jak automat, nie panował nad nimi. Potem powrót do białego, pokrzepiającego pokoju... do łóżka! Matt przebywał teraz w wielkim miękkim łóżku. Z czasem umieścił w swojej wizji pokoju dwa duże okna. Promienie słońca przenikały przez zasłony z organdyny w kolorze brzoskwiniowym. Wkrótce pokój miał żółte ściany.

Mijały kolejne dnie i noce.

Wówczas Matt zaludnił swe wspomnienia żywymi istotami. Cichymi głosami. Pochylającymi się nad nim postaciami. Przemawiały do niego, lecz nie potrafił ich zrozumieć.

Jego ciało stawało się coraz bardziej wiotkie. Każdy wysiłek wymagał energii, co go wyczerpywało i sprawiało, że zaraz zapadał w długi, głęboki letarg.

Obserwując tę karuzelę jako zwykły widz, pozwalał się unosić falom przebudzeń i snów niczym tratwa żyjąca w przestworzach czasu, z dala od wszelkiej cywilizacji, wszelkiej wymiany. Przywykł do tej serii następujących po sobie stanów i mogłoby to trwać jeszcze dłużej, gdyby pewnego poranka nie ukazał mu się anioł.

Otworzywszy tego dnia oczy, Matt ujrzał niewyraźną postać o długich blond włosach lekko przechodzących w rude. Zamrugał gwałtownie, żeby przywrócić oczom ostrość widzenia i odegnać czającą się pod powiekami mgłę.

Zobaczył ją tuż obok siebie.

Dziewczynę w wieku może piętnastu lat o wysokich kościach policzkowych, czerwonych ustach i małym nosku, siedzącą idealnie prosto na krześle. Piękną jak wiosenny kwiat, który jest dumny ze swych jaskrawych jedwabistych płatków i pewny siebie. Jej słodki głos ukołysał go, łagodząc przebudzenie:

– A więc to, co o tobie mówią, to nieprawda!

Matt miał wrażenie, że ona raczej śpiewa, niż mówi, tak melodyjnie brzmiał jej głos.

– Nie jesteś w śpiączce, mam rację?

Jej twarz rozjaśnił uśmiech, piegi się rozciągnęły. Matt pragnął uczynić z niej swe niebo, z jej piegów gwiazdy, z oczu zaś dwa zielone jeziora, w które mógłby się ciągle wpatrywać.

Co się z nim dzieje? Dlaczego ona mówi o śpiączce? Gdzie on jest? W jakim domu…

– Przecież widzę, ty mnie słyszysz! – zawołała z rozbawieniem.

Za dwoma dużymi oknami, na których wisiały przezroczyste zasłony, świeciło słońce. Sufit znajdował się niebotycznie wysoko. Podłogę przykrywała gruba, nieskazitelnie czysta wykładzina. Pokój, skąpany w promieniach słońca tak mocno, że wydawał się zaczarowany jak w jego ukochanym „Władcy Pierścieni", zdobiły śnieżnobiałe meble z rzeźbionego drewna. Trafił do Rivendellu.

– Jes… tem… – wykrztusił.

Głos miał jednak zachrypnięty, gardło wyschnięte. Dziewczyna podała mu szklankę wody, którą opróżnił duszkiem.

– Jesteś na Wyspie Carmichaela, a przynajmniej na tym, co z niej zostało. Mam na imię Amber.

Amber… Nawet jej imię miało zaczarowane brzmienie. Matt zamierzał się podnieść, lecz wysiłek okazał się zbyt duży, toteż opadł z powrotem na poduszki. Zalała go fala zmęczenia i zanim się zanurzył w sennej pianie, zdołał powiedzieć tylko:

– Amber… bądź moim niebem…

Otworzywszy oczy, ku swojemu zaskoczeniu stwierdził, że pokój nie zniknął. Czyli to wszystko mu się nie przyśniło.

„A Amber? Czy ona istnieje?" Natychmiast przypomniał sobie, co jej powiedział, i ze wstydu oblał się rumieńcem. Majaczył! To nie mogło być nic innego jak majaki!

W głębi pokoju otworzyły się drzwi, po czym podeszło do niego dwóch chłopców. Według Matta wyglądali na trzynaście i szesnaście lat. Pierwszy był niskim blondynem w czystej białej koszuli i – co równie dziwne – w cylindrze na głowie, kapeluszu, jaki widywał wyłącznie u magików, którzy wyciągali z niego króliki i gołębie. Drugi stanowił jego idealną kopię, z pewnością starszy brat, tyle że nosił prostszy strój.

– Miała rację, on nie jest taki jak zwykle – oświadczył mniejszy.

– To prawda, ma mniej… zamglone oczy. Zdaje się, że tym razem nas rozumie.

Matt przełknął ślinę i powiedział powoli:

– Oczywiście… że was… rozumiem! Chce mi się… pić.

Większy chwycił stojącą na stoliku nocnym karafkę i napełnił szklankę, którą Matt opróżnił, nie robiąc przerw na zaczerpnięcie oddechu.

– Znakomicie! Przeżyłeś! – zawołał chłopak.

– Co? Co… przeżyłem?

– Majaki! Śpiączkę! Pozostawałeś w niej tak długo, że już myśleliśmy, że nigdy z tego nie wyjdziesz.

– Jak długo? – zapytał z nagłym niepokojem Matt.

Mniejszy już otworzył usta, ale brat go uprzedził:

– Lepiej, żebyś odpoczął, będziemy działać powoli, zgoda? Zaraz zawołam twojego przyjaciela.

– Tobiasa? Nic mu nie jest?

– Nie, nie martw się.

– Jak długo tu leżę? Czy świat… powrócił do normalności?

Obaj bracia popatrzyli po sobie wzrokiem, w którym czaił się lęk.

– Nie. Ale sprawy uległy zmianie; teraz wiemy trochę więcej na ten temat. Zorganizowaliśmy się. Pójdę po Tobiasa. Postaraj się nie ruszać, jesteś jeszcze słaby.

Zanim Matt zdążył im zadać kolejne pytanie, dziwni kompani zniknęli. Chłopiec skorzystał z tego, by spróbować się podnieść, lecz tym razem ostrożnie. Udało mu się usiąść na łóżku. Miał na sobie szarą piżamę, która rzecz jasna nie należała do niego. Uświadomił sobie, że jest głodny. W progu pojawił się Tobias, który podbiegł do niego.

Na jego widok Matt doznał szoku.

Tobias zmizerniał, twarz mu spoważniała, stała się mniej pyzata. Stracił swe dziecięce policzki.

Tobias uściskał przyjaciela.

– Tak się cieszę!

– Ja też, Toby... Ja też... Ale... co się ze mną stało?

Tobias uniósł brwi i przysunął sobie krzesło.

– Tyle się wydarzyło! – zaczął. – Przede wszystkim jak się czujesz?

– Osłabiony, nogi mam jak z waty. Wydaje mi się, jakbym spędził w łóżku pół roku!

Tobias nie podzielał jego wesołości.

– Co? – zaniepokoił się Matt. – Chyba nie spędziłem tutaj pół roku?! Powiedz, że nie!

Tobias westchnął i wypalił:

– Pięć miesięcy. Leżysz tak od pięciu miesięcy.

– Pięć miesięcy? – powtórzył z niedowierzaniem Matt. – Jak... jak to możliwe?

– Pamiętasz tego faceta, który mnie napadł w delikatesach? Rzucił się na ciebie, poddusił cię i walił twoją głową o podłogę. Roztrzaskałem mu na łbie butelkę, a wtedy zesztywniał. Za to ty byłeś nieprzytomny. Próbowałem cię ocucić, niestety bez skutku. Więc wyciągnąłem cię na dwór. Wtedy przybiegła Kudłata.

– Nic jej nie jest? – przerwał mu Matt.

– Ma się lepiej niż kiedykolwiek. Przychodziła tu spać, dopóki Doug jej nie wyprosił. Mówi, że nie powinno się spać z psem. Uważam, że to idiotyzm, ale to on jest doktorem.

– To tu jest lekarz?

– Tak, widziałeś go przed chwilą...

– Ten wysoki blondyn?

– Tak, i jego młodszy brat, jest ich dwóch. To synowie właściciela, słynnego medyka znanego na całym świecie, zanim Burza wszystko zmieniła.

Mattowi kłębiło się w głowie tysiąc pytań, toteż wolał się skupić, żeby niczego nie przeoczyć.

– Wróćmy do nas. Mówiłeś, że nadbiegła Kudłata...

– Tak, chyba usłyszała awanturę. Zdołałem cię wsadzić na jej grzbiet i biedny zwierzak niósł cię całą drogę, ani razu nie zwalniając tempa.

– Wiedziałem, że to niezwykły pies.

– Zawdzięczasz jej życie, bez niej nigdy bym nie znalazł innych ludzi.

– Czyli kogo?

– Tych, którzy zostawili w lesie tablicę. Zostało ich tylko ośmioro, bo... Żarłok jednego zabił.

– Żarłok?

– Tak, właśnie tak teraz mówimy na mutantów. Jednym słowem, daliśmy radę cię poić i karmić papką przez osiem dni marszu. Aż doszliśmy tutaj. Potem zapadłeś w jakąś dziwną śpiączkę, budziłeś się coraz częściej, ale nie mogłeś mówić. Jadłeś to, co ci wkładaliśmy do ust, piłeś, czasem nawet udawało ci się wstać, żeby pójść do łazienki, z tym że zawsze było widać, że masz błędny wzrok. Aż do dzisiaj.

– To jakieś szaleństwo!

Do pokoju wszedł Doug, starszy z braci, niosąc tacę, którą postawił na nogach Matta, i oddalił się. Na talerzu znajdował się dymiący omlet, na który Matt od razu się rzucił, tak bardzo był głodny.

– Pamiętasz cokolwiek? – dopytywał się Tobias. – Miałeś mnóstwo koszmarów, powtarzałeś, że cię ktoś goni, bełkotałeś coś o jakiejś czarnej postaci, która cię ściga...

Matt przestał jeść i ścisnął widelec w dłoni. „Rauperoden – przypomniał sobie z drżeniem. – Jakie dziwne imię..." I jaka przerażająca siła!

Chcąc zmienić temat, zapytał:

– Gdzie my jesteśmy? Ten... pokój, wszystko tutaj wygląda normalnie, nie ma roślin ani nic osobliwego.

– To Wyspa Carmichaela. Nasze sanktuarium! Kiedyś należała do pewnego miliardera. Leży na środku rzeki Susquehanna, a przynajmniej tego, co kiedyś nią było...

– Zaczekaj chwilę, chcesz powiedzieć, że doszliśmy aż do... Filadelfii?! Ponad sto pięćdziesiąt kilometrów?!

– Właśnie.

– A jak znaleźliście wyspę? Przez przypadek? – gorączkował się Matt, pochłaniając olbrzymi kawał omleta.

– Nie, chcąc przyciągnąć uwagę wszystkich ocalałych po Burzy, ludzie z wyspy postanowili rozpalić wielkie ognisko, do którego stale dokładali drewna, żeby powstał ogromny słup dymu widoczny z daleka. Myśmy go zauważyli i przyszliśmy zobaczyć, co to takiego.

– Dużo was jest? – zapytał młody rekonwalescent z pełnymi ustami.

– Tak, sporo...

– A rodzice? – dodał pospiesznie Matt. – Wiadomo, co się z nimi stało? Czy są gdzieś jakieś ślady po nich?

Tobias westchnął, spoglądając smutnym wzrokiem.

– Niezupełnie...

Z tej lakonicznej odpowiedzi Matt wyczytał zarówno powątpiewanie, jak i cierpienie.

– Jaka jest ta wyspa? – drążył dalej.

Tobias wykrzywił się w uśmiechu, który mówił: „Nie uwierzysz". Zamiast odpowiedzieć, poprzestał na enigmatycznym stwierdzeniu:

– Lepiej, jak sam zobaczysz, ale na razie potrzebujesz odpoczynku.

Matt potrząsnął głową.

– Spędziłem właśnie w łóżku pięć miesięcy, już dość się naodpoczywałem! Chcę zobaczyć...

Kiedy spróbował wstać, Tobias bez trudu popchnął go z powrotem na pościel.

– Jesteś słaby. Doug powiedział, że przez pierwsze dni powinieneś się oszczędzać, aby twoje ciało przyzwyczaiło się na nowo do wysiłku. Mięśnie ci zanikły. Cierpliwości.

Matt westchnął. Niechętnie zgodził się położyć.

Głęboko zaczerpnął powietrza i rozejrzał się uważnie po pokoju. Wszystko tu było nieskazitelne; aż trudno uwierzyć, że cywilizacja za tymi murami zniknęła. Nagle zaczął się zastanawiać, dlaczego rośliny nie zawładnęły tym domem. Zamierzał zapytać o to Tobiasa, znienacka jednak ogarnęło go zmęczenie tak silne jak gwałtowny powiew wiatru. Powieki mu się same zamknęły.

Tobias zabrał pusty talerz.

– Pozwolę ci pospać, potrzebujesz snu – szepnął. – Przyjdę jutro, może damy radę zrobić mały spacerek. Zobaczysz, nie uwierzysz własnym oczom!

Matt czuł, że zapada w sen. Nie był w stanie się przemóc. Niczym ofiara potężnych czarów. Mimo to miał ochotę zasypywać Tobiasa pytaniami przez wiele godzin. Doug i jego brat mówili, że wiedzą trochę więcej o świecie…

Ostatnią rzeczą, jaka dotarła do jego świadomości, był szept Tobiasa:

– Dobrze, że znów jesteś z nami.

16

NAWIEDZONY!

Kiedy Matt otworzył oczy w środku nocy, był tak szczelnie opatulony kołdrą, że wystawała mu tylko głowa. W pokoju panował chłód. Chłopiec zamrugał oślepiony czymś, co wziął za światło księżyca. Było tak silne, że właśnie ono wyrwało go ze snu.

I wtedy księżyc się poruszył.

Obrócił się dookoła własnej osi, aby oświetlić wnętrze pokoju niczym reflektor. Wtem tuż obok pojawił się drugi księżyc, idealna kopia pierwszego. Wówczas do Matta dotarło.

To nie były księżyce.

To były oczy szczudlarzy. Tuż za oknami stał szczudlarz i rozglądał się uważnie po pokoju. Podwójna wiązka światła przesunęła się po łóżku i zatrzymała na twarzy Matta, zanim ten zdążył się zasłonić. Chłopca ogarnęło przerażenie i zapragnął wyskoczyć z pościeli, tylko że zabrakło mu sił – nogi nie chciały go nosić.

Spod długiego płaszcza szczudlarza wyłoniła się biała dłoń, rozczapierzone palce pchnęły skrzydło okienne. Szyba zamieniła się w delikatną pajęczynę, po czym się rozprysła.

Do pokoju wpadł zimny wiatr i wirując, nagle uniósł kołdrę. Mlecznobiałe ramię wysunęło się w kierunku Matta, który zaczął wrzeszczeć.

Spod kaptura szczudlarza dobiegł gardłowy głos:

– Chodź… Szszszszsz… Rauperoden czeka na ciebie… Szszszszsz… Chodź. Ucieszy się.

Matt wrzasnął jeszcze głośniej, gdy długie, miękkie palce owinęły się wokół jego kostki i jęły ciągnąć.

Po chwili na czole poczuł coś mokrego.

Obydwa księżyce zniknęły, dłoń zwolniła uścisk.

Znów był przykryty kołdrą.

Kiedy na dobre otworzył oczy, noc odpłynęła wraz z koszmarami.

– Uspokój się – szepnął ktoś – to tylko zły sen. Nic więcej.

Matt zamilkł. Odzyskał oddech. Ujrzał nad sobą jasną czupryne Douga, który przyglądał mu się z góry.

– Regie, przynieś tacę – polecił młodzieniec młodszemu bratu, na którego głowie nadal tkwił cylinder.

Zdjąwszy z czoła Matta wilgotny kompres, Doug się uśmiechnął.

– Jesteś głodny? – zapytał. – Mamy dzisiaj świeży chleb.

– Chleb? – powtórzył Matt. – Umiecie piec chleb?

Ciągle jeszcze miał lekko zachrypnięty głos.

– Musieliśmy się nauczyć! Zapasy pieczywa tostowego w supermarketach prędko spleśniały! To już nieco ponad pięć miesięcy, jak Burza wywróciła wszystko do góry nogami. Teraz potrafimy robić mnóstwo rzeczy. Całe szczęście, że książki kucharskie nie pogniły! – powiedział ze śmiechem.

Matt usiadł na łóżku.

– Czy będę mógł dzisiaj wstać?

– Na parę minut, nie więcej. Obawiam się, że minie kilka tygodni, zanim odzyskasz kontrolę nad mięśniami, a zwłaszcza zanim znów zaczniesz chodzić.

– Jesteś… jesteś lekarzem? – zdziwił się Matt, Doug był bowiem jeszcze taki młody.

– Nasz ojciec był lekarzem. – W jego oczach pojawił się cień smutku. – I zawsze pasjonowało mnie to, co robił. Nauczył mnie mnóstwa rzeczy.

Matt pokiwał głową z podziwem.

– To był najlepszy lekarz na świecie! – dodał mały Regie, który właśnie wszedł, niosąc tacę. – Miał na imię Christian…

– Co to za wyspa?

Doug postawił przed nim tacę z chlebem i kubkiem mleka, mówiąc:

– Nasz ojciec zasiedlił ją jakieś dwadzieścia lat temu. Pozwolił tu zamieszkać wyłącznie zamożnym przyjaciołom pod warunkiem, że zachowają gotycką architekturę jego zamku. Dzisiaj jest siedem zamków.

– Sześć – sprostował ostrym tonem Regie.

Doug wydawał się rozdrażniony, mimo to przyznał:

– Tak, sześć, przepraszam.

Matt upił trochę mleka – było to mleko w proszku rozrobione z wodą. Nie miało ani takiej konsystencji, ani takiego smaku, jak prawdziwe.

– Duża jest ta wyspa? – drążył dalej.

– Tak, dość spora, niedługo sam się przekonasz. Mieszka tutaj sześćdziesiąt siedem osób. W wieku od dziesięciu… Ile lat ma Paco?

– Zdaje się, że skończył dziewięć – wyjaśnił Regie – ale naprawdę on jest najmłodszy.

– Czyli w wieku od dziewięciu do siedemnastu lat.

– Żadne dziecko poniżej dziewięciu lat nie przeżyło? – zaniepokoił się Matt.

– W każdym razie żadne tutaj nie dotarło, ale podobno gdzie indziej są, i to nawet niemowlęta.

– Na wyspie tylko wyście ocaleli?

Doug skinął głową z ponurą miną.

– Mój brat i ja. Pozostałych sześćdziesięcioro pięcioro mieszkańców przybyło stopniowo w ciągu pierwszych dwóch miesięcy.

Doug poklepał go lekko po udzie, co Matt uznał za bardzo ojcowski gest, i wstał, mówiąc:

– No dalej, jedz, potem zobaczymy, czy możesz pójść na mały spacerek. Nie martw się o ubranie, mamy coś w twoim rozmiarze.

Niecałe pół godziny później Matt był już ubrany i wsparty na ramieniu Douga z trudem przemierzał długi korytarz obity ciemnym drewnem i wyklejony wyblakłą tapetą.

– Tak naprawdę nogi wcale mnie nie bolą – wyznał. – Tylko jestem osłabiony.

Doug sprawiał wrażenie zaskoczonego żywotnością swojego pacjenta.

Dotarli na balkon wznoszący się nad obszerną salą, w której wisiały trzy gigantyczne żyrandole. Na kamiennym podium wznosił się olbrzymi kominek. „Można by w nim upiec słonia", stwierdził Matt. Ściany były takie same jak w całym domu: wyłożone rzeźbionym drewnem, z tym że tutaj zdobiło je ze sto wypchanych łbów zwierząt. Na ich widok Mattowi zrobiło się niedobrze. Już sama idea polowania była dla niego nieznośna, a co dopiero chwalenie się trofeami... Posadzkę tworzyły czarno-białe kafelki ułożone w szachownicę. Światło dzienne wpadało przez wysokie, mierzące ponad dziewięć metrów ostrołukowe okna, które stanowiły górną część murów, całość zaś wyglądała niczym kościelna nawa.

– To nasza sala zebrań – oznajmił Doug, wskazując sześć dużych stołów i obite aksamitem krzesła. – Tu się spotykamy, kiedy trzeba podjąć jakąś wspólną decyzję. To największe pomieszczenie na całej wyspie.

Znajdowali się tak wysoko, że jego głos poniósł się echem.

– Dużo nas tu śpi? – zapytał Matt.

– Oczywiście mój brat i ja. Tobias i ty. I jeszcze sześciu chłopców, których niedługo poznasz.

– A... Amber? – dodał nieśmiało Matt.

– Mieszka na zamku po drugiej stronie parku – wyjaśnił Doug, jakby to było oczywiste. – Dziewczęta nie nocują w tym samym budynku co chłopcy!

Zeszli po szerokich schodach, minęli jadalnię i całą serię innych ogromnych pomieszczeń, by dotrzeć wreszcie do holu i znajdującej się w nim przerażającej rzeźby. Naprzeciwko wejścia rozczapierzała swe macki ośmiornica wykonana z brązu, wysoka na pięć metrów i szeroka na trzy. Miała odrażający łeb, groźne oczy i otwartą paszczę wyposażoną w ostre zęby, które musiały wywołać koszmary u niejednego dziecka z okolicy, jak się domyślił Matt.

– Właśnie stąd wzięła nazwę nasza siedziba: zamek Krakena. Mój ojciec pasjonował się legendami o zwierzętach. Najbardziej lubił tę o olbrzymiej ośmiornicy. Właśnie dlatego każdy zamek tutaj nosi nazwę jakiegoś mitologicznego zwierzęcia.

Największa niespodzianka czekała jednak na zewnątrz.

Ledwie Matt stanął pod portalem, uderzyła go gęstość roślinności, która utworzyła prawdziwe zielone ściany po obu stronach wąskiej drogi. Miał wrażenie, że zamek zgubił się w samym środku labiryntu paproci, jeżyn, krzewów i lian.

– Codziennie wszyscy na zmianę przycinamy rośliny, które się pną po budynkach – wyjaśnił Doug. – Każdy wykonuje swoją porcję obowiązków: koszenie, gotowanie, pranie, stanie na warcie…

– Stoicie na warcie? – zdumiał się Matt.

– Tak, na moście łączącym stały ląd z wyspą.

– Ktoś próbował się wedrzeć?

– Na szczęście nie. Czasami kręcą się w pobliżu sfory dzikich psów, ale nie mogą się przedostać. Podczas Burzy piorun uderzył w most i spalił pierwsze przęsło. Zrobiliśmy z arkuszy blachy coś w rodzaju mostu zwodzonego. To powstrzymuje nieproszonych gości. Natomiast wartę pełnimy przede wszystkim na wypadek ataku Cyników albo Żarłoków.

– Cyników? A co to takiego?

Doug otworzył usta, żeby odpowiedzieć, po czym się skrzywił.

– Myślę, że mamy jeszcze mnóstwo czasu na złe wiadomości, pogadamy o tym później. Chodź, oprowadzę cię po zamku.

Powiódł Matta ścieżką, na której ciemnowłosy, na oko czternastoletni chłopiec o rozwichrzonej czuprynie przycinał dużym sekatorem łodygi i liście. Przywitali się z nim.

– Przedstawiam ci Billy'ego – powiedział Doug. – Mieszka razem z nami na zamku.

Chłopiec bardzo się zdziwił, widząc, że Matt już chodzi.

Doug i Matt powoli ruszyli na dalszy spacer. Wspięli się po kamiennych schodkach porośniętych maleńkimi korzeniami i wiodących na taras, również przykryty roślinnym kobiercem. Taras ów znajdował się co najmniej pięć metrów nad czymś, co niegdyś było parkiem. Teraz pozostała z niego tylko nieprzebyta dżungla, tak gęsta, że nie mogli dojrzeć ziemi. Doug wskazał ręką gotyckie fasady położonych w oddali innych zamków. Wysokie ostrołukowe okna, kamienne łuki, wysmukłe kominy i frontony, spadziste dachy i wieże... Średniowiecze pływające po zielonym morzu. Tuż przed nimi w białych kamieniach położonego sto metrów dalej i otoczonego wieżyczkami zamku odbijały się promienie słońca.

– Jak się nazywa tamten zamek?

– Hydra – odrzekł Doug. – To posiadłość dziewcząt. Właśnie tam mieszka Amber.

– Co to za jeden, ten cały Hydra?

– T a Hydra. To mitologiczna postać, wąż o siedmiu głowach, z których każda po odcięciu natychmiast odrasta. Zdaje się, że taką nazwę nosi też konstelacja gwiazd.

Matt pokiwał głową w zamyśleniu. Bardziej niż te wyjaśnienia obchodziła go Amber. Ta dziewczyna wywarła na nim niesamowite wrażenie. Czy dlatego, że znajdował się w stanie półświadomości?

Odwróciwszy się, ujrzał po lewej stronie jeszcze bliżej kolejny strzelisty wielopiętrowy zamek wyposażony w małą liczbę okien. Spośród wianuszka wież jedna górowała nad resztą, jak ocenił Matt, wysoka na co najmniej sześćdziesiąt metrów, największa na całej wyspie. Wieńczyła ją szara kopuła.

– A tamten? Jak się nazywa?

– Ach, tamten? – Doug podrapał się po karku z wyraźnym zakłopotaniem. – To był zamek Minotaura. Ale... po Burzy przestaliśmy go tak nazywać.

– Dlaczego?

Doug zrobił głęboki wdech i wypalił:

– Jest nawiedzony.

– Nawiedzony? Przez kogo?

– Nie wiadomo. Czasami ulatnia się stamtąd zielony dym, a... nocą można zobaczyć błąkającą się w środku jakąś dziwną postać.

Matt przystanął urzeczony. Zdecydowanie świat stawał się coraz bardziej zaskakujący.

– Jaką teraz nosi nazwę?

Doug zmierzył go wzrokiem od stóp do głów, po czym zerknął ukradkiem na podobną do latarni morskiej budowlę i oświadczył:

– Żadnej. Nie rozmawiamy o nim i tyle.

Do Matta dotarło, dlaczego Doug z początku mówił o siedmiu zamkach, zanim nie poprawił go brat. Chłopiec wpatrywał się w imponującą fortecę. W potężne kanciaste wieże bez okien i w pozbawiony ornamentów korpus, w którym z rzadka widać było ciemne wejścia. Wewnątrz musiał panować piekielny mrok, nawet w środku dnia. Osobliwy pomysł postawić takie gmaszysko.

– No dobra, już dość się nachodziłeś jak na pierwszy dzień. Tobias pewnie skończył swoją kolejkę sprzątania i nie może się doczekać, żeby z tobą pobyć.

Doug zszedł po stopniach. Matt, który zamierzał zrobić to samo, rzucił ostatnie spojrzenie na nawiedzony zamek. Wówczas ogarnęło go dziwne uczucie, że od samego początku wzniesiono go po to, aby coś ukryć. Właśnie tym emanowała bowiem jego masywna architektura: zbudowano tam raczej warownię niż dom mieszkalny. „A jeśli chodziło o to, żeby nie wypuścić czegoś stamtąd? Nie, to bez sensu, nikt by czegoś takiego nie zrobił..."

Jakby na potwierdzenie, że jego sceptycyzm jest niesłuszny, za jednym z okien przemknął cień.

Matt zesztywniał: upewnił się nagle, że cokolwiek się czai wewnątrz tej odrażającej budowli, właśnie go obserwuje.

Zanim jednak zdążył otworzyć usta, postać zniknęła.

17

PANORAMA WYSPY

Matt zastał Tobiasa na pierwszym piętrze, w małym przytulnym saloniku całym w lakierowanym drewnie i czerwonym aksamicie. Towarzyszyła mu Kudłata. Matt chwycił ją w ramiona, ona zaś z zapałem wylizała mu twarz na przywitanie. Była jeszcze większa, niż ją zapamiętał.

Usiadł, by dać odpocząć zmęczonemu ciału, i dał upust zdziwieniu samotną wyspą, znakomitym zorganizowaniem i pomysłowością wspólnoty.

– Doug i jego brat mówili, że teraz już więcej wiadomo na temat nowego świata – rzekł. – Możesz mi wszystko opowiedzieć?

Przez twarz Tobiasa przemknął cień.

– No cóż... Wiemy, że powstały trzy obozy, teraz to już pewne – wyjaśnił powoli. – Trzy rodzaje... tych, co przeżyli Burzę. My, dzieci i młodzież, dorośli i...

– Przeżyli jacyś dorośli? Więc facet z delikatesów nie był jedyny? Super! Czy dzieciom udało się odnaleźć rodziców?

Tobias kilkakrotnie przecząco pokręcił głową.

– W rzeczywistości wcale nie jest super. Po Burzy dorośli stali się... agresywni. Na razie nic więcej nie wiadomo. Wygląda na to, że zorganizowali się tak samo jak my, ale żadnego z nich nie widać, nie mamy pojęcia, gdzie się podziali ani co robią. Wiadomo tylko tyle, że za każdym razem, gdy jakiś nastolatek wchodził na ich teren, kończyło się napaścią. Już nie można im ufać.

– To znaczy, że… nie są już tacy jak dawniej? Jesteście tego pewni?

– Tak, Matt. Nie ma już ani jednego dorosłego, któremu można by zaufać. Wszyscy bardzo się zmienili. Są agresywni i fałszywi.

– Jak to możliwe? A czy wiadomo, kim oni są? I co z naszymi rodzicami?

– Nie mam pojęcia. Nikt tego nie wie. Część dorosłych przeżyła Burzę, z tym że przestali być sobą, to wszystko, co można powiedzieć na ten temat. Zachowują się zupełnie jak dzikusy. I… wygląda na to, że nienawidzą nas, dzieci i nastolatków.

Matt siedział przybity, zgarbiony, patrząc niewidzącym wzrokiem. Tobias poklepał go przyjacielsko po ramieniu.

– Myślałem, że… że pewnego dnia znów zobaczymy rodziców – wyznał Matt.

– Przykro mi.

– Musicie się czuć piekielnie samotni.

– Nie, niekoniecznie – pokręcił głową Tobias. – Założyliśmy tutaj własną wspólnotę. Dobrze się rozumiemy, a poza tym jest tak dużo roboty, że nie mamy czasu na smutki.

Matt zaczerpnął głęboko powietrza, chcąc uwolnić ciało od żalu, który ściskał za gardło i napędzał łzy do oczu, chcąc go odepchnąć.

– Kto należy do trzeciej frakcji? – zapytał. – Wspomniałeś o trzech obozach.

– Żarłocy. Utworzyli małe plemiona i jak się zorientowaliśmy, stali się bardziej sprytni i inteligentni. Już nie sypiają byle gdzie i zrobili sobie broń.

– Są agresywni?

– Jasne! – przytaknął Tobias. – Bardziej niż ludzie! Próbują zabić każdego dzieciaka czy nastolatka, który im wejdzie w drogę. Z kolei dorośli są bardziej zepsuci. Nie wiedzieć czemu porywają dzieci, które znikają bez śladu.

– Porywają nas?

– Tak, zdarzają się zbiorowe uprowadzenia. Dorośli napadają znienacka i starają się złapać jak najwięcej więźniów. Złapani nigdy nie wracają, na razie to wszystko, co wiemy.

– Czy to się często zdarza? – zapytał Matt zaskoczony.

– Teraz już nie. Przynajmniej w tej okolicy panuje większy spokój, to znaczy... jeśli chodzi o dorosłych. Bo w lesie aż roi się od niebezpieczeństw.

Matt otworzył szeroko oczy ze zdumienia. Wprost nie mógł się nadziwić. Już nic nie było takie jak dawniej. Prawdę mówiąc, gdyby sam nie przeżył Burzy i ucieczki przez opustoszały Nowy Jork, nie uwierzyłby w ani jedno słowo.

Nie wdając się w szczegóły, Tobias potwierdził istnienie osobliwych przerażających stworzeń, które krążyły po okolicznych lasach. Następnie wyjaśnił, że Burza oszczędziła wiele dzieci, i to w różnym wieku, podobno od całkiem małych do siedemnasto- czy wręcz osiemnastolatków. Te, które przetrwały pierwsze dni, założyły klany w całym kraju. Dziesięcio-, niekiedy nawet pięćdziesięcioosobowe grupy. Chodzą słuchy, że są całe wioski liczące ponad setkę nastolatków!

– Jak to: słuchy? – powtórzył Matt. – Jak to możliwe bez telefonu, bez radia, bez żadnych środków komunikacji?!

– Dzięki Długodystansowcom! To się zaczęło od jednego gościa na zachodzie, w dość sporej wspólnocie. Chciał zobaczyć, co się dzieje gdzie indziej, poszukać innych ocalałych, i maszerował przez cały kraj, dopóki nie znalazł innych grup. Ogłosił się Długodystansowcem, głosicielem nowin i nadziei, a wtedy pałeczkę przejął kolejny chłopiec i ruszył w drugą stronę. Dziesiątki następnych poszło w ich ślady. Przemierzają kraj w poszukiwaniu takich wspólnot jak nasza, żeby przekazywać wieści ze świata.

– Oni... to wariaci! Przy wszystkich zagrożeniach, jakie czyhają naokoło?!

Tobias wzruszył ramionami.

– Właśnie dlatego ustaliliśmy zasadę: gościnność dla Długodystansowców. Karmimy ich i zapewniamy im nocleg, nie żądając niczego w zamian, natomiast oni przekazują nam to, co usłyszeli. Według najnowszych wieści istnieje jakieś czterdzieści piotrusiowych osad.

– Piotrusiowych? – powtórzył Matt.

– No tak! Tak się teraz nazywamy. Dzieci i nastolatki, które mieszkają razem, tworzą piotrusiową wspólnotę. Nie wiedzieliśmy, jaką wybrać nazwę… Tyle grup wiekowych i każdy miał inne zdanie. Aż pewnego dnia przyszedł do nas Długodystansowiec i powiedział, że na zachodzie przyjęli takie określenie na cześć Piotrusia Pana…

– Chłopca, który nie chciał dorosnąć – dokończył Matt.

– Właśnie. Wszyscy dorośli, jakich dotąd spotkaliśmy, są źli, nigdy żaden z nich nie chciał nam pomóc, wszyscy starają się nas obezwładnić za wszelką cenę, a potem uprowadzić. Dorośli są zimni i okrutni. Dlatego nazywamy ich Cynikami. Teraz już z grubsza wiesz, co i jak.

– Dlaczego nasto… Piotrusie się nie zjednoczą i nie założą wielkiego miasta? Wtedy bylibyśmy jeszcze silniejsi.

– No wiesz, to dopiero początki. Długodystansowcy istnieją raptem od dwóch miesięcy. Zresztą nawet oni się ciągle gubią; większość nie umie trafić do miejsca, z którego wyruszyli. To skomplikowane, już nic nie jest takie jak dawniej. I wielu Długodystansowców ginie po drodze. Niebezpieczeństwo jest wszędzie. Moim zdaniem chwilowo każdy klan próbuje się jakoś zorganizować, żeby przetrwać, wyżywić się, obronić. Trzeba było znaleźć odpowiednie miejsca i tak je urządzić, żeby nadawały się do życia. Nikt nie chce porzucać tego, co dobrze zna! Tak jak my tej wyspy: kto by chciał stąd odejść? Czujemy się tutaj bezpieczni, jest nam wygodnie, mamy zapasy jedzenia, a nawet kury, które dają świeże jajka!

Matt przyswajał informacje, tworząc sobie obraz tego nowego, coraz bardziej pasjonującego, choć zarazem przerażającego świata. Cynicy… Żarłoki… Piotrusie. Co się wydarzyło tamtej słynnej nocy, kiedy nad światem rozpętała się Burza, co to były za błyskawice, po których ludzie wokół niego wyparowali? Jak mogło do tego dojść?

Nagle Tobias zerwał się na równe nogi i dał znak, by Matt poszedł za nim. Zagłębili się w labirynt obitych boazerią korytarzy, schodów i sal pełnych obrazów, książek i rzeźb, po czym wspięli się po krętych stopniach wąskiej wieży. Matt zaczął odczuwać prawdziwe zmęczenie, nogi mu drżały, kręciło mu się w głowie.

Kiedy Tobias podniósł klapę, wyłonili się w najwyższym punkcie zamku. Rozciągał się stąd widok na całą wyspę.

Matta aż zatkało. Obszar na oko długości dwóch kilometrów i szerokości kilometra przecinał rzekę na dwie szare ruchliwe wstęgi. Zielony dywan otulał wszystko z wyjątkiem siedmiu zamków, których iglice, wieże, kopuły i kamienne krągłości strzelały w górę niczym skalne szczyty przebijające morze chmur. Matt dostrzegł na uboczu także niewyraźne skupisko budowli.

– Co to jest tam, w dole?

Wiatr potargał jego zbyt długie włosy. Wzgórza okalające wyspę i rzekę ginęły na tle lasu.

– To cmentarz. Tutaj należy unikać trzech miejsc. Tego – wyliczał Tobias, wskazując zamek Minotaura i jego gigantyczną wieżę – cmentarza i okolic rzeki, a zwłaszcza nabrzeży na południowym krańcu wyspy.

– Dlaczego?

– Bo są niebezpieczne. Na przykład w rzece jest mnóstwo dziwnych rzeczy. Nigdy nie widać ich w całości, ale wystarczy spojrzeć na czarne kształty, które tam pływają, żeby zrozumieć. Musimy tam łowić, żeby urozmaicić sobie pożywienie, z tym że tutaj wędkarstwo to ryzykowne zajęcie! W zeszłym tygodniu Steve'a o mało nie porwało razem z wędką, a potem pojawiła się płetwa wielkości kosza do piłki. Z kolei co do cmentarza i zamku, wierz mi, lepiej się do nich nie zbliżać.

Matt był zdumiony zarówno postawą przyjaciela, jak i tym, co właśnie usłyszał. W ciągu ostatnich pięciu miesięcy Tobias bardzo się zmienił, i to nie tylko fizycznie. Lepiej wyrażał swoje myśli, mówił spokojniej, przejawiając dojrzałość i pewność siebie, których mu wcześniej brakowało. Nadal wszakże sprawiał wrażenie naelektryzowanego, niezdolnego usiedzieć w jednym miejscu, nadpobudliwca w ciągłym ruchu.

Tuż obok nich na blance przysiadł kruk. Wpatrywał się w nich czarnymi ślepiami.

– Przynajmniej ptaki ciągle istnieją – stwierdził z przekąsem Matt.

– Tak. W gruncie rzeczy co miesiąc odkrywamy skutki Burzy. Za pośrednictwem Długodystansowców, którzy tu zaglądają, co się rzadko zdarza, albo kiedy wychodzimy na zewnątrz.

– Przeczesujecie okolice?

– O, co to, to nie! Zbyt wiele jest wypadków, więc ograniczyliśmy wyjścia do minimum.

Na widok ponurej miny Tobiasa Matt wyobraził sobie tragedie, jakie tu musiały mieć miejsce, toteż nie zadawał pytań.

– Najwięcej kłopotów pojawia się wtedy, kiedy idziemy do lasu zbierać owoce. Ale nie możemy się bez nich obejść. Doug mówi, że jeśli człowiek nie chce zachorować, powinien jeść świeże owoce. A nam regularnie brakuje pożywienia. Wobec tego wyruszamy do miasta kilka kilometrów stąd, żeby zrobić zapasy. Najczęściej wody pitnej, mąki i konserw.

– W mieście nie brakuje prowiantu?

– Przeciwnie! Nie nadążamy ze zjedzeniem wszystkiego przed upływem daty ważności. Dajemy sobie jakoś radę. Tylko że prędzej czy później będziemy musieli zacząć polować; od dawna już nie jemy mięsa, a jeśli wkrótce nie zajmiemy się uprawą ziemi, pewnego dnia zabraknie mąki na chleb.

Tobias podziwiał bezmiar otaczającego ich lasu, który zdawał się nie mieć końca.

– Wszystko jest do zrobienia – dodał cicho.

– Wygląda na to, że Doug… bierze czynny udział we wszystkim, co się tu dzieje, prawda?

Tobias przytaknął.

– Należy do najstarszych; dobrze zna wyspę, bo mieszkał tu wcześniej, i jest bardzo inteligentny. Ma olbrzymią wiedzę. Nawet jeśli w danej chwili czegoś nie wie, dowiaduje się następnego dnia. Myślę, że spędza sporo czasu w zamkowych bibliotekach. Powinieneś je zobaczyć. Są wszędzie! Jego ojciec był intelektualistą i kolekcjonerem dzieł sztuki. Jaki ojciec, taki syn, nie?

Na myśl o własnym tacie Mattowi ścisnęło się serce. Teraz nie było już mowy o rozwodzie. Jego rodzice nie mieli przed sobą ani separacji, ani żadnego wyboru. Matta ogarnął żal za tym okrutnym dylematem. Po czym jeszcze mocniej zakręciło mu się w głowie. Czuł się wyczerpany, za bardzo nadwerężył mięśnie, ciało odmawiało mu posłuszeństwa, zaś entuzjazm, który przywiódł go aż tutaj, osłabł.

Tobias musiał go odprowadzić do pokoju, gdzie Matt natychmiast zasnął.

Obudził się w porze kolacji i mimo protestów Douga zszedł na dół, żeby zjeść z pozostałymi chłopcami. Wszyscy byli obecni – tego wieczoru kto inny miał pełnić wartę. Poza obydwoma jasnowłosymi braćmi, Tobiasem i rozczochranym Billym Matt spotkał Calvina, czarnoskórego chłopaka o szerokim uśmiechu, i jego przeciwieństwo: Arthura, niezbyt sympatycznego bruneta, który zmierzył go wzrokiem od stóp do głów, kiedy tylko zszedł po szerokich schodach. Kudłatej nie było, Tobias więc wyjaśnił, że pies woli mieszkać na dworze. Zagłębiał się w gęsty zagajnik i wyłaniał z niego od czasu do czasu, kiedy naszła go ochota. Żywił się sam i wszystko, co należało przy nim robić, to wyczesać go co jakiś czas.

Matt otrzymał miejsce na końcu stołu. Travis, który w pobrudzonych ziemią ogrodniczkach i ze źdźbłami trawy w rudej czuprynie wyglądał, jakby wyszedł prosto z lasu, nalał wszystkim zupy jarzynowej. Owen, najmłodszy w grupie, ledwie jedenastolatek o tryskającej inteligencją buźce i bystrym spojrzeniu, ulepił kulkę z chleba i wrzucił rudzielcowi we włosy. Doug natychmiast zgromił go surowo:

– Nie należy marnować jedzenia, Owen! Teraz to jest najważniejsze.

Regie, który położył obok siebie cylinder, przytaknął z zapałem.

– Myślałem, że nie będzie mógł chodzić jeszcze przez kilka dni – zdziwił się Arthur, wskazując Matta.

– Ja też – wzruszył ramionami Doug. – Pięć miesięcy w łóżku, mięśnie mu zanikły, ale kiedy się na niego patrzy, wcale nie widać, żeby był wątły. Muszę przyznać, że Matt to... raczej okaz zdrowia.

Cała jego postawa wskazywała, że nic z tego nie rozumie.

Dziewięciu mieszkańców zamku Krakena spałaszowało kolację i poszło spać. Mieli za sobą ciężki dzień i nikomu nie uśmiechało się siedzieć do późna. Matt odrzucił propozycję Douga, który zaofiarował się, że odprowadzi go do pokoju, zaczynał się bowiem orientować w tym labiryncie korytarzy i sal.

W pewnej chwili jednak najwyraźniej przegapił jakiś zakręt, bo nie podążał we właściwym kierunku. Znalazł się na drewnianych schodkach przed wąskim wysokim oknem. Na zewnątrz na tle ciemnego nieba rysował się nawiedzony zamek. Matt zamierzał właśnie popatrzeć z ukrycia, aby na własne oczy zobaczyć dziwy, jakie mają w nim miejsce, gdy nagle ze znajdującego się tuż obok korytarza dobiegły go dźwięki rozmowy.

– Spotkajmy się o pierwszej w nocy, zgoda? – rzekł pierwszy głos.

– W porządku. Nie zapomnij o kocach, na dworze jest zimno – odparł drugi.

Matt przypuszczał, że szykują się do objęcia warty. Co mu się wydało dziwne, bo przecież Doug przy kolacji powiedział coś zupełnie przeciwnego: tej nocy nikt z zamku Krakena nie miał stać na straży.

– Tylko nie hałasuj! – ostrzegł pierwszy głos. – Nie tak jak przedwczoraj, nie chcę się nadziać na Tobiasa ani na tego nowego!

Tym razem Matt drgnął. Coś się tu święci. Aczkolwiek kiedy z powrotem zszedł po stopniach, pilnując, by nie skrzypiały, na korytarzu już nikogo nie było. Poszli sobie.

Dotarłszy wreszcie do swego pokoju, Matt się położył, zostawiając zapaloną świeczkę. Wpatrywał się w sufit. Wyspę otaczało tak wiele ciekawostek i tajemnic! Kiedy powieki zaczęły mu ciążyć, zdmuchnął płomień i przewrócił się na bok zbyt wyczerpany, by pilnować zamku o godzinie pierwszej w nocy.

Tajemnice będą musiały jeszcze trochę zaczekać.

18

CEREMONIA

Przez następne trzy dni Matt trzymał się zamku albo jego obejścia, gdy pomagał przy ścinaniu korzeni i lian. Jeśli nie chcieli, by i tak już wąskie nieliczne ścieżki zniknęły, musieli tę czynność wykonywać codziennie. Roślinność rosła w szalonym tempie.

Nikomu nie wspominał o podsłuchanej na korytarzu krótkiej rozmowie, zachowując ów sekret dla siebie w oczekiwaniu, aż dowie się więcej o wszystkich. Podejmował się krótkich zadań, aby nie nadwerężyć sił zbyt szybko. Najczęściej towarzyszyła mu Kudłata, wszyscy zaś powtarzali, że zazwyczaj nie widuje się jej na zamku tak często. Matt poczuł wzruszenie – nie miał już żadnych wątpliwości, że Kudłata to jego pies. Co jeszcze dziwniejsze, bardzo urosła w czasie, kiedy był w śpiączce. Sięgała mu teraz do ramienia, co czyniło z niej największego psa, jakiego kiedykolwiek widział.

Co do Douga, to nie mógł się wprost nadziwić wytrzymałości swojego pacjenta. Wydawało mu się niepojęte, że Matt potrafi ustać na nogach tak długo, chociaż leżał przykuty do łóżka aż pięć miesięcy. Chłopiec przypuszczał, że to dlatego, iż w czasie śpiączki wstawał do toalety, nawet jeśli robił to jak lunatyk, co najwyraźniej nie przekonało Douga.

Matt poznał pozostałych Piotrusiów, którzy mieszkali na wyspie: noszącego wielkie okulary Mitcha, lokalnego artystę potrafiącego narysować dosłownie wszystko w ciągu paru minut, chociaż miał zaledwie trzynaście lat; Sergia, mięśniaka o ognistym temperamencie; słodką Lucy o ogromnych niebieskich oczach wywołujących wybuchy śmiechu wśród starszych chłopców. Nie spotkał wszakże Amber, co sprawiło mu przykrość. Zauważył, że na wyspie istnieją klany: najmłodsi trzymali się razem i nieco na uboczu; dostrzegł też trzech osiłków, którzy o czymś rozprawiali, tak jakby tworzyli odrębną zwartą grupę.

Wieczorem piątego dnia po jego przebudzeniu w wielkiej sali Krakenu (Matt zauważył, że Piotrusie z wyspy rzadko używają słowa „zamek", posługując się raczej nazwą mitologicznego zwierzęcia na określenie swej siedziby) zwołano zebranie.

Matt obserwował z balkonu nadejście każdego uczestnika. Sala zapełniała się powoli; każdy ze szklanką w dłoni siadał na jednym z wielu krzeseł ustawionych wzdłuż drewnianych stołów. Matt zastanawiał się, czy nie powinien się do nich przyłączyć, wolał jednak zostać na balkonie, skąd miał widok na wszystko.

Po krótkotrwałym zamieszaniu Doug wszedł na podium kominka, przy którym wydawał się malutki, Matt zaś miał przez chwilę niemiłe wrażenie, że to olbrzymia czarna paszcza gotowa go pożreć.

– Proszę o ciszę! – zawołał Doug, wznosząc ramiona.

Szmer ustał, wszystkie głowy zwróciły się ku niemu.

– Kto pełni wartę na moście? – zapytał.

– Roy – odparł nieźle zbudowany czarnoskóry chłopiec. – Tylko on został na dworze; cała reszta jest tutaj.

Doug z uznaniem skinął głową.

– Dobrze – powiedział. – Proszę o ciszę! Zaczynamy. Mamy sporo do omówienia, z tym że najpierw chciałbym wam przedstawić nowego gościa, chociaż jest z nami od pięciu miesięcy…

Słysząc to, Matt się wyprostował. Tego się nie spodziewał.

– Ma na imię Matt. Proszę, żebyście mu zgotowali godne przyjęcie.

Na te słowa sześćdziesiąt cztery osoby siedzące na dole zaczęły rytmicznie uderzać szklankami o stół. Kiedy w ogromnej sali rozległo się potężne walenie, Matt poczuł się malutki. Zbiegł po schodach pospiesznie, witając zgromadzonych, po czym Doug dał mu znak, by usiadł.

Oblany szkarłatem Matt dostrzegł miejsce obok Tobiasa i zajął je ze spuszczoną głową.

– Ale wejście smoka! – szepnął Tobias.

– Obciach. Wiesz, co my tu robimy?

– Jak zwykle: planujemy najbliższe dni. Będziemy przydzielać warty, obowiązki itede.

Doug omawiał właśnie sprawę przeciekającego dachu, szukając ochotników do naprawy. Zgłosili się najstarsi. Kiedy rozdzielono zadania, Matt stwierdził, że najmłodszym przypada obcinanie gałęzi, natomiast pełnienie warty i łowienie ryb zostawia się najstarszym Piotrusiom. Dziewczyny traktowano na równi z chłopakami, co nie uszło jego uwagi. Tobias wyjaśnił szeptem:

– Na początku rzeczywiście dziewczyny dostawały robotę w kuchni albo pranie. Ale część się zbuntowała i oznajmiła, że chcą robić to co chłopaki. Oczywiście nie wszyscy się zgodzili, w pierwszym rzędzie Doug. Wobec tego poddano je próbie i okazało się, że… są co najmniej tak samo dobre jak my, więc nie ma już podziału. To była dla nas nauczka.

Rozdzieliwszy pozostałe obowiązki, Doug wygłosił na koniec osobliwą uwagę:

– Już od miesiąca wielu z was przychodzi do mnie, skarżąc się na gorączkę i zaburzenia wzroku. Chciałbym wszystkich uspokoić. To nie jest żadna choroba, a ci, którzy mieli dolegliwości, czują się lepiej… Sytuacja, hm, jest opanowana.

Matt bez trudu dostrzegł zakłopotanie Douga. Nie słyszał jeszcze o tej sprawie, która najwyraźniej stawiała młodego blondyna w niewygodnej sytuacji.

– Cóż, oddaję głos Amber, która chciałaby powiedzieć parę słów na ten temat.

Stukanie szklankami o stoły wyrażało powszechną aprobatę; Matt doszedł do takiego wniosku, widząc, jak każdy oddaje się temu zajęciu, kiwając głową.

Doug ustąpił miejsca ślicznej dziewczynie o jasnych włosach, w których pobłyskiwały rude refleksy. Matt mógł ją wreszcie podziwiać do woli. Była tak samo piękna jak w jego mglistych wspomnieniach. Wysoka i dumna, przemówiła, omiatając całe audytorium krótkim spojrzeniem:

– Rzeczywiście, ostatnio u coraz większej liczby osób zachodzą zmiany. Nie żądajcie ode mnie wyjaśnień, ale mam wszelkie powody przypuszczać, że to jest związane z Burzą. Myślę, że nasze organizmy muszą się przystosować do nowego świata. Mieliśmy szczęście, że nie zamieniliśmy się w Żarłoki, tak jak niektórzy dorośli, chociaż istnieje prawdopodobieństwo, że jakaś siła w powietrzu odpowiada za przekształcenia cząsteczek roślinnych, co wyjaśnia te wszystkie zmiany. Być może jesteśmy na nie wrażliwi.

– Naukowiec w skórze nastolatka? – zażartował Matt.

– A jaka cwaniara! – przyznał Tobias.

– Jest fajna? – zapytał Matt, nie potrafiąc oderwać od niej oczu.

– Sam nie wiem. Ona nie mówi o sobie. Powiedziałbym nawet, że jest... raczej zimna.

Matt poczuł rozczarowanie – nie takie wrażenie na nim zrobiła. „Byłeś w stanie śpiączki!", pomyślał.

– Tak czy inaczej proszę was, żebyście przychodzili do mnie bez wahania, kiedy tylko zauważycie u siebie jakiekolwiek przeobrażenia. Doug ma już i tak sporo na głowie, dlatego umówiliśmy się, że to mnie będziecie zgłaszać swoje spostrzeżenia. Wiecie, gdzie mnie znaleźć.

Szklanki znów zaczęły uderzać o stoły. Kiedy wszyscy wstali, by opuścić salę, pośród zgiełku wielu chłopców i wiele dziewcząt podeszło się przywitać z Mattem, który dziękował wszystkim, dopóki nie pojawiła się przed nim Amber. Była tylko trochę niższa od niego, a to nie byle co, skoro miał metr siedemdziesiąt w wieku zaledwie czternastu lat.

– Miło cię widzieć wreszcie na nogach – oznajmiła na powitanie.

Jedyne pytanie, jakie przyszło mu do głowy, to co robiła przed Burzą.

– Dziękuję – odparł. – Skąd pochodzisz? To znaczy z jakiego miasta?

Amber zmarszczyła brwi. Zmierzywszy wzrokiem Tobiasa, jakby to on zawinił, rzuciła:

– O takich rzeczach już się nie rozmawia. Nikt ci nie powiedział, że to niegrzeczne?

– Nie, przepraszam. – Nim odeszła, dodał pospiesznie: – Dziękuję za opiekę w czasie śpiączki.

– To nie była zwykła śpiączka. Wszyscy się baliśmy, że nigdy z tego nie wyjdziesz.

– Zdaje się, że masz niezłą wiedzę.

Zastanawiała się przez chwilę z zaciśniętymi ustami.

– Chyba myślę na sposób kartezjański. Lubię wiedzieć, jak co działa, to wszystko. Możesz to nazwać ciekawością. Czy ty nie masz przypadkiem jakichś szczególnych uzdolnień? W kierunku fizyki albo biologii...

– Czy to ma związek z tymi chorobami, o których wspominaliście z Dougiem?

– Tu nie chodzi o choroby. Po prostu próbuję zrozumieć, a w tym przypadku potrzebne mi są wiadomości z fizyki.

– Możesz zaspokoić swój pęd do wiedzy w bibliotekach Krakenu. Dobrze się składa, bo akurat zamierzaliśmy się tam przespacerować z Tobiasem dziś wieczorem. Chętnie ci pomożemy.

Tobias spojrzał zaskoczony na improwizującego przyjaciela.

Amber się rozpromieniła.

– Świetny pomysł! – zawołała. – Spotkajmy się tutaj za godzinę, muszę jeszcze wpaść do Hydry.

Kiedy się oddaliła, Tobias uważnie popatrzył na Matta.

– Podoba ci się, co? – odgadł.

– Ależ skąd, nie gadaj głupot. Pomyślałem sobie, że to okazja, aby ją lepiej rozszyfrować.

– Zastanawiam się, co będziemy robić o tej porze w bibliotece! – burknął zupełnie nieprzekonany Tobias. – Słowo daję, czasem masz pomysły nie z tej ziemi!

– Słyszałeś coś o tych chorobach?

– Tylko trochę. Niektórzy się boją, zwłaszcza po tym, jak ostatni Długodystansowiec przyniósł wiadomość, że tam, skąd przyszedł, jest tak samo. Bóle głowy, gorączka, to w końcu mija, ale człowiek ma cykora. Nagle zaczęła krążyć plotka: a jeśli Piotrusie też się w coś zamieniają? Mężczyźni przekształcili się w Żarłoki, więc niby dlaczego my nie mielibyśmy się też zmienić?

– Co za koszmar! – skrzywił się Matt. – A ty masz bóle głowy?

– Nie i trzymam kciuki, żeby mi się to nie przydarzyło!

Czekając na Amber, ruszyli w stronę sypialni. Po drodze Matt podniósł palec, mówiąc:

– Słuchaj, miałem cię zapytać: skąd teraz wiadomo, która jest godzina?

Tobias wskazał stary drewniany zegar w kącie sali.

– Nakręcane mechanizmy ze wskazówkami nadal działają. Zniszczeniu uległy tylko te, które się włącza do kontaktu, albo na baterie.

– A co z samochodami?

– Nie ma po nich śladu. Stopiły się i zniknęły w kałużach pełnych metalicznych refleksów. Teraz wszystko porastają rośliny. Nawet miasta zmieniły się nie do poznania: wyglądają zupełnie jak ruiny, które mają po tysiąc lat!

Kiedy tak sobie rozmawiali, nie zwrócili uwagi na nastolatka, który przyglądał im się ciekawie ukryty we wnęce wielkiej sali. Szpiegował ich dopóty, dopóki nie zniknęli na piętrze, po czym otulił się szarym płaszczem i wyszedł w ciemność.

19

PRZYMIERZE TROJGA

Spotkawszy się z Amber o umówionej porze, wspięli się na górę prowadzeni przez Tobiasa.

Każde z nich niosło lampę oliwną stanowiącą jedyne źródło światła, nie licząc świec ustawionych wzdłuż korytarzy w miejscach, w których przedtem zatykało się pochodnie. Musieli przelecieć wzrokiem po grzbietach wszystkich książek w dwóch bibliotekach, nim natrafili wreszcie na zbiór zawierający dzieła naukowe. Była to mała salka na uboczu, na ostatnim piętrze. Całe jej ściany pokrywały olbrzymie regały, zaś na wysokości trzech metrów zbudowano biegnący wzdłuż całego pomieszczenia gzyms, do którego można było sięgnąć, wchodząc po skrzypiącej drabince.

Książki przesłoniły dekorację w postaci wielobarwnej mozaiki, którą łagodziło słabe światło księżyca przenikające przez okna. Pośrodku znajdował się stół, przy którym stały wyścielane na zielono ławki.

– Czego szukamy? – zapytał Matt.

– Wszystkiego, gdzie jest mowa o elektryczności i energii kinetycznej.

Chłopcy popatrzyli na siebie zaskoczeni. Tobias zaprotestował:

– Jesteś pewna, że to nam się przyda do…

– Chcecie mi pomóc czy nie? – przerwała mu Amber.

Skinąwszy głowami, rozdzielili między siebie regał. Odczytywanie tytułów przy świetle, jakie dawały lampy oliwne, nie było łatwe, często musieli też otwierać książki, aby przejrzeć indeks. Po godzinie poszukiwań odłożyli na bok zaledwie jedną pracę. Amber, której przypadły w udziale górne półki, oświadczyła, przechylając się przez poręcz:

– Nic nie znalazłam. Tak na marginesie, nie natknęliście się przypadkiem na żadne dzieło na temat telekinezy albo elektrostatyki?

Matt skrzywił się, nie rozumiejąc.

– A co to takiego ta teleki…

– Przemieszczanie przedmiotów na odległość. Na przykład zdolność do przesuwania widelca bez dotykania go.

– W takim razie potrzebujesz książek o czarach! – parsknął śmiechem Tobias.

Jednakże na widok surowego spojrzenia dziewczyny natychmiast spoważniał.

– Nie, nic takiego nie widziałem – oznajmił.

– Dlaczego interesujesz się takimi rzeczami? – zapytał Matt.

– Bo być może mają jakiś związek z tym, co się stało ze światem w czasie Burzy.

– Nigdy się nie dowiemy, co się stało!

– Nie łudź się. Odpowiedź na pewno kryje się w nas.

– W nas? Jak to?

Amber się zawahała, czy powinna na ten temat rozmawiać, po czym zeszła do chłopców. Cała trójka usiadła przy stole.

– Jestem pewna, że nie cierpimy na żadną chorobę, że te zaburzenia są zupełnie naturalne; to skutki, jakie w naszych organizmach wywołała Burza.

– Sama doszłaś do takiego wniosku? – zdumiał się Matt.

– Prawdę mówiąc, Doug podsunął mi ten pomysł. Wyobraź sobie, on uważa, że to zemsta dokonana przez Ziemię.

Ludzie zbyt długo ją dręczyli i tak zanieczyścili, że przestała się nadawać do życia. Więc zanim zdążyliśmy wszystko zniszczyć, zbuntowała się przeciw nam. Naukowcom umknęło mnóstwo rzeczy na temat świata, energii, iskry życia: pierwotnej energii, która pojawiła się wraz z życiem, tej samej, która ożywiła nasze komórki. A jeżeli ta iskra to po prostu bicie serca Ziemi? Tylko że w pewnej chwili Ziemia postanowiła wszystko zmienić, zanim będzie za późno.

Płomienie oświetlały twarz Amber, podkreślając łagodność jej rysów.

– Mówisz o Ziemi, jakby była… formą życia.

– Bo właśnie tym jest. Doug twierdzi, że Ziemia posiada rodzaj świadomości, która nam umyka, przekazywanej w istocie wszystkiego, w sercu roślin, minerałów i oczywiście człowieka. I chcąc się bronić przed ludźmi, uruchomiła tę inteligencję, żeby ją przeobrazić. Zmodyfikować komórki roślin, aby szybciej rosły i opanowały całą planetę. A jeszcze przedtem bawiąc się nastrojami: klimatem. Błyskawice, któreśmy wszyscy widzieli, posłużyły do zaburzenia kodu genetycznego trafionych nimi ludzi. Większość tych ludzi zniknęła, wyparowała, prawdopodobnie ich organizmy nie wytrzymały wyładowania, inni zmutowali, stając się Żarłokami. Część nie została trafiona i dzisiaj są Cynikami. No i wreszcie jesteśmy my: Piotrusie. Tak jakby Ziemia pokładała w nas nadzieję. Nie unicestwiła całej ludzkości; oszczędziła swoje dzieci, żeby zbudowały świat jutra, bardziej ją szanując.

– Więc dlaczego dorośli są wobec nas agresywni? – dopytywał się Tobias.

– Bo Burza odebrała im pamięć o tym, kim są. Jedyne, co im pozostało, to świadomość, że oszczędzono celowo tylko dzieci.

– To znaczy, że są o nas zazdrośni?

– Nie wiem – wzruszyła ramionami Amber – to tylko przypuszczenie. Ale jeśli się rozejrzeć wokoło, wszystko trzyma się kupy. Dowiemy się więcej, kiedy odkryjemy, dlaczego Cynicy porywają Piotrusiów.

– A jaki to ma związek z tele... telekinezą? – naciskał Matt.

– No cóż... – Amber mierzyła chłopców wzrokiem przez chwilę, nim wreszcie wypaliła: – Coraz więcej Piotrusiów skarży się na dziwne rzeczy. Jedna dziewczyna z mojego zamku ciągle czuje drobne wyładowania elektryczne, jak tylko czegoś dotknie. Niedawno się wkurzyła, już miała dość. Na podłodze pojawiło się z dziesięć maleńkich błyskawic, nie większych od ziarenka ryżu, ale było ich tak dużo, na dodatek wieczorem, że nie mogłyśmy ich nie zauważyć!

– Chcesz powiedzieć, że to ona je wywołała? – zdziwił się Tobias.

– Tak, jestem tego pewna. Jak tylko zobaczyła to oszałamiające widowisko, uspokoiła się, a wtedy błyskawice zniknęły. Od tamtej pory już się tak nie elektryzuje co pięć minut, ale jak tylko zasypia, włosy stają jej dęba, jakby szedł przez nią prąd! Nic nie mówiłam, żeby jej nie przestraszyć, coś się jednak dzieje.

– To jakaś kompletna paranoja! – skwitował Tobias.

– To nie wszystko. Na zamku Pegaza jeden chłopak rozpala ogień w sekundę. Pociera dwa krzemienie i zaraz wyskakuje ogromny płomień. Wszyscy próbowali zrobić to samo, ale nikomu się nie udało. I nie wmawiajcie mi, że on ma wprawę, bo nikt nie rozpala ognia ot tak, jednym pstryknięciem krzemienia!

– Myślisz, że my też właśnie... mutujemy? – zaniepokoił się Matt.

Amber skrzywiła się niezdecydowana.

– Przede wszystkim myślę, że padliśmy ofiarą tego samego, jak by to powiedział Doug, i m p u l s u wywołanego przez Burzę. Impuls, który zmienił świat, w końcu zmienił też nas na swój sposób, ingerując w nasz kod genetyczny.

– A co to takiego kod genetyczny? – wtrącił się Tobias.

– To, co dotyczy naszych genów, co sprawia, że jesteś istotą ludzką, masz czarną, białą lub inną skórę, włosy takiego a nie innego koloru, jesteś niski albo wysoki, jednym słowem, to biologiczna kombinacja tego, co przekazali ci rodzice, i dzięki czemu jesteś taki, jaki jesteś.

– To jakaś paranoja! – powtórzył zafascynowany Tobias.

– Mamy szczęście, że nie zamieniliśmy się w Żarłoki, ale u części z nas rozwijają się związki z pewnymi aspektami przyrody. Iskra do płomienia, elektryczność i…

– Telekineza?

Amber wpatrzyła się w Matta.

– Tak.

Wobec milczenia i zakłopotania dziewczyny Matt zawahał się, czy mówić dalej. Nagle pojął, co jest nie tak.

– To ty, prawda? Ty padłaś ofiarą tej… transformacji.

– Wolę słowo „przeobrażenie". Jestem taka jak dawniej, tylko czuję, że następuje we mnie pewna subtelna zmiana.

Tobias zrobił tak wielkie oczy, jakby nagle z nieba spadł deszcz czekolady.

– Potrafisz przesuwać przedmioty, nie dotykając ich? – zawołał.

– Cśśśśś! – zdenerwowała się Amber. – Nie krzycz! Nie chcę, żeby patrzono na mnie jak na cyrkowego dziwoląga. Właśnie dlatego chciałam znaleźć jakieś książki z dziedziny fizyki, zrozumieć, jakie tu oddziałują siły.

– Naprawdę możesz przesuwać przedmioty? – nie dawał za wygraną Tobias.

– Nie, niezupełnie. Normalnie jestem raczej niezdarą. Upuściłam w życiu niesamowitą ilość szklanek, filiżanek, długopisów i tak dalej, które odjeżdżały, kiedy tylko chciałam je podnieść. Jak byłam mała, myślałam, że mam pecha. To głupie, przyznaję. Po prostu jestem nieuważna, myślę o wielu rzeczach naraz i dlatego jestem roztargniona. W zeszłym tygodniu niechcący potrąciłam lampę, rzuciłam się, żeby ją złapać, zanim się stłucze, zawsze tak robię, nawet jeśli to nie ma sensu, bo człowiek nie może być taki szybki, ale to odruch! Było późno, a ja nie chciałam obudzić innych dziewczyn, więc z całego serca zapragnęłam, żeby lampa znieruchomiała, i mogę przysiąc, że zaczęła spadać… wolniej. Zdążyłam ją złapać, dosłownie zanim dotknęła podłogi.

– Nie? – rzekł z niedowierzaniem Tobias. – Żartujesz?

Natomiast Matt nie wątpił w słowa dziewczyny ani przez chwilę. Po Burzy miało miejsce tak wiele niewiarygodnych zjawisk, że to wcale nie wydało mu się zdumiewające.

– Możesz zapanować nad tą siłą? – zapytał.

– Nie, ale mam ją w sobie.

– Mówiłaś o tym komuś?

Sceptycyzm Tobiasa, który przysłuchiwał się tej wymianie zdań, przerodził się w ciekawość.

– Nie, wy jesteście pierwsi. W Hydrze dziewczyny się domyślają, że coś nie gra, ale nie wiedzą co.

Wpatrywała się przez moment w obu chłopców, którzy obserwowali ją z powagą, i westchnęła.

– Gdybyście tylko wiedzieli, jak to dobrze podzielić się z kimś tym ciężarem! – szepnęła, nagle bezbronna.

Nie przestawała zaskakiwać Matta. Na przemian to energiczna i niemal dorosła w doborze słów czy w rzeczowości, to niespodziewanie dziecinna, kiedy maska ślicznej, pewnej siebie dziewczyny opadała. Czym prędzej wzięła się w garść.

– Słuchajcie no, nie zechcielibyście mi pomóc w poszukiwaniach, nie tylko dziś wieczorem, ale też kiedy indziej? Przypuszczam, że Piotrusie z wyspy, którzy będą się skarżyć na szczególne dolegliwości, przyjdą do mnie, a wtedy będziemy mogli spróbować wyjaśnić tajemnicę tego przeobrażenia.

– Nie ma w tym żadnej tajemnicy – uciął ze zwykłą sobie prostotą Tobias. – Jeżeli to, co mówisz, jest prawdą, Piotrusie właśnie doświadczają mocy!

– To nie są moce! – Amber pokręciła gwałtownie głową. – To słowo ma magiczną, nadprzyrodzoną konotację. I szczerze mówiąc, nie wierzę w to ani trochę! W tym wypadku mamy do czynienia ze zdolnościami związanymi z przyrodą, jestem tego pewna! Sergio miał temperaturę, był gorący jak rozżarzone węgle tuż przed tym, zanim potrafił rozpalić ogień tylko przez potarcie dwóch krzemieni. U Gwen bez przerwy występowały maleńkie wyładowania, zanim wywołała błyskawice. Istnieje związek między przyrodą a zdolnościami, które rodzą się nie wiadomo skąd. One się pojawiają stopniowo razem z oznakami, które mogą budzić w nas podejrzenia. Trzeba uważnie obserwować zaburzenia pozostałych Piotrusiów, żeby uchwycić przeobrażenie, jakie w nich nastąpi.

– A nie moglibyśmy porozmawiać o tym z Dougiem? On jest taki mądry – podsunął Tobias.

– Mowy nie ma! – sprzeciwiła się Amber. – Moim... moim zdaniem on jest dziwny.

– On wie wszystko! Będzie wiedział, co robić! – upierał się Tobias.

– Właśnie! Wie aż za dużo. To podejrzane. Czuję, że nie mówi nam wszystkiego. Rozmawiałam z nim na temat Burzy i jego wnioski, które dopiero co wam przedstawiłam, są cudownie logiczne. Jak można wymyślić coś takiego samemu, mając tylko szesnaście lat?

– Tak samo jak ty to robisz! – odpalił Tobias.

– Ja poprzestaję na rozwinięciu tego, na co on wpadł!

– W takim razie to geniusz i tyle!

Amber nie była przekonana.

– Nie wierzę w to. Ale może to ja wszędzie widzę spisek, sama nie wiem...

– Nie, zgadzam się z tobą – wtrącił Matt. – On się nie zachowuje tak jak inni. Ja go chyba nie lubię. Jest władczy i...

– Tego przynajmniej należy mu pogratulować! – sprzeciwił się Tobias. – Gdyby nie on i jego władczość, ta wyspa byłaby tylko polem bitwy. Z początku najstarsi i najsilniejsi Piotrusie chcieli wszystkim rządzić, zapanowało prawo pięści.

Doug od razu potrafił ich przywołać do porządku, wykazując się inteligencją i stanowczością, żeby przejąć i utrzymać kontrolę nad wyspą. Gdyby nie jego władczość, powstałby chaos. Wydaje mi się, że... to naturalne u człowieka, a nawet u nastolatka: najsilniejsi starają się narzucić swoją wolę i stanowią prawo, jeśli nie znajdzie się ktoś sprytniejszy, kto by wszystko zorganizował i zapewnił powszechną równowagę.

– Zgoda, to dobry przywódca – ustąpił Matt. – Co oznacza, że Doug coś ukrywa. – Ściszywszy głos, dodał: – To jeszcze nie wszystko.

Streścił im rozmowę, którą podsłuchał trzy dni wcześniej.

– Nie rozpoznałem głosów; to nie był ani Doug, ani Regie, tego jestem pewien. To oznacza, że w Krakenie niektórzy mają tajemnice i że lepiej zachować dyskrecję.

Amber się z nim zgodziła.

– Proponuję, żebyśmy wszyscy troje zawiązali przymierze. Będziemy mieli oko na wszelkie dziwne zachowania reszty Piotrusiów. I będziemy się regularnie spotykać, żeby wszystko omawiać. – Zwracając się do Tobiasa, zapytała: – Czy Doug często przychodzi do tej biblioteki?

– Nie, chyba raczej kręci się po niższych piętrach. Tutaj jest zupełnie pusto.

– Świetnie! W całym tym labiryncie korytarzy i drzwi będę mogła do was dołączyć, nie budząc podejrzeń.

Wyciągnęła ponad stołem dłoń, na której obaj chłopcy uroczyście położyli swoje.

– Będziemy wspólnie prowadzić śledztwo – oznajmiła. – W imię prawdy i dobra Piotrusiów.

Otuleni ciepłym blaskiem lamp oliwnych, wymienili spojrzenia podekscytowani obietnicą tajemnicy.

– W imię prawdy i dobra Piotrusiów – powtórzyli jednym głosem.

Narodziło się Przymierze Trojga.

20

ZDRAJCY!

W ciągu najbliższych dni Matt nadal odpoczywał, jednocześnie uczestnicząc w rozmaitych pracach we własnym tempie. Chociaż zachował czujność, nie zauważył niczego niezwykłego wśród swych towarzyszy. Ani tajnych narad, ani oznak przeobrażenia.

Sam nie wiedział, czy zdążył się już oswoić z myślą, że nigdy więcej nie zobaczy rodziny, w każdym razie coraz lepiej radził sobie ze smutkiem. Nadal go odczuwał, szczególnie przed zaśnięciem. Wówczas zdarzało mu się płakać, choć czym prędzej usiłował ukryć łzy. Czy pozostali Piotrusie też przez to przeszli? Prawdopodobnie tak. Mattowi żal było tych najmłodszych; maluchy z pewnością cierpiały z powodu braku czułości. Z powodu osamotnienia. Bez wątpienia właśnie dlatego trzymały się razem. Matt zauważył wianuszki pięciorga, sześciorga dzieciaków, które spacerowały, rozmawiały, jadły i spały całą bandą. Doug i inni starsi Piotrusie nie wtrącali się do nich w przekonaniu, że właśnie tego potrzebują. W pewnym sensie dynamika grupy otaczała je ochronnym kokonem, zapewniając im ludzkie ciepło, wrażenie, że nie są same.

Pewnego popołudnia przekopywał właśnie skrawek ziemi, który udało im się wyrwać dżungli, aby posiać tam sałatę, kiedy nagle rozległy się dwa sygnały trąbki.

– Co to takiego? – zaniepokoił się, widząc, że wszyscy się gwałtownie prostują.

– To wartownik z mostu – wyjaśnił Calvin. – Dwa sygnały oznaczają Długodystansowca!

Porzucili narzędzia i wybiegli na ścieżkę. Wprawdzie Matt chodził o własnych siłach już od tygodnia, nigdy wszakże nie zapuszczał się daleko od Krakenu, Doug stanowczo mu to bowiem odradzał, dopóki nie wróci do formy. Chłopiec wahał się przez moment, oceniwszy jednak, że czuje się dobrze, ruszył za pozostałymi, choć w wyraźnie wolniejszym tempie.

Przemknęli pod ścianami drzew i zarośli, dotarli do drogi wijącej się wśród jeżyn i paproci i wspięli na niewielki pagórek, z którego ujrzeli położony w dole most. Sześciu chłopców toczyło właśnie na balach ciężki arkusz blachy, aby załatać dziurę na jego końcu – z wody wystawały ogromne białe bloki.

Na drugim brzegu, wyłoniwszy się z lasu, czekał na koniu nastolatek otulony ciemnozielonym płaszczem. Gdy położono blachę, przejechał przez most, następnie całą operację powtórzono w odwrotnej kolejności, odciągając bale. Po minucie pozostała jedynie wielka dziura długa na pięć metrów.

Piotrusie nadbiegali z czterech stron wyspy, żeby powitać Długodystansowca. Kiedy koń się z nim zrównał, Matt spostrzegł, że jeździec ma co najmniej szesnaście, a może nawet siedemnaście lat. Na jego twarzy malowało się zmęczenie, cały był brudny, na policzku i czole miał dwa strupy, wierzch prawej dłoni, tej, w której trzymał lejce, pokrywał mu olbrzymi siniak. Jak Matt zdążył się nauczyć, konie stanowiły cenne dobro; zostało ich niewiele, reszta bowiem zdziczała.

Zaprowadzono Długodystansowca do Krakenu, aby odpoczął. Chociaż wszyscy nie mogli się doczekać, by usłyszeć, jakie przynosi wieści, tradycja nakazywała, by najpierw się pożywił i zdrzemnął. Długodystansowiec, który miał na imię Ben, obmył twarz, pochłonął miskę zupy i pożarł całą pajdę chleba, nim zapytał:

– Kto tu dowodzi?

Doug wystąpił naprzód.

– Można powiedzieć, że ja, jestem Doug. Wyglądasz na wyczerpanego; zaprowadzimy cię do czystego łóżka, a wieczorem, jeśli się lepiej poczujesz, wysłuchamy cię w wielkiej sali.

– Nie, zwołaj wszystkich Piotrusiów z wyspy od razu – odrzekł tamten, odkładając juki. – Muszę się z wami rozmówić natychmiast.

Nieliczni chłopcy obecni w kuchni wymienili niespokojne spojrzenia. Matt dostrzegł w jukach wyszczerbiony topór, na którego trzonku widniały brązowe plamy.

– Zrób to teraz, Doug – nalegał Długodystansowiec. – Chcę wam jak najprędzej przekazać wiadomości ze świata. Bo wcale nie są pomyślne.

Poruszenie, jakie zapanowało w wielkiej sali, zdradzało głęboki niepokój. Zgromadzenie w samym środku popołudnia nie było czymś normalnym, ponadto zacięta twarz Długodystansowca nie wróżyła niczego dobrego.

Młodzieniec zdjął powalany płaszcz, wszedł na kamienne podium i gestem nakazał ciszę.

Matt zauważył, że nie odpiął pasa, przy którym wisiał ogromny nóż myśliwski.

– Wysłuchajcie mnie, proszę. Uciszcie się, okażcie szacunek dla nowin ze świata. Obawiam się bowiem, że będą to ponure wieści.

W sali wybuchła wrzawa, nim Długodystansowiec ponownie podniósł dłoń.

– Podobno namierzono Cyników – oświadczył. – Są na południu. Daleko stąd, nie bójcie się. Ale jest ich dużo. Z tego, co mówi kilku świadków, nawet bardzo dużo.

– Poza Ślepym Lasem? – zapytał mały Piotruś w okularach i z dużą szramą na policzku.

– Tak, o wiele niżej.

Matt przysunął się do Tobiasa i szepnął:

– Co to takiego ten Ślepy Las?

– Daleko na południu jest tak ogromny las, że nikt nie wie, gdzie się kończy. Jego drzewa są wysokie jak wieżowce i rosną tak gęsto, że nie przepuszczają światła dziennego. Jeszcze nikt nie odważył się tam wejść.

Kolejne pytanie do Bena padło z ust dziewczyny z końskim ogonem:

– Skąd to wiadomo? Czy Długodystansowcy przedarli się przez Ślepy Las?

– Nie – odrzekł Ben. – Prawdę mówiąc, ten las ciągnie się na przestrzeni kilkuset kilometrów, ale daleko na zachodzie istnieją przesmyki, kręte przejścia, którymi poruszają się Cynicy. Widziało ich kilku Piotrusiów. Podobno Cynicy skolonizowali wszystkie tereny na południu, na obszarze tysięcy kilometrów. Oczywiście trzeba to sprawdzić, chociaż ta wiadomość pochodzi z dwóch różnych źródeł. Nic nie wiadomo na temat ich organizacji, tylko tyle, że tam są. Sami wiecie, że urządzili kilka wypadów na północ. Pogłoski o porwaniach Piotrusiów się potwierdziły. Nie jesteśmy w stanie podać dokładnych liczb, ale wygląda na to, że dziesiątki Piotrusiów zostało uprowadzonych w rozmaite miejsca. I wcale nie widać końca.

– Czy wiadomo, co się z nimi dzieje? – zapytał Doug.

– Nie. Nie ma po nich śladu, to wszystko. Cynicy zabierają ich ze sobą na południe. Właśnie idąc za jedną z ich ekspedycji, Piotrusie natrafili na te olbrzymie kolonie. Na razie nie sposób się zapuścić daleko na ich ziemie. Wygląda na to, że obowiązuje u nich jakaś hierarchia, ale nic więcej nie wiadomo na ten temat.

Podniósł się szmer.

– To nie wszystko – ciągnął Długodystansowiec. – Mam... jeszcze jedną złą wiadomość. Wszystko wskazuje na to, że spora część porwań nastąpiła przy współudziale... Piotrusiów. Zdrajców.

Szmer przerodził się w okrzyki gniewu.

– Potwierdziło się to w dwóch osadach – upierał się Ben, podnosząc głos, żeby go usłyszano. – Niemniej jednak możliwe, że zdrajcy działają też gdzie indziej. Obecnie wszyscy Długodystansowcy przekazują tę wiadomość: bądźcie ostrożni. Zachowajcie czujność. Oczywiście nie należy popadać w paranoję, co mogłoby zasiać wśród nas niezgodę, chociaż odrobina czujności i pewna dawka zdrowego rozsądku nie zaszkodzą.

Wokół Matta każdy dołożył swoje trzy grosze.

– Jak myślisz, kto mógłby być tutaj zdrajcą?

– Nikt, wszyscy jesteśmy solidarni! Chociaż... Roy czasami się dziwnie zachowuje...

Ktoś inny wtrącił czym prędzej:

– Nie, nie Roy, dobrze go znam, to fajny gość! Ale za to Tony, ten to jest...

– Tony jest w porzo, to mój kumpel, mogę za niego ręczyć!

Jeszcze inny dodał:

– A Sergio? Czasem jest dołujący.

– Niemożliwe, jest uparty jak osioł, ale nie ma bardziej porządnego faceta niż on!

Kiedy tylko na kogoś padały podejrzenia, zaraz zrywał się jakiś Piotruś, żeby go bronić. Matt doszedł do wniosku, że być może właśnie na tym polega podstawowa różnica między dziećmi a dorosłymi, że potrafią sobie wzajemnie ufać, że pozostają solidarne.

– Wasza wyspa jest odizolowana od reszty Piotrusiowych wspólnot – mówił dalej Ben. – Tym bardziej więc miejcie się na baczności, bo stanowicie łakomą zdobycz. Takie są najważniejsze wieści ze świata. Wieczorem opowiem wam o życiu w innych osadach, o ich odkryciach, o ideach, jakie krążą gdzie indziej.

Kiedy zszedł z podium, Doug zaprowadził go do czystego pokoju, wypytując po drodze.

Matt uchwycił spojrzenie Amber siedzącej nieco dalej. Oboje wolno pokiwali głowami. Musieli porozmawiać.

Trochę później Matt i Tobias podążali ścieżką na tyłach zamku Krakena.

– Czy ta grupa ośmiu Piotrusiów, do której przystałeś, kiedy byłem nieprzytomny i zanim trafiłeś na wyspę, nadal tu jest?

– Siedmiu z nich tak.

– Co się stało z ósmym?

– Z ósmą. To była dziewczyna. Została napadnięta, kiedy zbierała owoce w lesie. Nigdy się nie dowiedzieliśmy, co to właściwie było: sfora dzikich psów czy może jakiś Żarłok. Znaleźliśmy tylko zwłoki, a przynajmniej to, co z nich zostało. To było potworne.

– Aha – odrzekł Matt zmieszany. – Może taki sam potwór jak ten, który o mało na nas nie skoczył, zanim Kudłata go przegoniła.

– Nie. Później się dowiedziałem, że Długodystansowcy natknęli się na coś takiego. Nazywają ich Nocnymi Włóczęgami; można ich zobaczyć wyłącznie w nocy. Podobno to najbardziej przerażające stworzenia!

– Już na samą myśl mam gęsią skórkę. A ta siódemka, która ci towarzyszyła, nadal tu jest?

– Tak. To Calvin, którego znasz, i inni, których nie miałeś jeszcze okazji poznać. Jak Svetlana, bardzo samotna dziewczyna z Koziorożca, albo Joe z Centaura. Odkąd znaleźliśmy się na wyspie, wszyscy jesteśmy bardzo zajęci.

– Powiedzieli ci, dlaczego szli za skarabeuszami? Pamiętasz? Właśnie to napisali na tabliczce w lesie!

– A tak! To był pomysł Calvina. Już na północy zauważył skarabeusze, a ponieważ wszystkie szły na południe, wywnioskował z tego, że należy zaufać instynktowi owadów. Mówił, że miliardy robaczków nie mogą się mylić, idąc na południe.

– Niegłupie.

Amber, która wyszła im na spotkanie, rzekła, nie owijając w bawełnę:

– To ciekawe, co powiedział Ben. Czy ta historia ze zdrajcami z niczym wam się nie kojarzy?

– Z rozmową, którą podsłuchałem przedwczoraj w nocy? – podsunął Matt.

– Rzeczywiście, możliwe. Na pewno przesadzamy, ale lepiej być ostrożnym. Proponuję, żebyśmy trzymali wartę w tę noc i w następne. Musimy mieć widok na Kraken, to tutaj coś się święci. Przynajmniej będziemy mieli czyste sumienie.

Obaj chłopcy się z nią zgodzili.

– No to gdzie mamy się ustawić? – zapytał Tobias. – Trzeba zająć strategiczną pozycję.

Amber skrzywiła się z powątpiewaniem.

– Wnętrze zamku jest za duże, żebyśmy dali radę wszystkiego upilnować – odparła ze złością. – A na zewnątrz… nie jest za specjalnie, poza tym będziemy zbyt nisko, żeby obserwować wejścia.

Matt cofnął się o krok i powoli wyciągnął rękę.

– Strategiczna pozycja jest tutaj. Stąd nic nam nie umknie – wyjaśnił.

Pozostała dwójka podążyła wzrokiem za jego dłonią.

Chłopiec wskazywał nawiedzony zamek widoczny ponad drzewami.

– Eee… nie, w takim razie beze mnie – sprzeciwił się Tobias.

– Matt ma rację – odparła Amber. – Zresztą mówią, że on jest… Właściwie co my o nim wiemy?

– Nie, nie, nie! – zaperzył się Tobias. – Nigdy nie widzieliście zielonego dymu, który się stamtąd ulatnia? Ani potwora, który się snuje za oknami? Nic z tego, nie idziemy tam!

– Dobra, zobaczymy, pogadamy o tym za chwilę – ucięła Amber.

– Nikt w nocy nie zauważy, że nie ma cię w pokoju? – zdziwił się Matt.

– Nie, nikt tam nie zajrzy. Nie martw się. Kiedy na wyspę sprowadzili się pierwsi Piotrusie, Doug zarządził, że dziewczęta i chłopcy będą sypiali w osobnych budynkach, ale nigdy nie zabronił spędzania razem nocy, o ile się nie będzie spało! – zapewniła ze śmiechem. – A poza tym mam po dziurki w nosie jego władzy. Wieczorem, jak Długodystansowiec skończy opowiadać, spotkamy się pod głównymi schodami. Naprzeciwko szafy są drzwi prowadzące na korytarz dla służby. Tam będziemy mieli pewność, że nikt nie przyjdzie.

Wyciągnęła dłoń, na której obaj chłopcy położyli swoje.

– Przymierze Trojga – powiedzieli cicho.

Górowała nad nimi wysoka wieża nawiedzonego zamku, obojętna na wiejący z północy wiatr, otoczona krukami, które krążyły niczym czarownice nad ogniskiem.

21

STRAŻ

Długodystansowiec opowiedział im o życiu w osadach na zachodzie. O znaleziskach, odkryciach, o tym, jak zorganizowana jest każda wioska, a także o niesnaskach powstających głównie z powodu władzy, która nie jest jednomyślna. Niektóre wspólnoty przeprowadzały wybory, żeby wybrać Wielkiego Piotrusia, w innych działo się to w sposób naturalny, tak jak na ich wyspie. Tymczasem Matt się dowiedział, że owa względna harmonia (jak przeczuwał, krucha) rodziła się niekiedy z przemocy. Na początku tworzenia się grup najstarsi, często najbardziej agresywni nastolatkowie narzucili reszcie swoją wolę. Z braku dorosłych i przy rządach strachu najpierw zapanowało prawo pięści, nim rozum i głos większości przejęły kontrolę. Pozostało wszakże jeszcze kilka osad, gdzie władzę sprawowały bydlaki, które zrobiły ze swych kolegów niewolników. Chwilowo nikt nie ośmielał się wtrącać, za to podnosiły się coraz silniejsze głosy protestu.

Dopiero teraz, kiedy Długodystansowiec zdążył odpocząć i umyć się, do Matta dotarło, jak liczne i rozległe są jego rany: na szyi miał kilka szram, na przedramionach pół tuzina krwiaków, prawa dłoń zaś była spuchnięta i widniał na niej zielono-niebieski siniak. Długodystansowcy narażają się na ogromne niebezpieczeństwo, krążąc od jednej piotrusiowej wspólnoty do drugiej, pomyślał Matt. Żeby przynieść nadzieję, przekazać nowiny i dodać odrobiny siły nastolatkom i dzieciom, wzmacniając zarazem łączącą ich więź. Zrozumiał wówczas, dlaczego wszyscy darzą ich takim szacunkiem i wdzięcznością.

Ben rozwinął zapisaną notatkami kartkę i spoglądając na nią, sporządził listę:

– Oto umiejętności i techniki, jakie zostały dowiedzione. Wielu Piotrusiów, którzy mieszkali na wsi, a z których część to synowie rolników, pokazało nam, jak wybrać odpowiednią ziemię, zasiać ziarno i co trzeba zrobić, żeby rozpocząć jej uprawę. Zaczynamy gromadzić cenną wiedzę z dziedziny medycyny, szczególnie na temat metod opatrywania złamanych rąk i nóg. Powstał nowy wykaz owoców, których nie wolno jeść pod żadnym pozorem; spowodowały one zatrucia, w tym trzy śmiertelne. Zgodnie z obowiązującą procedurą zaraz przedstawię wszystkie szczegóły waszemu Wielkiemu Piotrusiowi, który z kolei opowie mi o waszych osiągnięciach, abyśmy uczyli się jedni od drugich.

Po trwającej półtorej godziny przemowie Długodystansowiec podziękował zgromadzonym, którzy wyrazili mu swą wdzięczność, uderzając szklankami o stoły, po czym wszyscy wyszli podekscytowani najświeższymi wiadomościami.

Matt prześliznął się z największą dyskrecją przez drzwi pod głównymi schodami i bez trudu odnalazł szafę. Tobias już czekał w jej ciemnym wnętrzu.

– Co za pomysł, żeby wyznaczać spotkanie w takim miejscu! – szepnął. – Dobraliście się z Amber w korcu maku!

– Nie masz latarki? – zapytał w ciemnościach Matt.

– Zaczekaj. – W dłoniach Tobiasa ukazało się nieskazitelnie białe światło. – Pamiętasz kawałek świecącego grzyba, który sobie wziąłem? Nadal świeci! I ciągle tak samo mocno.

Drzwi się otworzyły i Amber pospiesznie weszła do środka.

– Genialne! – powiedziała z zachwytem na widok grzyba.

– Znaleźliśmy go na długim szlaku, który doprowadził nas aż tutaj. Dobra, co robimy?

Ich twarze oświetlone od dołu bladym światłem wyglądały jak widma.

– Moim zdaniem powinniśmy pójść do zamku Minotaura – orzekła dziewczyna.

– Do nawiedzonego zamku? – wystraszył się Tobias.

– Matt ma rację: stamtąd będziemy mogli obserwować Kraken i wszystkich, którzy wchodzą i wychodzą. Nic nam nie umknie.

Tobias wcale nie krył strachu. Krzywiąc się z niesmakiem, powiedział:

– Nie podoba mi się ten pomysł.

– Pójdę do pokoju po koce – zaproponował Matt – i rzucę je wam przez okno. W tym czasie Tobias zajrzy do kuchni i weźmie torbę owoców. Musimy jakoś wytrzymać przez całą noc.

Zrobiwszy to, co sobie zaplanowali, wędrowali źle utrzymaną ścieżką z kocami na plecach. Amber otwierała pochód, trzymając w dłoniach lampę oliwną.

Pomimo że migotliwy płomień oświetlał rośliny, nadal miały szaroczarną barwę z powodu mroku. Jeżyny zbijały się w splątane kępy, nad którymi musieli przechodzić okrakiem, podczas gdy niższe gałęzie drzew chłostały ich po twarzach.

– Już nikt nie wyrąbuje tej ścieżki – burczała Amber, która idąc pierwsza, natrafiała na największe przeszkody.

Wokół nich latał rój nocnych owadów, od których aż szumiały liście.

Po czym zza kolczastego żywopłotu wyłoniło się wejście do nawiedzonego zamku. Krótkie schody wiodły do zwieńczonego kamiennymi kolumnami portalu, nad którym widniała witrażowa rozeta. Potężny blady mur tworzył zamknięty blok ozdobiony kwadratowymi przysadzistymi wieżami.

– Nie ma sensu iść aż do najwyższej wieży – oznajmiła Amber. – Znajduje się po drugiej stronie zamku. Moim zdaniem wystarczy się wychylić z jednej z tych tutaj, a zobaczy się Kraken z góry.

Matt pierwszy ruszył po schodach i nacisnął klamkę ciężkich drzwi. Kiedy je pchnął, napierając ramieniem, otworzyły się z ponurym skrzypnięciem.

Depcząca mu po piętach Amber podniosła lampę, by oświetlić wnętrze: zimny hol, najdłuższy dywan, jaki Matt w życiu widział, kilkoro drzwi i kręte schody w wieżyczce.

Podążyli właśnie w tym kierunku, przy czym Tobias wypatrywał najdrobniejszych podejrzanych znaków.

Pokonawszy kilka pięter, przemierzyli zakurzoną salę. Jedyne jej umeblowanie stanowiły stół bilardowy i bar, na którym stały jeszcze karafki z alkoholem. Następnie dotarli na korytarz prowadzący do rozwidlenia.

– Którędy teraz? – zapytał szeptem Matt.

– Skąd mam wiedzieć? – westchnęła Amber. – Nigdy tu nie byłam!

Wybrawszy na chybił trafił, przeszli przez kolejne dwie sale: w jednej pełno było groźnych zbroi trzymających miecze i mnóstwo broni, drugą zaś ozdabiały trofea z safari: wypchane lwy, tygrysy, nosorożce, ze ścian sterczało z dziesięć łbów antylop. Kilka pustych haków świadczyło o tym, że kolekcja była niegdyś bardziej pokaźna. Nie dostrzegli ani śladu czyjejkolwiek obecności. Jeśli nawet zamek był nawiedzony, nie spieszył się z odsłonięciem swego widmowego wnętrza. „To po to, żeby zastawić na nas skuteczniejszą pułapkę! – pomyślał Matt. – Jak tylko całkiem się pogubimy, nadejdzie pora na atak!"

I znów korytarze, zakręty, drzwi, na koniec schody. Po kilku minutach zdołali dotrzeć na szczyt wieży na południowej flance, skąd mieli doskonały widok na Kraken.

– Tutaj będzie dobrze – stwierdziła z uznaniem Amber, rozglądając się dokoła.

Ich punkt obserwacyjny otaczały otwory strzelnicze zwieńczone szpiczastymi daszkami z szarego łupka. Nic nie powstrzymywało świszczącego w uszach wiatru, za to panoramę mieli gwarantowaną na cztery strony świata. Górowali nad dachami, przewyższały ich tylko dwie inne wieże, z których jedną zdobiła kopuła.

Opatuliwszy się w koce, jęli czuwać na zmianę. Dwójka siedziała osłonięta od przeciągów, podczas gdy trzecie zajmowało pozycję między dwoma otworami strzelniczymi, aby mieć oko na położony poniżej Kraken.

Matt pełnił wartę pierwszy. Patrzył, jak w miarę upływu czasu za oknami gasną tańczące płomienie świec. Wkrótce zostały zaledwie dwa.

– Zdaje się, że to w pokoju Douga się świeci – poinformował towarzyszy. – A ten drugi płomień… nie wiem.

Po długiej chwili, podczas której nos zmienił mu się w sopel lodu, światło w pokoju Douga zgasło, w drugim jednak nadal się paliło. Wtem z wysokiej wieży dobiegł metaliczny szczęk. Tobias drgnął.

– Co to było?

– Spoko, to pewnie mury skrzypią z powodu wiatru – podsunął Matt.

Tobias spojrzał na niego wcale nie spokojniejszy.

Kiedy Matt poczuł, że nie może się już utrzymać na nogach, zmieniła go Amber.

Walcząc ze zmęczeniem, pogawędził z Tobiasem, a następnie schrupali po jabłku, aby się czymś zająć.

Czas na szczycie wieży, po której hulał lodowaty nocny wiatr, zaczął im się dawać we znaki: wilgotny ciężar na plecach, przygniatający powieki niczym ołów, zdolny uciszyć nawet największe gaduły, ukołysać najbardziej czujne umysły.

Tobias i Matt zapadli w drzemkę.

Wyrwał ich z niej szept Amber:

– Zgasło ostatnie światło.

Po czym przez blisko godzinę nic się nie działo.

Czyjeś dłonie dotknęły ramion chłopców. Amber zacisnęła palce i łagodnie nimi potrząsnęła.

– Musicie to zobaczyć – powiedziała cicho.

Otumanieni snem chłopcy z trudem wstali.

– Co jest? Coś się poruszyło na dole? – zapytał Matt.

– Nie, ale tam tak!

Wycelowała palec w kierunku wieży naprzeciwko, tej noszącej nazwę Minotaura. Otwór strzelniczy na schodach właśnie zalało zielone światło. Ledwie zaś zgasło, wyżej zapaliło się następne. Ktoś wspinał się na szczyt. „Albo coś!", czym prędzej sprostował w myślach Matt, który natychmiast oprzytomniał.

– Kurczę... – wyrwało się Tobiasowi. – Wiedziałem. To miejsce jest przeklęte!

– Nie mów tak. To pewnie...

Dalsze słowa jednak nie zdołały przejść Amber przez gardło.

Ponad wierzchołkiem wieży unosił się zielony świecący dym. Faliście wzbijał się do góry, po czym wiatr pchnął go... w ich stronę.

– To emanacja ducha! – zagrzmiał Tobias, ruszając w kierunku włazu.

Matt złapał go za ramię.

– Dokąd?

– Spadam stąd! A co myślałeś? Duch sunie prosto na nas!

– To tylko dym.

– Jest zielony! Świeci w ciemności!

Amber podbiegła do włazu na oczach zawiedzionego Matta.

– Ty też uciekasz... Myślałem, że...

– Nie! – ucięła. – Chcę zobaczyć, co to jest!

Tobiasowi, który złapał się za głowę, wyrwał się jęk.

– To poważny błąd! Mówię wam – upierał się. – To bardzo zły pomysł.

Matt zdążył już jednak wskoczyć do włazu, podążając za przyjaciółką.

22

NIEWYJAŚNIONA TAJEMNICA

Amber pędziła ciemnymi korytarzami zamku, trzymając przed sobą lampę, która rzucała drżący snop pomarańczowego światła.

Tuż za nią biegł Matt, Tobias także nie zostawał w tyle z obawy, że znajdzie się sam w tym ponurym miejscu. Amber posuwała się na chybił trafił, otwierając drzwi i jednym susem zeskakując z podestów, by nie tracić czasu.

Nagle drogę zagrodziły im ciężkie drewniane wrota: dwa wysokie na cztery metry skrzydła zamknięte na potężny żelazny łańcuch i zardzewiałą kłódkę. Do tego dochodziło z dziesięć stalowych rygli oraz ciężka sztaba. Całą konstrukcję wzmacniały dodatkowo połączone ze sobą metalowe płyty.

– Musimy prędko znaleźć inne wejście – rzuciła Amber, odzyskawszy oddech.

– Wszędzie będzie tak samo! – zaoponował Matt. – Widziałaś te drzwi? Nikt nie zadałby sobie tyle trudu, gdyby istniało inne dostępne przejście.

Amber skinęła głową – była to nieodparta logika.

Tymczasem Tobias zwrócił uwagę na osobliwy rysunek wyryty na drewnianych drzwiach.

– Patrzcie, to wygląda jak jakiś diabelski symbol!

– To gwiazda pięcioramienna – potwierdziła Amber, zbliżywszy się.

Pięcioramienna gwiazda w kole otoczona kabalistycznymi znakami.

– Myślicie, że to pochodzi z czasów przed Burzą? – odezwał się Tobias. – Że w tym domu mieszkał jakiś typ oddany diabłu?

Matt pokręcił przecząco głową.

– Nie wydaje mi się – stwierdził, oglądając uważnie kłódkę. – Za to facet, który zaprojektował to miejsce, był podejrzany. Tu jest niesamowicie ponuro!

Amber właśnie otworzyła usta, żeby odpowiedzieć, gdy wtem u dołu drzwi rozległo się gwałtowne skrobanie. Trójka nastolatków odskoczyła z krzykiem. Spod wrót dotarło potężne westchnienie, wymiatając cały kurz.

– On nas wyczuwa! – zawołał Tobias. – Wyczuwa nas!

Jakby na potwierdzenie jego słów na wrota rzuciła się jakaś pokaźna masa, od której zadrżały łańcuchy i sztaba.

– Wiejemy – rozkazał Matt.

Cała trójka uciekła co sił w nogach. Amber biegła pierwsza. Długo kluczyli po labiryncie sal, nim wydostali się wreszcie na powietrze zdyszani, z twarzami w ogniu, lecz żywi.

Matt musiał się oprzeć o drzwi, żeby odzyskać normalny oddech. Światło, które Amber ciągle trzymała w ręku, przygasło, bo płomień także musiał stoczyć walkę o przetrwanie, teraz jednak nabierał wigoru, podobnie jak trójka przyjaciół.

– Zatrzymamy to dla siebie – wysapała Amber. – Dopóki nie dowiemy się czegoś więcej, to będzie nasza tajemnica.

– Na ten temat też chcesz przeprowadzić śledztwo? – upewnił się Matt.

– Pewnie, że chcę! Musimy wybadać Douga jakby nigdy nic. Jesteś nowy, więc jeśli go zapytasz, uzna to za normalne.

Matt się z nią zgodził.

– Co do mnie, moja noga tu nigdy więcej nie postanie! – oświadczył z mocą Tobias.

– Posłuchaj – zaczęła Amber – przecież widziałeś, jak wielkie są tamte wrota i wszystkie zabezpieczenia, które nie pozwalają ich otworzyć. Moim zdaniem nic nam nie grozi.

– Jasne! – odparł, patrząc dzikim wzrokiem. – To samo mówili pasażerowie „Titanica".

Jednomyślnie doszli do wniosku, że tej nocy niczego się już więcej nie dowiedzą, toteż każde wróciło do swego pokoju, oglądając się za siebie po drodze przez korytarze.

Przez cały krótki czas, jaki pozostał im na sen, mieli niezapomniane koszmary.

Dwa dni później Matt szukał Douga na tarasie z tyłu Krakenu. Poradzono mu, by zajrzał do Centaura.

Ruszył ścieżką biegnącą u stóp tarasu, zagłębiając się w bujną roślinność, którą porośnięta była cała wyspa. Mijając Hydrę, przez otwarte okna usłyszał wybuchy dziewczęcego śmiechu, po czym dotarł do następnej ścieżki, tej, którą zwali Obwodnicą, ponieważ okrążała całą wyspę.

Matt dotąd nie opuszczał Krakenu, chyba że w towarzystwie Tobiasa bądź Calvina, z którym coraz lepiej się dogadywał, chociaż nigdy jeszcze nie zawędrował aż tak daleko. Nauczył się wszakże rozpoznawać sylwetki poszczególnych zamków i umiał je zlokalizować z pamięci. Kiedy spotkał po drodze jakąś zaledwie dziesięcioletnią dziewczynkę, która szła obok drugiej, będącej w tym samym wieku co on, pozdrowili się nawzajem. Obie niosły koszyk pełen tych fiołkoworóżowych kwiatów, które kilka razy widział w zupie na kolację.

Po kwadransie zauważył, że krzaki i zarośla po prawej nie są już tak samo zielone jak gdzie indziej. Tutaj przybierały tak bardzo czarny odcień, że aż przystanął, by pogładzić liść i przyjrzeć mu się z bliska. Był rzeczywiście czarny. Wszystkie były czarne. Matt nie mógł uwierzyć własnym oczom.

Zboczył ze ścieżki, aby sprawdzić, czy dalej ten fenomen też się utrzymuje, i wkrótce stwierdził, że nawet paprocie przybrały ów zaskakujący niezdrowy odcień.

Wtem coś poruszyło się w zagajniku. Mattowi od razu przyszedł na myśl zając lub lis, zdążył jednak tylko zobaczyć długą czarną łapę... błyszczącą niczym lakierowana skóra.

„W życiu nie widziałem takiego drobnego ssaka!"

Nieco dalej odgarnął zarośla, by utorować sobie drogę, i ujrzał biały woal biegnący od pnia do pnia na przestrzeni jakichś dwunastu metrów. Kiedy się zorientował, co to takiego, aż zdrętwiał wstrząśnięty.

– Niemożliwe... – mruknął pod nosem.

Była to pajęczyna.

Matt ujrzał wysuszonego ptaka uwięzionego w kokonie. Nieco dalej wisiała wiewiórka ciasno owinięta nicią. Dziesiątki wyssanych od środka ofiar, uwięzionych przez ów zabójczy kwiat, rozpościerały się na całej jego długości. Matta ogarnęły mdłości. Za tą żałobną strefą dostrzegł kamienne mauzoleum i kilka szarych stel. Cmentarz, do którego Tobias nie radził mu się zbliżać.

– Co ja tu robię? – wykrztusił.

Kiedy się obejrzał, nie rozpoznał już krajobrazu. Którędy tu przyszedł? Wszystko spowijała ciemność i wszystko wyglądało tak samo, kłębowisko roślin, które nie sposób było odróżnić. Matt rzucił się prosto przed siebie, roztrącając liany i nisko rosnące gałęzie, za jego plecami zaś trzeszczały pnie drzew. I nagle zamajaczyło białe światło ścieżki. Matt pognał w jego kierunku co sił w nogach, wpatrując się w mroczną strefę po prawej stronie.

Dotarł do zamku Centaura, zastanawiając się, co mogło skazić roślinność wokoło cmentarza aż do tego stopnia, a zwłaszcza bojąc się tego, że odgadnie, co to mogło być za zwierzę, którego owłosioną łapę widział wcześniej. Wzdragał się już na samą myśl o pająku, na dodatek wielkim jak koło od samochodu. „Nie, to niemożliwe... Chyba mi się przyśniło! Tak, na pewno tak było: przywidziało mi się. To niemożliwe", powtarzał sobie.

Znalazł Douga w ptaszarni na tyłach zamku. Była to dość obszerna konstrukcja, cała ze stali i szkła, pełna kwitnących w różnych kolorach kwiatów. Mieszkało tam ze sto ptaków siedzących na drewnianych żerdziach albo w prawdziwych gniazdach wśród gałęzi drzew. Wydawały kakofonię dźwięków, której towarzyszył trzepot skrzydeł, co zmuszało do podnoszenia głosu.

– Twoja kondycja fizyczna nie przestaje mnie zadziwiać – przyznał Doug na jego widok. – Każdy odczekałby przynajmniej miesiąc, zanimby mógł sobie pozwolić na tak długi spacer, a ty już po niecałych dziewięciu dniach swobodnie sobie wędrujesz!

– Mam to po... ojcu – odrzekł ze ściśniętym sercem Matt.

– Znasz Colina?

Doug cofnął się, by przedstawić mu wysokiego chłopca o długich kasztanowych włosach i policzkach upstrzonych trądzikiem. Przywitali się.

– Jest tu najstarszy. Siedemnaście lat. Zajmuje się ptakami.

Twarz Colina pojaśniała.

– Tak, to moja pasja. Uwielbiam je.

– Dzień dobry. Mam na imię Matt.

– Cześć, Matt.

– Chciałeś coś? – zapytał Doug.

Matt włożył ręce do kieszeni dżinsów i zapytał z niewinną miną:

– Powiedz no, naprawdę uważasz, że ten słynny nawiedzony zamek jest niebezpieczny? Bo tak sobie pomyślałem, że można by wysprzątać i urządzić tam dodatkowe sypialnie, zwłaszcza gdyby pewnego dnia sprowadzili się na wyspę kolejni Piotrusie.

– Nie zbliżaj się do niego – odparł sucho Doug. – To nie są bajki dla grzecznych dzieci; przysięgam, że to diabelskie miejsce! Wielu Piotrusiów widziało, jak za oknami wież ukazuje się w nocy łeb potwora. A zresztą mamy dość przestrzeni. Powinno wystarczyć na zrobienie jeszcze jakichś dwudziestu pokoi, więc nie ma pośpiechu.

– Skoro byłeś tutaj jeszcze przed Burzą, możesz mi powiedzieć, kto tam mieszkał?

Doug sprawiał wrażenie zakłopotanego.

– Wspominanie o życiu sprzed Burzy jest niegrzeczne, chyba że ktoś sam zdecyduje ci o tym opowiedzieć.

– Zgoda, tylko pomyślałem, że wiesz, co tam było przedtem; w końcu to twój ojciec wybierał sobie sąsiadów, prawda?

Doug wzruszył ramionami.

– Na samym początku kazał go zbudować pewien starszy pan. Zmarł, kiedy miałem osiem, dziewięć lat. Od tamtej pory zamek jest opuszczony.

– Nie był nawiedzony przed Burzą?

– Nie wiem. Nie, przypuszczam, że nie. Ale to było miejsce, do którego się nie zbliżaliśmy z Regiem. Baliśmy się go.

– A co robił ten starszy pan?

Doug wbił wzrok w oczy Matta. „Uważa, że jestem zbyt ciekawski", domyślił się chłopiec.

– To był po prostu starszy pan i tyle. Jak już powiedziałem, kiedy umarł, byłem jeszcze mały, więc go nie pamiętam.

Matt czuł, że nie mówi mu wszystkiego. Doug coś ukrywał. „Tak jakby się bał! Właśnie: jest tu coś, co budzi w nim prawdziwy strach!" Co aż tak przerażającego mógł wiedzieć, czego nie był nawet w stanie powtórzyć pozostałym Piotrusiom z wyspy?

Matt podziękował i już miał się oddalić, gdy odezwał się do niego duży Colin:

– Hej, jeżeli lubisz ptaki, możesz tu przychodzić, kiedy tylko zechcesz. Poza tym pomoc będzie mile widziana.

Uśmiechał się, co przy pustym wzroku i nieco pożółkłych zębach nadawało mu tępy wygląd.

Matt popatrzył na tego wielkiego głuptasa o policzkach oszpeconych przez krosty, nim przytaknął. Najwyraźniej Colin nie należał do największych bystrzaków wśród Piotrusiów.

Matt wracał do Krakenu z zamiarem podzielenia się swymi spostrzeżeniami z przyjaciółmi, gdy w wielkiej sali dostrzegł Amber pogrążoną w dyskusji z Benem Długodystansowcem. Była pełna zapału, śmiała się z jego uwag i zasypywała go pytaniami. Matt wyczuł w zachowaniu dziewczyny coś więcej niż tylko ciekawość.

Charyzma i wygląd fizyczny żądnego przygód Bena ją oczarowały.

Matt musiał przyznać, że to niezły gość. Prawie metr dziewięćdziesiąt, kwadratowa szczęka, mały nos i zielone oczy kontrastujące z czarną czupryną. Wyglądał jak amant filmowy.

„Amant filmowy, którego urok został nadwątlony przez długą drogę! Zgoda, ale to mu dodaje… męskości. Jestem pewien, że dziewczyny szaleją za jego bliznami, mdleją na ich widok!"

Zaklął pod nosem i wybrał okrężną drogę, by ich nie mijać.

Czułość, z jaką Amber uśmiechała się do Bena, rozdzierała mu serce.

23

PRZEOBRAŻENIE

Nazajutrz ogłoszono, że w lesie poza wyspą trzeba przeprowadzić owocobranie. Matt przypomniał sobie objaśnienia Tobiasa: wyprawy w te okolice należały do najniebezpieczniejszych, dochodziło tam bowiem do największej liczby wypadków, a nawet tragedii.

Na zebraniu w wielkiej sali Doug obwieścił, że jak zwykle odbędzie się losowanie, aby wyznaczyć zbieraczy. Do wielkiego garnka wrzucono drewniane klocki z nazwiskami wszystkich Piotrusiów powyżej dwunastu lat (ze względu na ryzyko i wysiłek fizyczny określono właśnie taką dolną granicę wieku), nazwiska Matta nie dodano wszakże do listy, zdaniem Douga bowiem nie był jeszcze gotowy. Świadom niebezpieczeństwa chłopiec nie protestował, mimo że czuł się już w formie. Wolał zaczekać na następne owocobranie.

Zdążyło już paść dziesięć nazwisk potrzebnych uczestników, kiedy Doug odczytał napis na kolejnym drewnianym klocku wylosowanym przez jego brata Regiego:

– Jedenasta będzie Amber Caldero.

Matt drgnął. Tylko nie Amber. Teraz, kiedy dość się nasłuchał o tych niebezpiecznych wyprawach, nie chciał, by jego przyjaciele narażali się na tak wielkie ryzyko. „Tylko że tutaj to już reguła. Nic nie mogę na to poradzić. Ale mogę się upewnić, że jest bezpieczna!”

Tuż po zakończeniu zebrania Matt podszedł do Douga, aby go poinformować, że będzie towarzyszył Amber w misji.

– Lepiej, żebym przy pierwszej wyprawie nie był sam – wyjaśnił. – Pójdziemy we dwoje i zapewniam cię, że nie zamierzam szarżować.

Doug zaprotestował, lecz widząc jego determinację, pojął, że dalszy upór nie ma sensu.

– Rób, jak chcesz – poddał się – nie mogę ci rozkazać, żebyś został. Chociaż moim zdaniem to głupi pomysł. Zrobiłbyś lepiej, idąc z kimś pokroju Sergia: to osiłek, w razie jakichś kłopotów mógłby cię obronić.

Matt powstrzymał się przed wyjawieniem, że wybiera się właśnie po to, by chronić Amber. I czym prędzej do niej podbiegł. Zaczynał ją właśnie poznawać i od razu się zorientował, że za nic w świecie nie powinien jej dawać do zrozumienia, w jaki sposób ją postrzega: wizja jej samej jako istoty delikatnej, jego zaś jako obrońcy mogłaby ją rozzłościć. Nie znosiła, gdy ktoś twierdził, że jest słaba lub krucha.

– Rozmawiałem z Dougiem, idę z tobą – oświadczył. – Dzięki temu oswoję się trochę ze światem zewnętrznym i lepiej, żebym przy pierwszej wyprawie był z kimś zaufanym.

Nazajutrz rano stali w trzynaścioro na moście, patrząc, jak ich koledzy przesuwają bale, a potem arkusz blachy, aby umożliwić im opuszczenie wyspy. Ledwie świtało, opary mgły unosiły się nad odnogą rzeki niczym zwiewni tancerze. Było chłodno, toteż Matt włożył sweter i czarny płaszcz, przez plecy przewiesił miecz. Kudłata przyglądała mu się smutnym wzrokiem. Postanowił jej nie zabierać, nie chcąc narażać nawet na najmniejsze niebezpieczeństwo. Każdy uczestnik wyprawy niósł ze sobą duży wiklinowy kosz.

Ledwie znaleźli się po drugiej stronie, Matt dostrzegł ścieżkę, która była tak zarośnięta, że prawie niewidoczna. Maszerowali dwadzieścia minut przez niesamowicie gęsty las, następnie rozdzielili się na dwie grupy: jedna poszła na północ, druga na południe. Gdy ukazały się pierwsze drzewa owocowe, każdy ruszył w swoim kierunku. Matt podążył za Amber i wkrótce się zorientował, że stracił z oczu pozostałych.

– Dlaczego nie zbieracie w grupach? – zapytał.

– Z początku tak robiliśmy, ale zauważyliśmy, że to przyciąga drapieżniki. Z kolei kiedy uciekaliśmy, niektórzy wpadali w panikę i gubili drogę, przez co stawali się łatwym łupem. Teraz się rozdzielamy, żeby działać szybciej i ograniczyć ryzyko.

Tutaj las był nieco rzadszy; skąpym promieniom porannego słońca udało się rozścielić na gałęziach, a nawet na trawie delikatny woal. Matt pomógł Amber napełnić kosz śliwkami i jakimiś fioletowymi jagodami, których nie znał. Zanieśli go na ścieżkę, gdzie czekały inne kosze – jedne pełne, inne puste. Lucy, dziewczyna o wielkich niebieskich oczach, przybyła z wyspy z pustym koszem, zastąpiwszy go zaś pełnym, oddaliła się. Amber zamieniła swój, wypełniony po brzegi, na kolejny, pusty. Właśnie tak funkcjonował mechanizm owocobrania. W ciągu niecałego poranka potrafili nazrywać tyle, żeby wystarczyło na wykarmienie Piotrusiów z wyspy przez cały tydzień.

– Dobrze ci się układa z innymi dziewczynami na zamku? – zagadnął po drodze Matt.

– W porządku. Można tu spotkać właściwie wszystkie typy zachowań, to normalne. Gwen, ta, którą dotknęło przeobrażenie z elektrycznością, to naprawdę fajna koleżanka. Ale nie jestem w stanie jej powiedzieć, że w nocy wszystkie włosy stają jej dęba. Ona myśli, że… się wyleczyła, jakby to była choroba. Lucy, którą przed chwilą widziałeś, jest sympatyczna. No i są jeszcze zarazy: Deborah i Lindsey. Po prostu życie we wspólnocie!

– Nigdy… nigdy się nie boisz?

– Bać się? A czego?

– Tego wszystkiego – odparł Matt, wskazując otaczający ich dziki krajobraz. – Przyszłości w tym nowym świecie.

Amber zastanawiała się przez chwilę, nim odrzekła:

– Szczerze? Chyba wolę go od starego.

– Ach tak?

Dziewczyna szła ze spuszczoną głową, wpatrując się we własne stopy.

– Mój ojczym był strasznym dupkiem – powiedziała niespodziewanie. Zarówno ton jej głosu, w którym brzmiała zimna wściekłość, jak i wulgarność odebrały Mattowi mowę. – Matka nie potrafiła wpaść na lepszy pomysł, niż zakochać się w mistrzu gry w kręgle w naszym mieście; to był szczyt jej marzeń! Tylko że on nie zbijał wyłącznie kręgli, jak mawiała matka. Pił, a wtedy stawał się agresywny.

– Bił cię? – odważył się zapytać Matt najbardziej łagodnie, jak potrafił.

– Co to, to nie! Tylko rzucał się z łapami na matkę. – Amber odwróciła się twarzą do swego towarzysza, aby mu się przyjrzeć. – Nie rób takiej miny; gdyby chciała, toby od niego odeszła, ale kochała go tak bardzo, że wybaczała mu wszystko, nawet to, czego nie można wybaczyć.

Zapadła między nimi długa cisza, którą zakłócał jedynie świergot ptaków.

– Teraz rozumiesz, dlaczego nie żałuję tamtego…

Matt dostrzegł kątem oka, jak pospiesznie ociera łzę. Bez namysłu położył dłoń na ramieniu przyjaciółki.

– W porządku, w porządku – powtarzała dziewczyna. – Wiesz, myślę, że w świecie, który stoi przed nami otworem, wszystko jest możliwe, że jest w nim miejsce dla każdego, dla wszelkiego rodzaju usposobienia, ambicji, że wystarczy wybrać rolę, którą chce się zagrać.

– A ty już swoją znalazłaś?

– Tak. Czekam, kiedy skończę szesnaście lat. To minimalny wiek, żeby zostać Długodystansowcem.

– Chcesz wędrować po całym kraju tak jak oni?

– Tak. Przynosić nowiny, obserwować zmiany w przyrodzie, śledzić pozycje zajmowane przez wrogów i opowiadać we wszystkich osadach po kolei o naszych odkryciach.

– To niebezpieczne.

– Wiem. Właśnie dlatego Piotrusie uchwalili, że trzeba ukończyć co najmniej szesnaście lat, aby mieć szansę na przetrwanie. Co miesiąc bezpowrotnie znikają jacyś Długodystansowcy i co miesiąc spośród nastolatków zgłaszają się nowi ochotnicy. Moim zdaniem to genialne.

Matt nie wiedział, co odpowiedzieć. Był zaniepokojony. Czy wkrótce straci swą przyjaciółkę? Uświadomił sobie, że na samą myśl, iż pewnego dnia Amber opuści wyspę, serce mu się kraje. Czy to Ben nabił jej głowę tymi pomysłami? Czy też chciała podążyć jego śladem z… miłości? Matt pragnął z nią o tym porozmawiać, poruszyć ten temat, ponieważ jednak zabrakło mu śmiałości, milczał przez resztę drogi.

Po upływie dwóch godzin Amber i Matt musieli się zapuścić dość daleko w dziki sad, żeby narwać dojrzałych jabłek. Dziewczyna pogwizdywała sobie, napełniając kosz. Natomiast Matt wdrapał się na drzewo, żeby rosnące najwyżej owoce się nie zmarnowały. Wrzucał je po kolei do wiklinowego kosza na dole, obok miecza, który zostawił na ziemi, żeby się wspiąć. Przepełniał go smutek, tęsknił za rodzicami. Poza tym przetrawiał to, o czym właśnie powiedziała mu Amber, o jej pragnieniu, by wyruszyć w świat. Myślał o Benie z zazdrością. Dlaczego nie potrafił z nią porozmawiać na ten temat? Przecież tak łatwo byłoby zapytać: „Hej, tak się właśnie zastanawiałem, czy to Ben podsunął ci ten szalony pomysł, żeby zostać Długodystansowcem?" Nie był wszakże w stanie wykrztusić ani słowa. Miał ogromną ochotę zasypać ją pytaniami, dowiedzieć się, co jej się w nim podoba, czy go lubi… „Oczywiście, że go lubi! Sam widziałem, jak na niego patrzy! Chłonęła każde jego słowo!" Pokręcił głową. To było śmieszne. „Wstyd mi za siebie. Wszystko to raptem z powodu… dziewczyny".

W końcu to nie była jego sprawa.

Wtem z okolicznych drzew zerwała się chmara ptaków, które odleciały czym prędzej ku innym horyzontom.

„Gdybym był jednym z nich, wszystko stałoby się prostsze! Odlecieć... Poszukać lepszego miejsca, kiedy tylko przestałoby mi się gdzieś podobać. Prawdziwa wolność!"

Ucieczka, dotarło do niego. Marzył o tym, by móc bez przerwy uciekać. To nie jest żadne rozwiązanie.

Gdzieś przy ziemi trzasnęła gruba gałąź. Tuż obok.

Matt przeszukał wzrokiem las... I zamarł. Krew zastygła mu w żyłach.

Do Amber zbliżała się właśnie od tyłu krępa postać ludzkiego wzrostu, lecz o sile byka. Pomarszczona twarz, obwisłe policzki, zamiast oczu dwie maleńkie szparki nad workami sflaczałej skóry... Żarłok!

Niósł na ramieniu wielki płócienny worek, w drugiej zaś ręce wyciętą z pnia pałkę. Śliniąc się, zrobił zamach, by uderzyć Amber. Sprawiał wrażenie tak silnego, że wystarczyłby jeden cios, aby jej rozpłatać głowę i zmiażdżyć mózg.

Matt zeskoczył na niższą gałąź, potem na tę pod spodem i w niecałe dwie sekundy znalazł się na ziemi, ściskając w garści jabłko.

– Wynocha stąd, ścierwo! – ryknął.

Żarłok obrócił się na pięcie, fałdy na jego pomarszczonej twarzy aż się wygładziły pod wpływem zaskoczenia. Matt rzucił jabłkiem z całej siły, w rzeczywistości tak mocno, że nie było w stanie się odbić, lecz r o z p a d ł o s i ę całkowicie, uderzając o monstrualny nos. Amber runęła w paprocie.

Żarłok, na równi zdumiony i zamroczony, nie zauważył Matta, który podniósł z ziemi miecz, wyszarpnął go z pochwy i natarł na niego.

Ostrze przecięło powietrze. Czubek zanurzył się w brzuchu napastnika, który zawył, wypuszczając wszystko z rąk. Złapał Matta za gardło i zacisnął palce, nie przestając wyć.

„Nie! Tylko nie to! Jeszcze nie teraz!", przeraził się Matt. Jednym uderzeniem łokcia odepchnął pokryte liszajami ramię. Jednocześnie wyciągnął klingę z rany. Krew jęła wsiąkać w łachmany Żarłoka, który ciągle wrzeszczał zarówno z bólu, jak i z wściekłości. Matt zakręcił mieczem, który w ferworze walki wydał mu się o wiele lżejszy, niż był w rzeczywistości. Jednym ruchem odciął Żarłokowi dłoń.

Wrzaski przybrały na sile.

Krew trysnęła niczym przerażający gejzer.

Przejęty zgrozą Matt cofnął się i zawadziwszy o coś nogą, przewrócił się w wysoką trawę.

Wówczas pojawił się kolejny Żarłok, który wydawał pomruki i wojenne okrzyki. Kiedy uniósł do góry ciężką maczugę, spanikowany chłopiec zdążył tylko zobaczyć, jak kolos robi zamach, chcąc go rąbnąć kamiennym obuchem.

Nie zdołał nawet zamknąć oczu. Zanim kamień zdążył mu rozwalić czaszkę, wiedział tylko tyle, że cios będzie straszny. Śmiertelny.

Właśnie wtedy Amber ryknęła na całe gardło:

– Nieeeeeee!

W powietrzu rozległ się świst i gałąź uderzyła Żarłoka w twarz, przewracając go, nim zdążył dotknąć Matta. Po czym rozległ się trzask łamanej kości i głuchy odgłos ciała, które zwala się na ziemię.

Matt zamrugał.

Żył. Był cały i zdrowy.

Podniósł się i rozejrzał za jakimkolwiek prowizorycznym narzędziem walki. Leżący u jego stóp pierwszy Żarłok jęczał, wykrwawiając się na śmierć; z rozciętego brzucha wylewały się powoli wnętrzności. Powstrzymawszy odruch wymiotny, Matt się odsunął.

– Co to było? Co to… – zaczął, nim ujrzał osłupiałą minę Amber. – Hej, wszystko w porządku?

– Ja… to… ja.

Wyglądała na wstrząśniętą; miała rozdziawione usta i rozbiegany wzrok.

– Uspokój się, musimy stąd spadać. Możliwe, że te dwa gostki nie były same. No chodź.

Podniósł miecz i pochwę i chwyciwszy Amber za rękę, pociągnął, chcąc się jak najszybciej oddalić.

Ledwie się znaleźli na ścieżce, Amber zdołała wykrztusić:

– To ja rzuciłam gałąź.

– I jestem ci za to diabelnie wdzięczny!

– Nie dotykając jej.

Tym razem Matt aż przystanął.

– Co? Czy to znaczy, że…

Energicznie pokiwała głową.

– Tak, krzyknęłam, chciałam coś zrobić i zapragnęłam z całych sił cisnąć w niego olbrzymią gałęzią, która leżała na ziemi. I właśnie tak się stało, chociaż nawet nie kiwnęłam palcem.

Matt oczyma duszy ujrzał od nowa całą scenę. Rzeczywiście to, co rąbnęło Żarłoka, było masywne, zbyt ciężkie, by ktoś to zdołał podnieść i rzucić wyłącznie za pomocą siły własnych ramion.

– Coś takiego! – westchnął. – Posłuchaj, na razie nic nikomu nie mów, niech to będzie nasza tajemnica, zgoda? Ale tak czy inaczej musimy ostrzec wszystkich, żeby jak najprędzej wrócili na wyspę.

Puścili się pędem, wzywając pozostałych. Ze wszystkich stron zbiegli się zbieracze i pognali na most, który natychmiast zamknięto i podwojono liczbę wartowników.

Wkrótce wieść obiegła wyspę, toteż jej mieszkańcy przyszli ich zobaczyć, upewnić się, że nic im nie jest. Kiedy zaś Matt oznajmił, że zabili dwóch Żarłoków, spojrzenia wszystkich pojaśniały. Opowiedział o walce, dodając, że Amber miała dość zimnej krwi, by podnieść ostro zakończoną gałąź i wbić ją w oko drugiego Żarłoka, aż do mózgu. Rozległy się oklaski, nie było końca gratulacjom, aż wreszcie znów zostali sami.

Dopiero wówczas Matt poczuł się naprawdę źle. Odtworzył w pamięci scenę jeszcze raz, wrzaski Żarłoka, któremu odrąbał dłoń, a wtedy zakręciło mu się w głowie od całej tej krwi i cierpienia. Na szczęście nie spojrzał temu potworowi prosto w oczy. „Na szczęście", powtórzył w myślach.

Po południu usiłował przełknąć kilka klusek, lecz wspomnienie krwi i wrzasków nie przestało go dręczyć, toteż pobiegł zwymiotować do łazienki.

Nieco później Tobias zastał go siedzącego na tarasowym murku z tyłu zamku i wpatrzonego z zaciętą miną w słońce, które chyliło się ku zachodowi. Kudłata leżała obok niego z łbem na udach swego młodego pana. Matt głaskał ją delikatnie.

– Jak się czujesz?

Matt skrzywił się i odparł po zastanowieniu:

– Pusty.

– Ciężko było, co?

Matt powoli pokiwał głową.

– Przemoc… nie jest taka jak w filmach, Toby. Nie cierpię tego. – Podniósł przed siebie dłonie i wpatrywał się w nie przez moment. – Wydaje mi się, że nadal czuję drżenie ostrza, które przebija mu narządy.

Tobias nie wiedząc, co odpowiedzieć, usiadł obok niego i obaj zapatrzyli się w słońce, które zachodziło właśnie, rzucając na ich twarze pomarańczowe refleksy.

Kiedy otworzyło się wysokie okno Hydry, chłopcy rozpoznali ognistą czuprynę Amber, która wychyliła się, by na nich popatrzeć. Zamachała do nich energicznie, aby przyszli, toteż wstali, nie dając się prosić. Kudłata towarzyszyła im aż do drzwi Hydry, po czym oddaliła się w stronę lasu.

Pokój dziewczyny był przestronny, cały wyłożony drewnem, ozdobiony białymi zasłonami i zielonymi obiciami, które oddzielały łóżko, kanapy i obszerny kącik do pracy. Amber porozwieszała wszędzie latarenki ze świecami, aby stworzyć przyjemny nastrój. Zdążyła się przebrać w satynowy szlafrok. Na widok jej zmierzwionych włosów Matt pomyślał, że część popołudnia spędziła w łóżku. Najwyraźniej nie czuła się dobrze. Poprowadziła ich ku dużym wygodnym kanapom.

– Chciałam z wami porozmawiać – oznajmiła, siadając z podwiniętymi nogami. – Dużo myślałam o tym, co się wydarzyło dzisiaj rano. Uważam, że przeobrażenie… od tej pory tak będę nazywać to zjawisko… no więc przeobrażenie dotyka wszystkich.

– Skąd ten pomysł? – zapytał Tobias.

– Wielu Piotrusiów skarżyło się na złe samopoczucie, a na dodatek to ciągle trwa. – Przyjrzała się uważnie Mattowi. – Kiedy rzuciłeś jabłko, ledwie się zdążyłam odwrócić, żeby zobaczyć, jak eksploduje Żarłokowi w twarz.

Matt wzruszył ramionami, jakby to było coś normalnego.

– Matt – upierała się Amber – jabłko e k s p l o d o w a ł o! Niewiarygodne! Rzuciłeś tak mocno, że o mało nie zwaliłeś tego potwora na ziemię. Nikt nie potrafi rzucać komuś w twarz jabłka tak, żeby eksplodowało!

– Co chcesz przez to powiedzieć? Że ja też ulegam transformacji?

– Nie, już ci mówiłam: tu nie chodzi o transformację, o zwykłą modyfikację twoich zdolności. Ziemia dokonała przeobrażenia w funkcjonowaniu organizmów, czego Piotrusiom nie udało się uniknąć, tylko że u nas to przeobrażenie przybiera postać szczególnych zdolności, jakie każdc z nas posiada.

– U niego rozwinęła się siła, tak? – powiedział Tobias, wskazując na przyjaciela.

Amber przytaknęła.

– Posunął się jeszcze dalej: zastanawiam się, czy zdolności, jakie w sobie rozwijamy, nie są przypadkiem związane z konkretną potrzebą. Potrzebowałeś siły, żeby dojść do siebie po śpiączce, i właśnie nadludzką siłę teraz dostajesz.

Z kolei ja odczuwałam... zakłopotanie z powodu tak wielu zmian i od pięciu miesięcy byłam ciągle roztrzepana, stawałam się jeszcze większą niezdarą niż kiedyś, żeby więc zapobiec tej niezręczności, rozwijam w sobie zdolność telekinezy. Zapytałam niedawno Sergia, czy przydzielano mu ciągle te same obowiązki, i wiecie, co usłyszałam?

– Że musiał zapalać świece – podsunął Matt bez przekonania.

– Bingo! Ponieważ jest wysoki, kazano mu rozpalać ogień i opiekować się latarniami. Od pięciu miesięcy nic, tylko bez przerwy zapala i gasi knoty, potrafi więc rozpalić płomień w ciągu sekundy i mogę się założyć, że za kilka tygodni nie będzie już musiał nawet pocierać o siebie dwóch krzemieni!

– Myślisz, że można się nauczyć kilku szczególnych umiejętności? – wpadł w zachwyt Tobias.

– Wątpię. Cała ta zmiana pewnie przewraca do góry nogami sporą część naszej istoty, naszego mózgu; nie wydaje mi się, żeby można było wzbogacać w ten sposób swoje zdolności w nieskończoność. To kwestia miejsca o, tutaj – poklepała się po skroni – i poukładania wszystkiego jak trzeba, ale niedługo sami się przekonany.

– A co ze mną? Jaką zdolność w sobie rozwinę? – zaniepokoił się Tobias.

Amber i Matt zmierzyli go wzrokiem.

– Nie wiem – przyznała dziewczyna. – I nie sądzę, żeby można zapanować nad takim przeobrażeniem. Dowiemy się tego wtedy, kiedy się objawi. Najwyraźniej niektórzy potrzebują więcej czasu.

– Jeżeli naprawdę mam nadzwyczajną siłę, powinienem się nauczyć nad nią panować.

– Po tym, co widziałam rano, mogę cię zapewnić, że n a p r a w d ę masz taką siłę! To by tłumaczyło, dlaczego w ciągu zaledwie pięciu miesięcy tak szybko do siebie doszedłeś. Trzeba by ćwiczyć; zastanowię się nad tym, w jaki sposób pobudzić nasze przeobrażenie i nauczyć się je wykorzystywać.

– To potrwa całe miesiące! – zawołał z rozpaczą Tobias.

– Możliwe, ale skoro mamy z tym żyć do końca naszych dni, to warto!

Gdzieś w oddali odezwała się trąbka. Dwa dźwięki, jeden niski, po nim zaś wysoki.

– Alarm – jęknął Tobias.

– Co to oznacza? – przeraził się Matt.

Amber odpowiedziała pierwsza, wstając:

– Że wartownik pilnujący mostu zauważył coś na skraju lasu. Niski i wysoki dźwięk. Coś nieprzyjaznego.

– Musimy iść – rzucił Matt, również się podnosząc.

– Zaczekajcie. Nie zapomnijcie, że na razie wszystkie nasze wnioski na temat przeobrażenia muszą pozostać między nami, zgoda?

Przytaknęli i popędzili czym prędzej na most.

24

TRZY KAPTURY I DWANAŚCIE ZBROI

Wartownicy pilnujący mostu zauważyli grupę około sześciu Żarłoków kręcących się blisko ścieżki i najwyraźniej usiłujących się przedostać na wyspę. Zostali tam do zmroku, nim odeszli ze śmiechem. Żarłoki stawały się coraz bardziej zuchwałe; doniesiono, że najbliższe plemię znajduje się ponad dwadzieścia kilometrów stąd. Pokonały więc sporą odległość, żeby tu przyjść, co wcale się nie spodobało mieszkającym na wyspie Piotrusiom. Zarówno Żarłoki, jak i ostatnie wyczyny stanowiły główny temat rozmów.

Matt potrzebował aż dwóch dni, zanim odważył się znów wziąć do ręki miecz, aby go wyczyścić. Na klindze widniały zaschnięte brązowe plamy. Kiedy broń wreszcie lśniła, zszedł do piwnicy, do warsztatu, słyszał bowiem, że znajduje się tam osełka, której używali Długodystansowcy. Zaczął pocierać o nią na mokro ostrze. Za każdym jednak razem, gdy kamień przejeżdżał ze zgrzytem po metalu, Matt miał przed oczami krew tryskającą z brzucha Żarłoka albo jego odrąbaną dłoń wpadającą do szkarłatnej kałuży. Aż zamierał ze zgrozy. Odpędzając te odrażające obrazy, pocierał dopóty, dopóki miecz nie stał się tak ostry, że mógłby nim przeciąć włos.

Czyżby Amber miała rację? Czyżby rozwijał w sobie nadzwyczajną siłę? To by wyjaśniało, dlaczego był w stanie tak szybko władać mieczem, bez wysiłku... Znów zaślepił go obraz krwi i poczucie winy, wywracając mu wnętrzności na drugą stronę.

W ciągu dnia Ben oświadczył, że nazajutrz rusza dalej, bo już wypoczął i pragnie odwiedzić osadę położoną na północ od nich. Matt zastanawiał się, czy po jego odejściu Amber będzie inna, bardziej smutna. Krążąc po zamkowych korytarzach i dostarczając drewno do kominków na poszczególnych piętrach, dostrzegł pełne podziwu spojrzenia mijanych nastolatków. Jeszcze nikt na wyspie nie odważył się stawić czoła Żarłokowi, a tym bardziej przebić go na wylot i odrąbać mu rękę. Matt zawarł bliższą znajomość z najmłodszymi Piotrusiami, którzy często trzymali się razem, dziewczynkami i chłopcami w wieku dziewięciu lat. Z beniaminkiem o imieniu Paco, z Laurie, małą blondyneczką z kucykami, z Fergie, Antonem, Jude, Johnnym Rorym i Jodie, którzy stanowili trzon gromady. Wszyscy oni podążyli za nim, oferując pomoc, której grzecznie odmówił. Matt uchodził za bohatera. Odczuwał sprzeczne emocje: mieszaninę zadowolenia, a nawet dumy z domieszką goryczy, niesmaku. Kiedy rozmyślał nad tym, co zrobił, zalewała go fala mdłości, w której omal nie utonął. Wcale mu się nie podobało bycie tego typu bohaterem. Nie w ten sposób. Nie wraz ze wspomnieniami chwały w jego mniemaniu zabarwionej tragedią. Tamten Żarłok był przecież kiedyś człowiekiem. Matt zaś nie potrafił zapomnieć, że zabił człowieka. Nawet jeśli był potworny, agresywny i raczej tępy, bez wątpienia był również żywą istotą.

Po skończeniu pracy Matt poszedł poszukać samotności w lesie. Wypatrzywszy bardzo ciężki według swojej oceny kamień, skoncentrował się. Zamknął oczy i oddychał spokojnie. Następnie ukląkł i spróbował go podnieść.

Głaz ważył co najmniej osiemdziesiąt kilo.

Zacisnął zęby, wytężając wszystkie siły, kamień jednak ani drgnął. Matt zrobił się purpurowy na twarzy.

Zwolnił uścisk i z westchnieniem roztarł palce o spodnie. „Niemożliwe! Nie ruszył się ani o milimetr!" A jeśli Amber się myliła? Jeśli u niego tak naprawdę wcale nie nastąpiło żadne przeobrażenie?

„Jabłko... Amber ma rację, przecież jabłko nie mogłoby eksplodować tak jak wtedy, kiedy uderzyło w Żarłoka. Coś się stało, to pewne". Najbardziej logiczne wydało się wyjaśnienie, że doszło w nim do przeobrażenia siły.

„W takim razie dlaczego nie potrafię przesunąć tego piekielnego kamulca?" Matt sam sobie natychmiast odpowiedział: ponieważ jeszcze nie opanował tej zdolności. Niczym noworodek musi się nauczyć koordynacji każdej części ciała z określonymi strefami mózgu. „No właśnie! Dopiero odkrywam siłę, muszę się nauczyć nią posługiwać, zlokalizować ją i kontrolować!"

Spędził zatem dobrą godzinę, ćwicząc, skupiony na tym, by poczuć kamień pod skórą, słyszeć bicie własnego serca, wyczuć pulsowanie rozgrzanej krwi. Mobilizując całą siłę woli, spróbował kilkakrotnie go podnieść, za każdym razem jednak bez skutku.

Wieczorem zjadł z Tobiasem kolację w wielkiej sali, opowiedział mu o krótkim treningu i dość wcześnie poszedł spać.

Leżąc opatulony kołdrą, zorientował się, że zapomniał opuścić zasłony. Światło księżyca, w którym rysowały się wysokie korony rosnących na wyspie drzew, przenikało przez szyby w oknach. Matt widział z łóżka Hydrę i palące się tam z rzadka lampy. Odszukał pokój Amber i dostrzegł ciągle jeszcze tańczące płomienie świec w latarenkach. Bez żadnego trudu wyobraził ją sobie skupioną przy biurku, wpatrzoną w ołówek, który usiłowała przesunąć. Przy jej uporze mogło to potrwać całą noc.

Zasnął, obserwując fasadę zamku.

I obudził się na jakiejś polanie.

Nadal była noc, księżyc zdążył się przesunąć po swej orbicie, minęły co najmniej dwie godziny. Matt potarł oczy zaspany. Co on tu robi? „To mi się śni! To nic takiego, po prostu sen, nic więcej..." Czuł się wszakże panem siebie o wiele bardziej niż we śnie. Był aktywny. „Przecież cechą snów jest to, że człowiek odczuwa jakąś bierność, nie?" Uwagę Matta zaś skupiła już sama możliwość stwierdzenia, że śni. Czuł nocny chłód, suchą ziemię pod bosymi stopami i łaskotanie wysokich traw na kostkach – nadal miał na sobie bawełnianą piżamę. Uszczypnął się, a wtedy poczuł ból, który obudził go do reszty.

„Tym razem nie ma żadnej wątpliwości, to mi się nie śni!" W jaki sposób więc się tutaj znalazł? Czyżby był lunatykiem? Obrócił się na pięcie, rozglądając uważnie dokoła. Położona pośrodku lasu polana zdawała się tonąć w trawach i kwiatach, które w bladych promieniach księżyca sprawiały wrażenie szarych bądź czarnych.

„Co ja tu robię?"

Niebo rozświetliła na chwilę bezgłośnie błyskawica w oddali. Po niej zaś trzy następne, bardzo blisko. Nagle zerwał się potężny wiatr, smagając Matta znienacka po policzkach, szczypiąc w uszy. Tym razem las pojaśniał kilkakrotnie, jakby zapłonął w nim supersilny flesz. Pojawił się dywan z mgły wydostającej się poza las, zupełnie jak piana, której jest za dużo w wannie.

„Nie podoba mi się to. Coś się tu dzieje".

Gdy nastąpiła kolejna seria błyskawic, Matt spostrzegł bezkształtny cień krążący wśród drzew, długi i ruchliwy: czarną płachtę powiewającą na wietrze. Podczas następnej salwy błysków widział, jak chłoszcze pnie i nagle zmienia kierunek, sunąc prosto na niego. Płachta unosiła się na wysokość jakichś dwóch metrów, wijąc się wśród liści. Po czym ukazała się na polanie, potwierdzając jego przypuszczenia: przypominała ciężkie falujące prześcieradło, poprzez które rysowały się co chwila ludzkie kończyny. Najpierw zobaczył ramię i dłoń, które zniknęły zastąpione przez nogę w bucie. Matt zdołał jednak sprawdzić, że za wielkim prześcieradłem nic nie ma. Prawdziwe czary.

To coś zbliżyło się, łopocząc na zimnym wietrze.

Matta ogarnął paniczny lęk, serce zaczęło mu walić jak młotem; musiał otworzyć usta, żeby móc oddychać. Dziwny stwór znajdował się zaledwie kilka metrów od niego, gdy wtem wyłoniła się ludzka twarz. Matt nie potrafił rozróżnić rysów, ale dostrzegł nienormalnie wysokie czoło, bardzo wyraziste łuki brwiowe, brak nosa i warg oraz kwadratową szczękę. „Można by powiedzieć, że to długa trupia czaszka!", takie było jego pierwsze skojarzenie.

Czaszka otworzyła usta, z których wydobył się szept:

– Chodź, Matt. Zbliż się.

Matt był czujny, miał wyostrzone wszystkie zmysły. Mgła zaczęła mu się owijać wokół kostek, wiatr wirował, mierzwiąc włosy. Twarz wysunęła się nieco bardziej do przodu. Tym razem naprawdę przypominała zniekształconą trupią czaszkę.

– Daj rękę – powiedziała. – I przyłącz się do mnie.

Owa przytłaczająca obecność, świszczący głos, niepokojąca aura, wszystko to naraz się połączyło, a wtedy Matt już wiedział, kogo ma przed sobą.

– Rauperoden – rzekł cicho.

Coś sprawiało wrażenie zadowolonego. Otworzywszy usta, rzekło:

– Tak, to ja. Chodź, Matt. Chodź, jesteś mi potrzebny.

Widząc, że mgła ciągle się podnosi wokół jego nóg, Rauperoden zaś powoli się doń zbliża, Matt poczuł się zagrożony. Cofnął się o kilka kroków.

– Nie, zaczekaj – powiedział Rauperoden. – Musisz wejść w e m n i e. Podróżuj do wnętrza, chodź!

Matt zaczął biec. Chciał uciec jak najszybciej i jak najdalej od tej ohydy. Głos za jego plecami się zmienił, nabrał gardłowego, piwnicznego brzmienia.

– Stój! Rozkazuję ci!

Matt jednak pędził co sił w nogach. Rzucił się w las; liście smagały go po policzkach i ramionach.

– Chcę ciebie! – ryknął Rauperoden. – Nie możesz wiecznie przede mną uciekać. Czuję cię, słyszysz mnie?

Mattowi brakowało tchu; biegł w srebrnych promieniach księżyca, które przebijały się przez ścianę drzew, rzucając wokół chłopca blade snopy światła.

– Czuję cię i podążam twoim śladem. Wkrótce... wkrótce cię odnajdę, Matt.

Kiedy Matt otworzył w łóżku oczy, sapał jak miech kowalski. Był zlany potem.

O dziwo, księżyc znajdował się dokładnie w tym samym miejscu, co w jego koszmarze. Chłopiec wstał. Zaschło mu w gardle. Nie znalazłszy wody, włożył szlafrok i wyszedł z pokoju. Było ciemno; w strefach pozbawionych okien panował nieprzenikniony mrok. Matt chwycił latarenkę, zapalił świeczkę i zapuścił się w labirynt zimnych sal i korytarzy. Nadal był odrętwiały od snu, lecz jego mózg pracował na pełnych obrotach, usiłując nie dopuścić do paniki. Coś go zmroziło w tym złym śnie.

„Jego realizm – pomyślał. – Naprawdę miałem wrażenie, że tam jestem". Mało brakowało, a wcale by się nie zdziwił, czując błoto pod stopami!

Kiedy schodził po krętych schodach, uchwycił strzęp rozmowy. „O tej porze?" Zwolnił. Musiała być co najmniej pierwsza w nocy, jeśli nie później! Zdjęty przeczuciem, zdmuchnął płomień świeczki i kryjąc się w mroku, dotarł na parter. Trafił na długie pomieszczenie wyposażone w wygodne kanapy z ciemnej skóry, na przeszklonych półkach widniała imponująca kolekcja whisky, a także nie gorzej zaopatrzona skrzynka cygar. W głębi dyskutowały o czymś ściszonym głosem trzy zakapturzone postacie otulone w płaszcze.

– To zaczyna być zbyt ryzykowne! Tak dłużej nie można, trzeba znaleźć jakieś rozwiązanie. Drzwi dłużej nie wytrzymają.

– Wytrzymają.

– Co do mnie, uważam, że trzeba działać natychmiast. Musimy je otworzyć sami, zanim ktoś odkryje tajemnicę.

– Jeszcze nie teraz, za wcześnie. Chcę, żeby wszystkie okoliczności sprzyjały naszym planom. Nie będę ryzykował, że coś nie wypali. Albo podbijemy całą wyspę, albo nastąpi katastrofa.

Matt nie miał pewności, lecz wydawało mu się, że ten ostatni głos należał do Douga. Nie potrafił jednak rozpoznać tego drugiego.

– W takim razie co robimy? – zapytała trzecia postać, która dotąd się nie odzywała.

Matt od razu nabrał podejrzeń, że to dziewczyna.

– Nie widzę innego wyjścia: trzeba bez przerwy trzymać wartę, na zmianę – oświadczył głos prawdopodobnie należący do Douga. – Będziemy dyskretnie pilnować okolic Minotaura. Jeżeli któryś z Piotrusiów odważy się tam zapuścić, przynajmniej się o tym dowiemy i będziemy mogli go zmusić do wyjścia, zanim będzie za późno.

Matt zadrżał, słysząc słowa, które padły po chwili:

– Tylko uważajcie, szczególnie na Matta. Nie ufam mu, jest bardzo wścibski! – Dziewczyna usiłowała powstrzymać rozgorączkowanie obydwu towarzyszy: – Po tym, co Długodystansowiec powiedział o zdrajcach, lepiej zachować dyskrecję!

– Nie myśl o tym – uciął Doug. – Róbmy, co do nas należy. Jeżeli nadal będziemy ostrożni, nikomu nie przyjdzie do głowy, żeby nas podejrzewać. Jazda, chodźcie, chciałbym szybko zainstalować klatkę, żebyśmy mogli się przespać.

– Jesteś pewien, że o tej porze nie będziemy mu przeszkadzać? – zapytał dziewczęcy głos, nie kryjąc strachu.

– Przestań się bać, od jakiegoś czasu zacząłem rozpoznawać jego cykle. Przed chwilą go nakarmiłem, teraz śpi.

– To wszystko się musi skończyć, już dłużej nie mogę.

– Owszem, niedługo. Jeszcze trochę cierpliwości. Kiedy wszyscy Piotrusie na wyspie wpadną w rutynę, stracą czujność i nie będą już w stanie chwycić za broń ani się bić, wtedy go wypuścimy.

Trójka spiskowców chwyciła wielkie kraty, które po zamontowaniu miały utworzyć klatkę, i zniknęła za załomem korytarza ciągnącego się w kierunku przeciwnym do Matta. Chłopiec ruszył za nimi na palcach po perskich dywanach, starając się zachować odpowiedni odstęp, aby go nie zauważyli. Korytarz prowadził do ośmiu kamiennych schodów i ciągnął się dalej wzdłuż wnęk, w których znajdowały się groźne zbroje. Poza tym nikogo nie było widać. Dźwigając taki ładunek, nie mogli dobiec aż do końca korytarza, mimo to zniknęli.

Gdzie oni się podziali? Czy to możliwe, że go usłyszeli i ukryli się w zbrojach?

„Nie z tą klatką, przecież bym zobaczył te wielkie kraty oparte o ściany!"

Gdzie więc są?

Matt popędził na koniec korytarza, aby się upewnić, że nikt się tam nie schował, a potem zawrócił, by przeczesać wszystkie zakamarki. Naliczył po dziesięć wnęk z każdej strony, przy czym w sześciu zauważył metalowy kształt, co dało w sumie dwanaście zbroi. Tylko tyle. Westchnął. Teraz nie był w stanie dokładnie obejrzeć każdego szczegółu muru, ale z pewnością coś się tu święciło.

Uprzedzi Amber i Tobiasa, jak tylko się obudzą, i wspólnie zdecydują, co robić. Przymierze Trojga musi się dowiedzieć, co usłyszał tej nocy. Doug – teraz miał już pewność, że to był on – ukrywał przed Piotrusiami obecność potwora. Istoty tak przerażającej, że lepiej nie wiedzieć o jej istnieniu.

Matt domyślał się, że jest coś jeszcze. Jakaś głęboko skrywana tajemnica, którą Doug starał się za wszelką cenę przemilczeć.

Ze względu na bezpieczeństwo wszystkich Matt postanowił, że Przymierze Trojga odkryje ową tajemnicę. Przeprowadzą śledztwo.

Ponieważ na wyspie znajdują się zdrajcy.

25

PAJĘCZE SIECI I KUDŁY MINOTAURA

Poranne promienie słońca przenikały przez wysokie okna zakurzonej biblioteki na ostatnim piętrze Krakenu. Amber, Tobias i Matt toczyli ożywiona dyskusję.

– Ich zniknięcie jak za dotknięciem czarodziejskiej różdżki można wyjaśnić tylko w jeden sposób – podsumowała dziewczyna.

Tobias, zawsze gotów wyobrażać sobie najgorsze, uprzedził jej słowa:

– To ich przeobrażenie! Sprawia, że stają się niewidzialni!

– Nie! – zaprzeczyła dziewczyna. – Nie wydaje mi się. Raczej ukryte przejście.

– Tak właśnie pomyślałem – przyznał Matt. – Nie damy rady przeczesać korytarza w biały dzień. Za duży ruch. Trzeba zaczekać do nocy. Ale za to moglibyśmy pilnować na zmianę Douga przez cały dzień.

Amber wyglądała na zakłopotaną.

– Jeżeli o mnie chodzi, to będzie trudne... Ben dzisiaj odchodzi i chciałabym się z nim pożegnać. Poza tym obiecałam Tiffany z zamku Jednorożca, że do niej wpadnę. Ona... ona uważa, że jest chora, jak to określają. Zamierzam sprawdzić, czy to nie jest raczej objaw przeobrażenia.

Matt pokręcił głową rozczarowany.

– W takim razie we dwóch może nam być trudno. Wzbudzimy podejrzenia. No nic, na dzisiaj dajemy sobie spokój i widzimy się wieczorem.

Spotkali się ponownie późnym wieczorem w palarni, każde z lampą w dłoni, równie wylęknieni jak podekscytowani tą nocną wyprawą. Cały zamek pogrążony był w głębokiej ciszy – od jakiegoś czasu wszyscy spali. Matt zaprowadził przyjaciół do długiego korytarza, po czym zaczęli przetrząsać każdą wnękę, każdą zbroję w poszukiwaniu jakiegoś przycisku, zasuwki czy choćby zwykłego zadrapania w podłodze, które zdradzałoby obecność ukrytych drzwi. Cienie żelaznych żołnierzy ściskających broń w metalowych rękawicach, z marsową miną na szpiczastych twarzach, tańczyły powoli w przyćmionym, drgającym świetle.

– Tutaj nic nie ma – szepnął Tobias po przeczesaniu kilku wnęk.

Matt, który także skończył, pokręcił głową.

– U mnie też nic.

Amber podeszła do nich, przygryzając policzek.

– Nic nie znalazłam – burknęła.

– Przecież nie mogli pobiec tak szybko, dźwigając taki ciężar. Zobaczyłbym ich! Musi być jakieś tajemne przejście, nie ma innej możliwości!

Amber usiadła na schodach otwierających korytarz.

– Zastanówmy się – powiedziała. – Ile czasu minęło od chwili, kiedy straciłeś ich z oczu, do momentu, kiedy się tu znalazłeś?

– Starałem się, żeby mnie nie usłyszeli, więc… przypuszczam, że dziesięć sekund, nie więcej.

Dziewczyna westchnęła, wpatrując się w korytarz.

– Nie sposób przejść do końca w tak krótkim czasie.

Tobias, który stał naprzeciwko Amber, zmarszczył brwi, przyglądając się jej gołym nogom. Wyjątkowo miała na sobie spódnicę, krótką z frędzlami – w ciągu dnia na ten widok Matt poczuł ukłucie w sercu, uznał bowiem, że to dla Bena. Uchwyciwszy bezceremonialne spojrzenie Tobiasa, dziewczyna czym prędzej wsunęła dłonie między uda, aby mieć pewność, że nie widać jej majtek.

– Tobias! – zawołała z oburzeniem. – Co cię napadło?

Pojąwszy nagle powód jej złości, Tobias zrobił się czerwony jak burak.

– Nie, nie! To wcale nie to, co myślisz, chodzi o twoją lampę. Spójrzcie tam!

Amber postawiła lampę między stopami. Płomień świeczki nie przestawał drżeć, na skórze dziewczyny igrały światło i cień.

– I co z tego? – zapytała Amber. – To przeciąg, normalna rzecz na zamku.

– Można by się tym posłużyć, żeby obejrzeć mury! – zapalił się Tobias.

– To się nie uda – skrzywiła się Amber – nie zorientujemy się, czy przeciąg spowodowało tajemne przejście, czy coś innego.

Tobias zwrócił się do swego odwiecznego sprzymierzeńca:

– A co ty o tym sądzisz?

Matt omiótł wzrokiem posadzkę. Nagle pognał do znajdującej się tuż obok dużej sali i wrócił z karafką whisky, którą zaczął rozlewać po podłodze.

– Co ty wyprawiasz? – zaprotestowała Amber.

– Upewniam się, że p o d nogami nie ma żadnego przejścia.

Pochylił się, obserwując zachowanie bursztynowego płynu: stał w miejscu. Przeprowadził identyczną operację na dystansie trzech metrów, nim dotarł do schodów.

W tym miejscu whisky wsiąkła w kamień. Matt ukląkł i przytknął ucho do posadzki.

– Przecieka!

– Wiedziałem! To nie był zwykły przeciąg – triumfował Tobias. – Pod spodem jest przejście!

Posuwając się na czworakach, wszyscy troje jęli macać w poszukiwaniu jakiejś szparki między kamieniami. Amber znalazła mikroskopijny prostokątny przycisk w listwie. Nacisnęła go palcem.

Pod nimi rozległ się cichutki zgrzyt mechanizmu i ośmiostopniowe schody zniknęły, odsłaniając ziejący otwór. Przesunęły się wszystkie w odwrotnej kolejności, dzięki czemu najniższy stał się najwyższym stopniem schodów, które niknęły w ciemności.

– Bingo! – zawołała Amber.

– Bardzo lubisz to słówko, co? – zauważył Tobias.

Dziewczyna nie odpowiedziała i pierwsza ruszyła przejściem, przyświecając sobie lampą. Ściany zostały wykute w skale; były pokryte pajęczynami, które drżały pod wpływem nieuchwytnego wiatru niczym wstrząsana dreszczami skóra.

– Ale tu ponuro! – stwierdziła. – Tak się właśnie dzieje, kiedy ludzie nie sprzątają przez dwadzieścia lat!

– Teraz rozumiem, dlaczego matka kazała mi robić porządek w pokoju – zadrwił Matt i natychmiast pożałował tej aluzji do przeszłości.

Zanurzali się w trzewia Krakenu, po łagodnej pochyłości schodząc coraz niżej i pokonując kilka zakrętów.

– Wcale nie widać końca! – oznajmił Tobias z cieniem niepokoju. – Gdzie to się skończy? W piekle?

Słysząc te słowa, Matt pomyślał o Rauperodenie, jego przytłaczającej obecności i diabolicznej aurze. „To nie jest odpowiedni moment!"

Po kolejnej serii zakrętów Amber wyznała:

– Wydaje mi się, że już nie jesteśmy pod Krakenem; to ciągnie się zbyt daleko.

– Mam pewne przypuszczenie co do tego, dokąd prowadzi ta droga – odezwał się Matt. – Jak nic do nawiedzonego zamku. Tamci trzej rozmawiali o nim tak, jakby często tam chodzili.

Nagle Amber zawadziła nogą o drut rozciągnięty w poprzek drogi i przewróciła się, nad ich głowami zaś rozległo się potężne szczęknięcie.

Słuchając wyłącznie własnego instynktu, Matt rzucił się do przodu, chwycił Amber w pasie, pchnął i oboje poturlali się kilka metrów dalej. W tejże chwili za ich plecami zwaliło się coś olbrzymiego, podnosząc chmurę kurzu.

O dziwo, Matt, który przygniatał Amber, był bardziej zafascynowany zapachem jej skóry (nos miał tuż nad jej karkiem, skąd emanował zapach wanilii), niż zaalarmowany sytuacją. Zamrugał parę razy, nim wstał i pomógł dziewczynie się podnieść.

Drogę zagradzała im stalowa klatka wysoka na trzy metry. Tobias znajdował się po jej drugiej stronie.

– Oni ją tu umieścili! – stwierdził Matt. – Właśnie tę klatkę nieśli wczoraj w nocy!

– Naprawdę nie chcą, żeby ktokolwiek się zbliżał do nawiedzonego zamku – szepnęła Amber, ciągle jeszcze zdezorientowana z powodu tego, co się stało. – Dziękuję, Matt…

– A co ze mną? – jęknął Tobias. – Co mam teraz zrobić? Jak mam przejść? Sam nigdy nie dam rady się wdrapać na tę klatę. Można sobie złamać nogę!

– Zawróć i zaczekaj na nas w palarni. Jeśli nie wrócimy do świtu, powiadom wszystkich.

Tobias odwrócił się i wpatrywał w ciemność, którą ledwie przenikało światło jego lampy.

– Phhh… Nie podoba mi się to – powiedział. – W cośmy się znowu wpakowali?

– Tobias! – nalegał Matt. – Wracaj do palarni. Jazda. Nic ci nie grozi!

– Zgoda… – odrzekł cichutko chłopiec.

Spojrzawszy po raz ostatni na przyjaciół, obrócił się na pięcie i zaczął iść lękliwie wolnym krokiem.

Nie mając innego wyjścia, jak udać się w nieznane, Amber i Matt ruszyli w drogę, uważając bardziej niż kiedykolwiek, gdzie stawiają stopy, wypatrując ewentualnych zasadzek.

– Co tam może być aż tak ważnego, żeby za wszelką cenę bronić do tego dostępu? – dziwiła się Amber.

– Wydawało mi się raczej, że usiłują tam nikogo nie dopuścić, aby nas chronić. Tak jakby to coś, co jest na końcu korytarza, było aż tak niebezpieczne, że jeśli się je tylko uwolni, już nic nie zdoła go powstrzymać. Na szczęście nic takiego nie istnieje.

– A niby dlaczego nie? Nie wierzysz w Boga, w diabła? W demony?

– Oczywiście, że nie.

– Dlaczego „oczywiście"? Dla milionów ludzi nie ma w tym nic oczywistego!

– Bo w czasach, kiedy wymyślono religię, nie było dziennika telewizyjnego. Gdyby był, nikt by nigdy nie uwierzył w istnienie tak dobrego Boga w takim świecie!

Amber wzruszyła ramionami, ciągle posuwając się naprzód w milczeniu.

– Gniewasz się na mnie? – zapytał Matt.

– Nie, coś ty.

– Jesteś wierząca, prawda?

– Nie wiem. Serce mi mówi, że świat nadprzyrodzony istnieje, z kolei doświadczenie podpowiada coś innego. Tak czy inaczej po Burzy rodzi się dużo pytań.

– Właśnie do tego zmierzałem!

– Co nie zmienia faktu, że nie powinieneś być taki… kategoryczny. Każdy ma prawo myśleć, co chce, i wierzyć, w co chce. Powinieneś okazać więcej tolerancji.

Dotarli do schodów o nieregularnych stopniach, pokonawszy je zaś, pchnęli drewniane drzwi na zardzewiałych zawiasach. Trafili do pralni, gdzie na regałach piętrzyły się starannie poukładane czasopisma. Matt rzucił okiem na tytuły.

– Same czasopisma astronomiczne.

– Więc nie ma już żadnych wątpliwości: jesteśmy w nawiedzonym zamku. Na szczycie wieży jest kopuła. Któregoś dnia Doug wyjawił nam, że to obserwatorium astronomiczne.

Matt wpatrywał się w setki, tysiące kartek tworzących stosy.

– A jeśli staruszek, który kazał to zbudować, pewnego dnia odkrył albo zachachmęcił coś w gwiazdach, wywołując pojawienie się jakiejś nieznanej istoty, i pozostali miliarderzy zamknęli go tutaj, nic nikomu nie mówiąc, bo się bali, że będą musieli opuścić wyspę?

– Masz zbyt bujną wyobraźnię – odparła Amber, podchodząc do drzwi, które uchyliła, by zajrzeć za nie. – W porządku, możemy wejść.

Przemierzyli długą opuszczoną kuchnię, jadalnię i obszerny salon z niewielką liczbą jak zawsze wąskich okien, które przepuszczały skąpe promienie księżyca. Na wszystkich kamiennych ścianach były wyrzeźbione gwiazdy, połączone między sobą prostymi liniami i opatrzone łacińskimi nazwami.

– Strasznie tu ciemno! Nawet w biały dzień musi tu panować mrok. Jaki bogacz mógł kazać zbudować taki grobowiec? – zapytała Amber.

– Może wampir? – podsunął pół żartem, pół serio Matt.

Nie wiedząc, w którą iść stronę, ruszyli na górę, przechodząc na półpiętrze galeryjką poprzecinaną kolumnami. Gdy wkroczyli do następnego holu, Matt położył dłoń na ramieniu Amber, mówiąc:

– Patrz.

Jedna ze ścian kończyła się ciężkimi dwuskrzydłowymi drzwiami.

– Jesteśmy po drugiej stronie – pomyślała głośno dziewczyna.

Matt podszedł bliżej i pokazał palcem liczne zadrapania w drewnie.

– Wygląda, jakby coś się zdenerwowało za tymi drzwiami. – Pochyliwszy się, podniósł pęczek kłaków, które utkwiły w wyżłobieniu. – Brązowe – stwierdził. – Sztywne, krótkie i szorstkie. To nie są ludzkie włosy, jestem pewien.

Amber zdążyła już zajrzeć do kolejnego pomieszczenia. Matt zerwał się i dołączył do niej. Był to gabinet, w którym czuło się wyraźnie wilgoć. Oprócz stosów czasopism z dziedziny astronomii i paru przyrządów, na których chrom zmatowiał z powodu brudu, na wyklejonych tapetami ścianach wisiało kilka starych gazet oprawionych w przeszklone ramy. Jedna z nich pochodziła z 13 kwietnia 1961 roku, na pierwszej stronie widniał krzyczący tytuł: „Człowiek jest w kosmosie". Inna, z 21 lipca 1969 roku, obwieszczała nowinę tego samego kalibru: „Chodziliśmy po Księżycu!" Następnie była instalacja teleskopu Hubble'a i pierwsze zdjęcie z Marsa.

Amber wdrapała się na sekretarzyk, zdjęła jedną z ram i odwróciła, aby ją otworzyć.

– Co robisz? – zapytał Matt.

– Chciałabym się dowiedzieć czegoś więcej o tym domu!

Po czym wyciągnęła kartkę z gazety ze zdjęciem nawiedzonego zamku. Artykuł nosił tytuł: „Prywatny teleskop na wyspie miliarderów!"

Wtem gdzieś niedaleko trzasnęły drzwi.

Matt poczuł, że serce zaczyna mu bić o wiele szybciej. Amber złożyła kartkę, schowała pod bluzką i oboje popędzili korytarzem wzdłuż galerii. Na schodach wiodących na kolejne piętro pojawił się drżący płomień. Oboje zastygli w bezruchu. Słuchać było szuranie zbliżających się kroków. Po chwili na schodach ukazał się olbrzymi cień.

Cień człowieka.

Z ogromną głową byka.

26

KŁAMSTWA

Cień był ogromy – minotaur miał co najmniej dwa metry wysokości. Ryknął, wydał suche, niespokojne sapnięcie. Po chwili drgnął; kiedy szedł po schodach, trzęsły mu się rogi, kopyta stukały o stopnie.

Matt, który wcale nie miał ochoty na niego patrzeć, chwycił Amber za rękę, pociągnął ją za sobą i oboje zbiegli na parter. Kroki podążającego z tyłu minotaura były tak ciężkie, że aż drżały kamienie.

– Dokąd idziesz? – krzyknęła Amber.

– Spadamy stąd, już wolę złamać nogę, niż stanąć oko w oko z tym potworem!

Rytmiczne głośne sapanie monstrum zdawało się zbliżać – słychać je było coraz niżej. Matt pociągnął dziewczynę do kuchni, potem do pralni, gdzie odnaleźli drewniane drzwi i tajemne przejście. Kołyszące się w ich dłoniach lampy wprawiały w drżenie posępne kształty widoczne w mroku, toteż oboje biegli, nie bardzo wiedząc, gdzie stawiają stopy.

Wreszcie dostrzegli zarys zastawiającej drogę klatki. Matt się odwrócił i pomógł Amber wspiąć się do góry. Dziewczyna nie omieszkała jednak zastrzec:

– Ostatni raz włożyłam spódnicę! Proszę cię, patrz w dół.

Znalazłszy się na dachu metalowej klatki, wyciągnęła ręce do Matta, który cofnął się, by nabrać rozpędu, po czym skoczył jak zdołał najwyżej i chwycił się prętów. Zacisnął dłonie i podciągnął się do góry całą siłą nóg. Udało mu się zyskać przynajmniej metr, chwycił dłoń przyjaciółki i dostał się na dach. W ciągu sekundy znalazł się obok niej zdyszany.

– Jesteś mistrzem – pochwaliła go, a następnie odwróciła się i zeskoczyła na ziemię po drugiej stronie.

Czerwoni z wysiłku, zlani potem wpadli do palarni, gdzie czekał Tobias skulony na skórzanej kanapie.

– Kurza stopa! Co wam się stało? – zapytał ze zdumieniem.

– Widzieliśmy go! – wysapał Matt, odzyskując oddech. – Minotaura.

– To był on? Jesteście pewni?

– Na sto procent!

Amber, która sprawiała wrażenie zakłopotanej, rzuciła:

– Tak, to znaczy to przypominało…

Matt zmierzył ją wzrokiem.

– A co to niby było według ciebie? Wyższy od człowieka, z głową byka!

– Owszem, ale to mogło by przebranie!

– A oddech? To też było przebranie? A odgłos jego kroków? Sama słyszałaś, przyznaj, że żadna ludzka istota nie ma kopyt i że nikt tutaj nie chodzi tak ciężko, musiałby ważyć ponad sto kilo!

Tym razem Amber była zmuszona się z nim zgodzić, nie mogła dłużej zaprzeczać oczywistym faktom, nawet jeśli kłóciły się one z jej kartezjańskim umysłem.

– To prawda – przytaknęła. – Rzeczywiście robiło wrażenie; nikt nie chodzi w ten sposób.

Przypomniawszy sobie nagle o swym znalezisku, wyciągnęła spod bluzki kartkę z gazety, rozprostowała i położyła na stoliku przed nimi. Matt przysunął lampę, by oświetlić artykuł.

– Czytaj – poprosił.

Pochyliwszy się, Amber zaczęła czytać cichym głosem:

Michael Ryan Carmichael buduje nową wieżę na zamku położonym na wyspie zwanej Wyspą Carmichaela, choć bardziej znanej jako Wyspa Miliarderów. W istocie czcigodny spadkobierca przemysłowego imperium, jak wiadomo pasjonujący się astronomią do tego stopnia, że poświęcił jej w całości ostatnie lata, zdecydował, iż nadszedł czas żyć z głową w gwiazdach. Podzielił się z naszą gazetą dumą z postawienia „najwyższego prywatnego obserwatorium na Wschodnim Wybrzeżu". Wygląda więc na to, że skoro pan Carmichael dysponuje teraz własnym teleskopem, jeszcze rzadziej będziemy widywać go i mówić o nim – o człowieku, który wsławił się tym, iż przed trzydziestu laty porzucił swój zawód dla fascynacji niebem. „Kosmos jest tak ogromny i tak bogaty, że przewyższa każdego, choćby najbardziej wykształconego i zabawnego człowieka! Skoro znajduję w nim całe moje szczęście, dlaczego miałbym z niego zrezygnować?", deklaruje z upodobaniem. Michael R. Carmichael, który jest w jednakowym stopniu mizantropem, co samotnikiem, stanowi z całą pewnością ucieleśnienie popularnego przekonania, że najbogatsi są często największymi ekscentrykami. Tak czy inaczej życzymy panu Carmichaelowi wielu pięknych godzin spędzonych na obserwacjach i łaskawej prognozy pogody dla jego wyspy!

Tobias podszedł bliżej, by przyjrzeć się uważnie eliptycznej fotografii starszego pana o pooranej zmarszczkami twarzy i siwych krzaczastych brwiach.

– Zdaje mi się, że to lokalna gazeta – wyjaśniła Amber. – Artykuł napisano osiem lat temu.

– Tuż przed śmiercią starszego pana – dodał Matt. – Doug mówił, że staruszek umarł, kiedy on miał osiem lub dziewięć lat. A teraz ma szesnaście, pytałem.

– Z tego wynika, że facet chyba się nie zdążył nacieszyć swoim obserwatorium – zauważył Tobias z cieniem smutku w głosie. – Może to jego duch straszy na zamku.

Amber westchnęła.

– Nie chce mi się w to wierzyć – przyznała.

– Doug mnie okłamał – stwierdził Matt ponuro. – To dowodzi, że on coś knuje. Powiedział, że wyspę założył jego ojciec, ale przecież ona się nazywa „Wyspa Carmichaela", tak jak ten staruszek. Moim zdaniem właśnie on był pionierem.

– A jeśli łączyły ich jakieś więzy rodzinne?

– W takim razie Doug nie miałby żadnego powodu, żeby to ukrywać! Mógłby po prostu powiedzieć: „Założycielem wyspy był mój dziadek albo stary wujek". Nie, on coś ukrywa. I jeszcze ten pomysł wyspy miliarderów z zamkami noszącymi nazwy mitologicznych zwierząt, takimi jak Hydra, Pegaz, Centaur czy Jednorożec, jak gwiazdozbiory! To wszystko bardziej przypomina majaczenie kogoś, kto ma szmergla na punkcie gwiazd, niż światowej sławy lekarza, jakim miał być ojciec Douga i Regiego.

– Może wydarzyła się jakaś tragedia, która stała się źródłem tego wszystkiego? – podsunął Tobias.

– Nie mam bladego pojęcia. Ale liczę na to, że się dowiem.

– Jeszcze bardziej wzmogą czujność, bo na widok klatki i whisky w korytarzu zaraz się zorientują, że tu byliśmy.

Matt energicznie pokiwał głową.

– Wytrzemy podłogę – powiedział. – A co do klatki, to skoro jest pusta, pewnie pomyślą, że pułapka była źle zastawiona, że mechanizm włączył się samoistnie albo z powodu szczura. Znaczy to, że nie ma co się łudzić: wkrótce odkryją, żeśmy ich zdemaskowali, a wtedy staną się niebezpieczni.

– Od jutrzejszej nocy będziemy na zmianę szpiegować wszystko, co się dzieje w Krakenie – oświadczyła Amber.

– Z ich rozmowy wynikało, że Douga i jego kumpli goni czas. Jeśli cokolwiek szykują, zrobią to niedługo.

Matt dodał z powagą:

– Po tym, co widziałem w nawiedzonym zamku, przeczuwam, że to się nam nie spodoba. Musimy się pospieszyć.

27

LOSOWANIE

W następnym tygodniu Przymierze Trojga miało pełne ręce roboty. Tobiasowi przypadła nocna warta na moście, Amber przydzielono do ścinki drzew, wieczorami była więc zbyt wyczerpana, by pełnić straż, tak jak się wcześniej umówili, zaś Matta, który zdaniem Douga zdążył wrócić do zdrowia, obarczano najróżniejszymi obowiązkami, z których jedne były bardziej męczące od drugich. Nie mogąc pilnować Douga, Matt poświęcał codziennie godzinę na trening siłowy; starał się podnosić coraz cięższe kamienie, lecz z równie mizernym skutkiem jak za pierwszym razem.

Nauczył się, jak się odbywa podział obowiązków. Każdy Piotruś na wyspie miał swój drewniany klocek, na którym było wyryte jego nazwisko. Klocki sortowano według wieku, niektórych prac nie można było bowiem powierzać najmłodszym. Aby zaś najgorsze obowiązki nie przypadały w udziale ciągle tym samym Piotrusiom, klocki dzielono starannie na pakiety. Do garnka wsypywano nazwiska wybrane do każdego zadania i losowano „zwycięzców". Dziwnym zbiegiem okoliczności Amber, Tobias i Matt zostali wybrani spośród dwudziestu innych osób do długiego tygodnia ciężkiej harówki. Doug obserwował całą ceremonię, stojąc na podium w towarzystwie Arthura, który od samego początku patrzył na Matta krzywym okiem, Claudii, ładnej brunetki, która wyciągała klocki na chybił trafił, i wreszcie Regiego, który siedział na krześle z boku.

Ósmego dnia po południu Matta, któremu tym razem trafiło się łowienie ryb, odwiedzili przyjaciele. Znajdowali się na południowym krańcu wyspy, na jednym z drewnianych pomostów, otoczeni ścianą wierzb, które spuszczały setki gałęzi do wody. Kiedy się zbliżali, leżąca na murawie Kudłata podniosła głowę, uspokojona jednak widokiem przyjaznych twarzy pogrążyła się z powrotem w swym psim odrętwieniu. Matt siedział z nogami wiszącymi nad wodą.

– Nie powinieneś trzymać nóg w ten sposób – ostrzegł Tobias, podchodząc.

– On ma rację – poparła go Amber. – Czyżbyś nie wiedział, co się czai w wodzie?

– Jest zbyt mętna, nic nie widać! – odburknął Matt. – To cud, że w ogóle są w niej ryby!

– A jeszcze bardziej zakręcone jest to, że je zjadamy!

– Naprawdę uważacie, że to niebezpieczne? Bo właśnie wpadłem na pomysł, żeby wziąć tamtą starą łódkę i przepłynąć się kawałek.

Amber popatrzyła na niego jak na wariata. Łódka, o której mówił, była uszkodzona i miała złamane wiosło.

– Zapomnij o tym! – rozkazała z powagą. – Nie wiemy nawet, co właściwie pływa pod powierzchnią tej czarnej wody, ale jest duże i bardzo agresywne. Nikt cię nie ostrzegł przed wysłaniem tutaj?

– Nie – odrzekł Matt stropiony, podkulając nogi, z wędką wsuniętą pod pośladki.

– Trzeba być bardzo ostrożnym; łowienie ryb należy do zajęć niebezpiecznych. Zapamiętaj sobie, że nigdy nie wolno się zbliżać do wody. Lepiej za bardzo się nie spoufalać z tymi stworami, które w niej żyją. Mały Bill się przechwala, że wchodzi do rzeki, ale to się może dla niego źle skończyć!

– Ryby przynajmniej biorą? – zapytał Tobias, który miał trawę we włosach i policzki poplamione na zielono.

– Nieźle. Wracasz z wycinki?

– Tak, musiałem oczyścić okolice zamku.

– Słuchajcie, nie wydaje się wam dziwne, że akurat tego samego dnia, kiedy mamy zacząć śledzić Douga, natychmiast nas wysyłają na drugi koniec Krakenu i każą harować jak wołom?

Amber i Tobias przyznali mu rację.

– Właśnie o tym rozmawialiśmy po drodze – powiedziała dziewczyna. – Oni wiedzą, to pewne.

– Albo ci nie ufają, a ponieważ często widują nas razem – wyjaśnił Tobias – woleli się upewnić, że nie będziemy stanowić dla nich zagrożenia.

– Zastanawiałem się nad ceremonią rozdziału obowiązków w wielkiej sali – rzekł Matt. – W rzeczywistości tylko Claudia i Doug mogą odczytywać nazwiska na klockach. Nikt nie wchodzi na podium, żeby to sprawdzić.

– Racja! – wrzasnął Tobias. – Teoretycznie byśmy mogli, tak głosi jedna z zasad, ale nikt tego nigdy nie robi, bo do tej pory zawsze wszystko było sprawiedliwe. Każdy regularnie udziela się w wylosowanych pracach.

Matt pokiwał głową w zamyśleniu.

– Tak właśnie myślałem… Jestem pewien, że to Claudia była tam wtedy w nocy.

– Na samym początku Doug mianował Arthura swoim zastępcą – dodała Amber – zawsze jest obok niego na podium. On może być tym trzecim!

– Nie – odparł Matt. – Myślałem o tym, ale Arthur jest o wiele niższy od Douga i Claudii, a tamci wszyscy byli tego samego wzrostu.

– W takim razie Regie też odpada – wtrącił Tobias.

– Poza tym Arthur nie patrzy na wylosowane nazwiska. On po prostu siedzi na podium, to wszystko.

– Jego rola zaczyna się dopiero wtedy, kiedy głosujemy: liczy podniesione ręce – wyjaśnił Tobias.

Wtem coś musnęło powierzchnię wody, pozostawiając głębokie fale na przestrzeni kilku metrów. Trójka nastolatków odruchowo się cofnęła.

– A widzisz? – ostrzegła Amber.

– Głowę dam, że Claudia i Doug nie wyciągnęli naszych nazwisk – powiedział Matt, ignorując jej uwagę. – Sfałszowali losowanie, aby mieć pewność, że nie damy rady ich śledzić. Nie wiem skąd, ale wiedzą!

– Można by zakwestionować ich prawo do rządzenia przez cały czas – zaproponował Tobias. – Zrobić coś w rodzaju zamachu stanu. Ogłosić przy wszystkich Piotrusiach, że ci dwoje to kłamcy i manipulanci.

– Nic z tego! – sprzeciwiła się Amber. – Nie trzeba siać zamętu. Doug i jego ludzie właśnie na to czekają, żeby uwolnić minotaura. Tak powiedzieli, prawda, Matt?

– Tak, chcą zaczekać na odpowiedni moment. Zastanawiałem się nad ich planem i tylko to mi przychodzi do głowy. Zaczekać, aż staniemy się zbyt ufni, aż nasz wściekły upór, by przeżyć, minie, a potem nas sobie całkowicie podporządkować. Wtedy zostawią na wyspie minotaura, przypuszczam też, że natychmiast uciekną i zrzucą do rzeki blaszany most, żebyśmy tu utknęli uwięzieni. I potwór nas wszystkich pozabija.

– Dlaczego oni to robią? – dopytywał się Tobias. – Nie rozumiem, co nimi kieruje.

– Ja też nie – przyznał Matt.

Amber zaś wtrąciła:

– W każdym razie dwoje już zidentyfikowaliśmy: Douga i Claudię. Brakuje jeszcze jednego.

– Znasz tę całą Claudię? – chciał wiedzieć Matt.

– Niezbyt dobrze. Jest z Jednorożca, a ja raczej nie utrzymuję kontaktów z dziewczynami stamtąd. Tylko z Tiffany.

– To ta, która była chora? – przypomniał sobie Tobias.

– Tak, to znaczy moim zdaniem właśnie w ten sposób objawia się u niej przeobrażenie. Ma bóle głowy i regularne zaburzenia wzroku, które trwają po kilka minut.

– Jak myślisz, co to za rodzaj przeobrażenia? – zapytał Matt.

– Na razie nie mam pojęcia. Najwięcej czasu spędza na zrywaniu ziół i owoców na wyspie, więc nie bardzo widzę związek, ale wypytam ją.

– Mogłaby nam powiedzieć coś więcej na temat Claudii – nalegał Matt.

– Zasięgnę języka.

– A tymczasem – ciągnął chłopiec – przy następnej ceremonii losowania postaramy się, żeby nie przydzielili nam automatycznie najcięższej roboty.

Amber zmarszczyła brwi.

– Jak zamierzasz to zrobić?

Na twarzy Matta pojawił się drwiący uśmiech.

– Sami zobaczycie.

Jeszcze przez dwa dni musieli wykonywać powierzone im rozmaite wyczerpujące obowiązki. Drugiego dnia wieczorem w wielkiej sali przy świetle trzech żyrandoli, w których żarówki zastąpiono świeczkami, odbyło się zebranie.

Doug przemówił z poważną miną:

– Pewnie niektórzy z was już wiedzą, że daleko na wschodzie widziano dym. Dzieli nas od niego spora odległość i wygląda na to, że się nie przybliża, można go zobaczyć tylko z najwyższych wież na wyspie, ale trzeba to sobie jasno powiedzieć: zaledwie jakieś dziesięć kilometrów od nas żyją istoty, które potrafią rozpalić ogień.

– Czy to nie mógł być pożar lasu? – zapytała dziewczynka w okularach.

– Nie, smuga dymu jest ciągle tak samo wąska, ogień gaśnie, po czym znów się zapala.

– W takim razie to Żarłoki! – rzucił ktoś inny.

– Nigdy nic nie wiadomo, ale mimo że zrobili postępy, nie wydaje mi się.

– Urządzimy misję wywiadowczą? – podsunął jeden z Piotrusiów.

– Nie mamy tego w planach. Chyba że dym się zbliży. Zobaczymy.

Pomruki przerodziły się we wrzask. Doug podniósł dłonie, mówiąc:

– Proszę o spokój! Cisza! Dziękuję. Będziemy trzymać rękę na pulsie, możecie być spokojni. Tymczasem przystąpimy do losowania kolejnych zadań. Claudio i Arthurze, wejdźcie na podium.

Doug podszedł do płóciennych worków zawierających nazwiska wszystkich Piotrusiów na wyspie. Kiedy się odwrócił, ze zdziwieniem stwierdził, że Claudii nie ma.

– Claudia? – zawołał.

Wszyscy popatrzyli po sobie, Claudii jednak nie było.

Wtedy Matt nieśmiało podniósł rękę.

– Chyba... jest chora. Po drodze widziałem, jak wpada w pośpiechu do łazienki.

Doug nie krył zakłopotania.

– Wobec tego... przełożymy losowanie na później.

– Czy to nie jest pilna sprawa? – zaoponował Matt. – Zdaje się, że mamy sporo rzeczy do zrobienia. Nie możemy sobie pozwolić na odkładanie obowiązków na później za każdym razem, kiedy jedno z was zachoruje.

Kilku Piotrusiów poparło go z zapałem.

– Tylko że... – wyjąkał Doug, znalazłszy się w potrzasku – zawsze tak robiliśmy i taki układ wszystkim odpowiada.

– Przecież to tylko losowanie i chyba nikomu nie będzie przeszkadzało, jeśli dzisiaj wyjątkowo przeprowadzi je ktoś inny, prawda?

Matt spojrzał na zgromadzonych, wszyscy pokiwali głowami.

– Dziewczyny mają pierwszeństwo – dodał. – Dlaczego by nie zacząć od naszych imion według alfabetu?

Teraz Matt wstał, aby wszyscy mogli go usłyszeć. Doug ledwie powstrzymywał wściekłość, od której aż poczerwieniały mu uszy.

– Która jest na początku listy? – zapytał Matt. – Czy mamy jakąś Alicię albo Ann? – I jakby nagle sobie przypomniał, zwrócił się do swojej przyjaciółki: – Amber! Myślę, że kolej na ciebie.

Dziewczyna, w jednakowym stopniu zakłopotana co pełna podziwu dla aktorskiego talentu Matta, weszła na kamienne podium i stanęła obok Douga.

Ten zaś widział, że wpadł w ich sidła, nie miał więc innego wyboru: musiał przystąpić do losowania. Ponieważ Amber, Matt i Tobias należeli do tej grupy Piotrusiów, która dopiero co skończyła długi tydzień ciężkich prac, ich nazwiska odłożono wraz z dziesięcioma innymi na bok i wrzucono do garnka z lżejszymi obowiązkami. Żadne z trójki nie zostało wybrane.

Doug kwaśnym uśmiechem podziękował Amber, która już miała wrócić na miejsce, gdy wtem rozległ się złowieszczy trzask i zaczęło migotać światło. Podniósłszy głowę, Matt dostrzegł, że wiszący nad podium żyrandol się kołysze. Podtrzymujący go sznur właśnie pękał. Po chwili znów zatrzeszczał i tym razem do Matta dotarło, że nie ma czasu na myślenie.

Zaraz Amber i Doug zostaną zmiażdżeni na oczach wszystkich.

28

TRZECIA FRAKCJA

Matt zerwał się z krzesła i poszybował ponad schodami w tej samej chwili, kiedy rozległ się ostatni trzask, po którym olbrzymi żyrandol się zerwał i zaczął spadać na Amber oraz pozostałych Piotrusiów prowadzących zebranie. Matt wiedział, że nie zdoła ocalić dziewczyny; nawet gdyby użył całej swojej siły, nie odepchnąłby jej wystarczająco daleko, by zdołała uniknąć lecącej na nią masy.

W geście rozpaczy podniósł więc głowę, napiął wszystkie mięśnie i wrzasnął na całe gardło, kierując wnętrze dłoni ku niebu.

Przygniotło go metalowe rusztowanie. Jego ciałem wstrząsnęło potężne wyładowanie, które naelektryzowało go od mózgu aż po palce u nóg. Czując niesamowity ból w nadgarstkach i mrowienie w dłoniach, otworzył oczy i stwierdził, że żyrandol spokojnie leży.

Na jego rękach.

Amber i Doug klęczeli z głowami wtulonymi w ramiona, nadal czekając na cios. Wszystko zasypał grad drobinek wosku. Na czole Matta pojawiły się krople potu, mięśnie rozrywał mu potworny ból, jakby ktoś wbił w nie tysiąc igieł. Z obolałych dłoni trysnęła krew.

Kiedy Amber podniosła głowę równocześnie z Dougiem, spadał bowiem właśnie na nich gorący deszcz, oboje stwierdzili, że są cali. Przeturlali się nieco dalej, Matt zaś nadludzkim wysiłkiem zdołał odepchnąć żyrandol, który roztrzaskał się obok.

Natychmiast też w pełnej lęku ciszy, jaka zapadła w wielkiej sali, Matta ogarnęła fala gorąca, oblał się potem, wzrok mu się zamglił, wszystko wokół jęło wirować, aż chłopiec stracił równowagę i upadł na upstrzony woskiem dywan.

Kiedy otworzył oczy, Amber i Tobias pochylali się nad nim z niespokojnymi minami.

– Co… się… stało? – wyszeptał.

– Wszystko będzie dobrze – zapewniła swym słodkim głosem Amber.

Przetarła mu czoło wilgotną letnią szmatką.

Kiedy mózg zaczął odbierać sygnały od reszty ciała, ból wykrzywił mu twarz. Wszystkie mięśnie ciągnęły tak mocno, że pomyślał sobie, iż zaraz pękną.

– Och! Jak boli!

– Uspokój się, musisz odpocząć. Nie ruszaj się.

Tobias, rozgorączkowany tym, co się wydarzyło, nie mógł już dłużej wytrzymać:

– Utrzymałeś żyrandol! Miałeś go w rękach i odrzuciłeś, ratując Amber i Douga.

– Ja… ja to zrobiłem?

Amber skinęła głową, mrużąc oczy. Wcale nie podzielała entuzjazmu Tobiasa.

– Owszem, zrobiłeś, i to przy wszystkich.

– Coście im powiedzieli?

– Na razie nic, ale niedługo odbędzie się zebranie. Już się nam nie upiecze, będzie trzeba porozmawiać o przeobrażeniu. Uprzedzić wszystkich Piotrusiów. Wolałabym jeszcze trochę poczekać, tylko że… jest po ptakach!

– Uratowałem… uratowałem ci życie? – zapytał Matt mimo bólu.

Amber przerwała ocieranie czoła.

– Tak, chyba tak – przyznała w końcu.

Słowa te wystarczyły, by Matt zdołał znieść ból. Był szczęśliwy, że ocalił Amber.

– Brawo za losowanie – pogratulowała mu. – Powiedz no, masz coś wspólnego z nieobecnością Claudii?

Mattowi udało się uśmiechnąć pomimo cierpienia.

– Poszedłem za nią przed zebraniem... Planowałem zastawić pułapkę i zamknąć ją w szafie... ale jak zobaczyłem, że idzie do toalety, kiedy wszyscy kierowali się do wielkiej sali, zatrzasnąłem ją.

– Zdajesz sobie sprawę, że właśnie wypowiedziałeś wojnę Dougowi i jego bandzie?

– Przynajmniej wiedzą, że nie daliśmy się nabrać na te oszukane losowania, i nie będą więcej próbować.

Po trwającej dziesięć sekund ciszy Tobias rzucił:

– Może powinniśmy mu powiedzieć o żyrandolu?

Amber westchnęła, przewracając oczami.

– Przecież ci mówiłam, żebyś zaczekał! – fuknęła. – No to jazda, skoro już zacząłeś!

Tobias nie dał się prosić:

– Ktoś naciął sznur i dlatego pękł. To był sabotaż, a nie wypadek!

– Co? – wykrzyknął Matt, usiłując się podnieść.

Poczuł tak piekielny ból w mięśniach, że nie zdołał powstrzymać jęku.

– No i proszę! – burknęła Amber. – Musisz odpocząć.

– Nie rozumiem, to nie ma żadnego sensu – pokręcił głową Matt. – Przecież Doug stał pod nim, to by było samobójstwo. Nie mógł przewidzieć, że Amber zastąpi Claudię, chyba że... Trzeci obóz?

– Wygląda na to, że oprócz Douga, jego bandy i nas jeszcze ktoś spiskuje! – podsumował Tobias. – To zaczyna być gorsze od świata dorosłych, w którym żyliśmy!

– Najbardziej niepokojące w całej tej historii jest to, że sprawca chciał się pozbyć Douga – przypomniała Amber.

– Ten, kto to zrobił, jest gotów popełnić morderstwo! To zaszło o wiele za daleko!

Napłynęła kolejna fala kłującego, ogłuszającego bólu. Matt przymknął oczy.

– Trzeba to wyjaśnić… – powiedział, czując, że zapada się w niebyt.

Nie mogąc już znieść więcej, tym razem pogrążył się w nieświadomości.

29

WIELKIE WYZNANIE

Matt spał niemal trzydzieści godzin, toteż wszyscy się bali, że znów zapadł w śpiączkę.

Obudziło go pragnienie i głód. Mięśnie przestały boleć, za to musiał się poruszać ostrożnie z powodu potwornych skurczów.

Wszyscy Piotrusie na wyspie oczekiwali wyjaśnień na temat wydarzeń tamtego wieczoru. Amber zapewniła, że je otrzymają, kiedy tylko Matt powróci do zdrowia. Chłopiec najadł się do syta, następnie umył i pokuśtykał na balkon na trzecim piętrze, gdzie mógł pobyć sam, wpatrując się w las.

Nawet dzisiaj nie był w stanie przypomnieć sobie tego, co zrobił. Zareagował odruchowo, nie tracąc czasu na zastanowienie. I właśnie to go niepokoiło. Ta umiejętność działania w ciągu zaledwie sekundy. To było do niego niepodobne. W dawnym życiu zawsze potrafił się chronić, unikać kłopotów ze strony szkolnych mięśniaków, nie mieszać się w żadne porachunki. Matt nie miał w sobie nic z bohatera. Zwykle potrzebował czasu, zanim zabrał się do działania. Gdy tylko pojawiały się jakieś problemy, serce zaczynało mu walić jak młotem, miał wilgotne dłonie i nogi jak z waty. A tymczasem uratował Amber dwa razy w ciągu niecałego miesiąca. Co się z nim stało? Czy to możliwe, by przeobrażenie obejmowało także mózg?

„Nie, wcale nie czuję się inny! Po prostu kiedy trzeba coś zrobić, robię to bez wahania. Adrenalina, uczucie strachu albo podniecenie, które paraliżuje lub spowalnia większość ludzi w ekstremalnych sytuacjach, na mnie już nie działa. Ja... tylko zrobiłem co należało".

Czy to właśnie oznacza „być materiałem na bohatera"? Ta zdolność do szybkiej analizy i reakcji w najtrudniejszych chwilach, bez tracenia czasu ani blokowania się, żeby podjąć jak najlepszą decyzję? W końcu Matt wyciszył się, przystając na myśl, że po prostu był posłuszny temu, co uważał za dobre. Wywołało to jednak kolejną obawę: czy stanie na wysokości zadania, jeśli pojawi się nowe zagrożenie? Czy instynkt podpowie mu, jak powinien postąpić? Czy będzie umiał go posłuchać i pójść za jego głosem? Nie będąc już pewnym niczego, przełknął ślinę.

Wszystko to zaczynało się bardzo różnić od RPG-ów, w których grał bohatera. W rzeczywistości nie sposób zaplanować ani wykalkulować brawury – w chwili działania albo człowiek ma odwagę, albo nie.

– Będę musiał wytłumaczyć wszystkim, co mi jest – pomyślał na głos. – Kim się staję: chłopakiem o anormalnej sile, nad którą nie panuję i która się pojawia w sytuacjach kryzysowych.

Westchnął przeciągle.

– Wezmą mnie za potwora – dodał, zanim sobie przypomniał, że to dotyczy każdego z nich.

Jeżeli bowiem Amber ma rację, przeobrażenie zachodzi u coraz większej liczby Piotrusiów. Jeśli się dobrze zastanowić, mówienie o tym wcale by nie było aż takie złe. W ten sposób można by szybciej rozpoznać poszczególne rodzaje przeobrażeń.

„A co ze zdrajcami? Czy uświadamiają sobie tę moc? Czy kontrolują własne zdolności? Jeśli tak, niedługo rozpęta się o wiele bardziej niszczycielska wojna, niż jesteśmy sobie w stanie wyobrazić".

Trzeba przyjąć na siebie odpowiedzialność. Bez względu na to, czy jest bohaterem, czy nie, Matt musi porozmawiać z innymi i wszystko wyjaśnić. Czuł się psychicznie wyczerpany; siła przemocy, jakiej doświadczył podczas ataku Cynika w delikatesach i gdy przelał krew Żarłoka, mieszała się w nim z lękiem przed spiskami, z niebezpieczeństwem morderstwa i z rodzącym się przeobrażeniem.

Matt nie wiedział, czy potrafi stawić czoło temu, co ich czeka, w tej chwili był jednak pewien, że ma obowiązek mówić. Dodawać otuchy. I umocnić zagrożoną wspólnotę.

Zebranie zwołano jeszcze tego samego wieczoru. Wielką salę oświetlały tylko dwa żyrandole, podium zaś dziesiątki porozstawianych świeczek.

Matt wiedział, że każdy Piotruś, który zajmuje swoje miejsce, uważnie mu się przygląda. Wszyscy szeptali, mierząc go wzrokiem. Chłopiec czuł się tak, jakby był małpą w zoo.

Gdy zapadła cisza, wszedł na środek kamiennej sceny wolnym krokiem, utrudnionym przez niesamowite skurcze, które usztywniały całe jego ciało. Popatrzył po kolei na wszystkich zgromadzonych na sali Piotrusiów.

– Przyjaciele – zaczął – jak wszyscy zauważyliście, po Burzy z moim ciałem coś się stało. W pewnych okolicznościach potrafię się wykazać niezwykłą siłą. Amber, którą wszyscy znacie, uważa, że jest to naturalne przeobrażenie i że dotyczy ono każdego z nas.

Wyciągnął rękę w jej kierunku, chcąc ją w ten sposób nakłonić, by mówiła dalej. Amber wstała, zbliżyła się do niego i zabrała głos:

– Doszłam do tego stwierdzenia głównie dzięki dedukcjom Douga: chcąc się bronić, nasza planeta wzbudziła impuls, którego zapowiedzią były potężne huragany, trzęsienia ziemi, wybuchy wulkanów, a nawet zakłócenia temperatur i pór roku. Nie umieliśmy jej słuchać, zjawisko to zaś osiągnęło swój punkt kulminacyjny wieczorem dwudziestego szóstego grudnia, kiedy Burza zniszczyła świat.

Wszyscy chłonęli jej słowa z szeroko otwartymi oczami, z rozdziawionymi ustami lub ze zmarszczonymi brwiami. Amber spacerowała wolno po podium, ciągnąc swoją przemowę:

– Oczywiście bez względu na formę impuls ten był pewnego rodzaju sygnałem, który zakłócił część kodów genetycznych, zwłaszcza roślin, a także tempo ich wzrostu, przyspieszając fotosyntezę, żeby...

Rozległ się zbiorowy pomruk, Amber dała więc znak, że rozumie, w czym rzecz:

– Fotosynteza to zdolność rośliny do odżywiania się energią słoneczną i dwutlenkiem węgla, aby mogła produkować to, co jest jej potrzebne do życia i rozwoju. Możecie być spokojni, wcale nie jestem mądrzejsza od was, po prostu byłam dobrą uczennicą – zażartowała – a odkąd się to wszystko stało, czytam dużo książek naukowych. Krótko mówiąc, Ziemia zareagowała na to, że się panoszymy, a przede wszystkim że ją zanieczyszczamy: nakazała roślinom, aby były bardziej dynamiczne, żeby zaś mieć pewność, że to się więcej nie powtórzy, zaczęła ciskać w ludzkość gromy. Tamtej nocy zniknęła większość dorosłych. Części z nich udało się przetrwać, za to żywią wobec nas zazdrość i nienawiść: to Cynicy. Inni ulegli tak gwałtownej modyfikacji genetycznej, że najprawdopodobniej ich mózgi tego nie wytrzymały, stali się więc dzikimi bestiami: Żarłokami. No i wreszcie, my, Piotrusie. Dlaczego Ziemia oszczędziła aż tak wielu z nas? Myślę, że po prostu w nas wierzy. Jesteśmy, rzecz jasna, jej dziećmi, praprapra (mogłabym tak jeszcze długo) wnukami, ale ludzkość to owoc jej trzewi. Ona jeszcze chce w to wierzyć.

Wszyscy słuchali tak bardzo urzeczeni, że można było uchwycić świst wiatru w długich zamkowych korytarzach. Amber przyglądała się przez chwilę ich wylęknionym i zarazem zaciekawionym twarzom. Potem jęła mówić dalej:

– W gruncie rzeczy Ziemia powtórzyła tylko w większej skali to, co się dzieje we wszystkich organizmach, które powołała do życia: pobudziła reakcję obronną. Wysłała własne przeciwciała, które po drodze w pewnym sensie nas skaziły. Nasze ciała zaś odpowiedziały, tak jak wszystkie formy życia na świecie. Jak zauważyliście, na zewnątrz już mało co i wyglądem, i zachowaniem przypomina to, co znamy od zawsze. Podobnie jest z nami. Ten impuls zmienił część naszej spuścizny genetycznej, wyjściowej formuły, którą przekazują nam rodzice i przodkowie i która sprawia, że jesteśmy tacy, a nie inni: jasno- albo ciemnowłosi, wysocy albo niscy, wątli albo dobrze zbudowani. Wszyscy mamy z góry określony kod genetyczny, który się nie zmienia, jest wrodzony. Doświadczenie, tryb życia, jaki wybieramy, wystarczą następnie, byśmy stali się umięśnieni albo grubi, bardziej lub mniej podatni na określone choroby, wykształceni albo nie i tak dalej. I to doświadczenie jest nabyte. Wygląda więc na to, że kod genetyczny jest mniej stały i nasze działanie ma na niego większy wpływ, a to, co nabyte, zaburza i zmienia to, co wrodzone. Można z tego wnioskować, że rozwijamy w sobie pewne specjalne zdolności w zależności od tego, co robimy na co dzień. Nazwałam to przeobrażeniem.

Wielu Piotrusiów powtórzyło wypowiedziane przez nią słowo.

– U mnie jest to większa siła – włączył się Matt. – Przez pięć miesięcy moje ciało walczyło o przetrwanie, pobudzając mięśnie, żeby mogły mnie utrzymać w ciągu tych rzadkich chwil, kiedy wstawałem z łóżka, albo żebym jak najszybciej doszedł do siebie. W rezultacie właśnie z tego wzięło się moje przeobrażenie: z potrzeby posiadania większej siły. Jeszcze w pełni nad nią nie panuję, ale myślę, że tego mogę się nauczyć.

– Moim zdaniem każdy z nas jest w stanie karmić własne przeobrażenie codziennością – wyjaśniła Amber. – Zauważyłam to już u niektórych: wpływ na występującą w przyrodzie elektryczność albo łatwość igrania z iskrami, z ogniem. I tak dalej.

Widząc na twarzach kolegów więcej lęku niż fascynacji, Amber czym prędzej dodała:

– Powiedzcie sobie, że to nie jest nic negatywnego. Natura pozwala nam w pełni wykorzystywać pewne strefy mózgu, które były do tej pory uśpione, a przeobrażając nieznacznie nasz kod genetyczny, uzyskujemy lepszą harmonię z przyrodą i jej żywiołami: wodą, ogniem, ziemią i powietrzem. I z potencjałem własnego ciała. To oznacza, że niektórzy z nas będą mieli lepszy kontakt z jednym z żywiołów, w zależności od cech osobistych, inni skupią się bardziej na własnym ciele, a w szczególności na jednej konkretnej umiejętności. Każdy przypadek jest inny, ale myślę, że nie ma w tym nic… złego. Ewoluujemy, to wszystko!

Salę natychmiast wypełniły dziesiątki szeptów, które przerodziły się wkrótce w ożywione dyskusje. Amber i Matt na próżno usiłowali przywrócić porządek. Kiedy Doug wstał i kilkakrotnie potrząsnął dzwonkiem, powoli znów zapadła cisza.

– Każde z nas musi koniecznie śledzić rozwój własnego przeobrażenia – nakazała Amber. – Chciałabym wam przedstawić pewną propozycję: wybierzmy osobę, która będzie spisywać wasze relacje, aby spróbować określić przeobrażenie każdego.

– Powinniśmy wybrać ciebie! – zawołał jakiś Piotruś z głębi sali.

– Tak! Ciebie! – odkrzyknął inny.

Wszyscy wyrazili swoje poparcie, uderzając szklankami o stół. Kiedy Doug zapytał pro forma, kto chce zgłosić swoją kandydaturę, Matt spostrzegł, że Claudia się waha. Doug zmierzył ją wzrokiem i nieznacznie pokręcił głową. Wówczas padło pytanie, kto chce, żeby Amber została „konsultantką do spraw przeobrażeń". Prawie wszyscy podnieśli ręce, Arthur nie musiał więc ich wcale liczyć, tak wyraźna większość była bowiem za. Amber nie sprawiała wrażenia zbytnio zadowolonej z nowego obowiązku. Gdy zebranie dobiegło końca i gdy zdołała się wreszcie uwolnić od tłumu, który zasypywał ją pytaniami, podeszła do przyjaciół i wskazując palcem zamknięte drzwi, rzekła:

– Właśnie tego chciałam uniknąć! Teraz już nie będę mogła zrobić kroku, żeby ktoś mi nie zawracał głowy pytaniem, czy to normalne, że bez przerwy ziewa albo że ma na nogach pęcherze! Chciałam mieć spokój, prowadzić śledztwo we własnym tempie.

Matt i jego przyjaciel nie wiedzieli, co odpowiedzieć. Tobias wzruszył ramionami, mówiąc:

– Teraz staniesz się piekielnie ważna; przynajmniej będziemy się mogli postawić Dougowi, kiedy przyjdzie do podejmowania jakichś decyzji.

– Odwagi, myślę, że będą ci zawracać głowę tylko przez kilka pierwszych dni i że to się prędko uspokoi – oznajmił Matt.

Amber ukryła twarz w dłoniach i głęboko westchnęła.

– Mam nadzieję. Tymczasem będziecie się musieli obejść beze mnie. Tylko że teraz, kiedy będę mogła się legalnie przeciwstawić Dougowi na zebraniach, znienawidzi nas jeszcze bardziej. Jeśli musi działać, boję się, że postanowi nie czekać dłużej. Bądźcie czujni. I nie zapominajcie, że na wyspie jest dwóch wrogów. Z czego jeden gotów zabić bez wahania.

30

ŚMIERTELNA ZABAWA W CHOWANEGO

W samym środku Krakenu znajdowało się przestronne koliste patio służące zimą jako salon. Z każdego piętra na ów wewnętrzny dziedziniec, dzięki któremu miejsce to przypominało wydrążony piętrowy tort, wychodził zaokrąglony balkon. Całość wieńczyła szklana kopuła przepuszczająca promienie słońca i światło gwiazd, które oświetlało stojące poniżej fotele i sofy z kutego żelaza.

Matt zauważył, że jeśli Doug chce opuścić swój pokój i udać się do palarni czy jakiegokolwiek innego pomieszczenia położonego we frontowej części zamku, musi przejść przez patio. Zasugerował więc, by on i Tobias pełnili wartę właśnie tam. Będą mogli w ten sposób odpocząć, a nawet spać na zmianę, nie opuszczając stanowiska. Zainstalowali się na samej górze, na gzymsie, który służył do podtrzymywania posągu amazonki, ponieważ zaś był wystarczająco szeroki dla nich obu, Matt umieścił na nim kilka warstw koców, na których się położyli. Z początku Tobias czuł się naprawdę nieswojo, nie śmiał zmrużyć oka, bo gdyby się sturlał we śnie, z braku balustrady spadłby z wysokości dobrych dwudziestu metrów i roztrzaskał się o posadzkę. W końcu jednak się przyzwyczaił, drugiej nocy zaś zdrzemnął się zmęczony, podczas gdy Matt czuwał.

Trzeciej doby około północy o szkło nad ich głowami zaczął bębnić drobny deszcz. Matt czuł już tylko lekkie skurcze mięśni, rany na dłoniach się zabliźniały. Tobias wpatrywał się w nagi biust amazonki, dumnej wojowniczki trzymającej przed sobą łuk.

– Dlaczego brak jej jednej piersi? – zapytał cicho.

– Zdaje się, że według legendy obcinały sobie jedną pierś, aby celniej strzelać z łuku.

Tobias skrzywił się, obmacując sobie mięśnie klatki piersiowej.

– Cieszę się, że nie jestem amazonką – stwierdził.

– Ciągle trenujesz?

– Strzelanie z łuku? Tak, nawet często. Trzeba przyznać, że nie jestem zbyt dobry. Często trafiam do celu, ale nie daję rady umieścić strzały w środku tarczy, wypuszczam ją za szybko; pośpiech był zawsze moją słabą stroną.

– Jesteś nadpobudliwy, zawsze wszystko musisz robić na chybcika, nie potrafisz usiedzieć na miejscu. Moim zdaniem jeżeli zdołasz się opanować, będziesz strzelał lepiej.

Po krótkim milczeniu Tobias rzekł, wskazując amazonkę:

– Mimo wszystko jest ładna, nie uważasz?

Matt zawahał się moment.

– Taaa.

– Powiedz no… dotykałeś już piersi dziewczyny?

– No co ty! – parsknął Matt.

– Nie kusi cię? Ja tam jestem ciekawy – rzucił Tobias, nie odrywając oczu od okaleczonego biustu.

– Pewnie, że bym chciał. Ale… trzeba znaleźć właściwą dziewczynę, nie pierwszą lepszą.

Tobias rozważał tę myśl przez chwilę, nim odparł:

– Niegłupie. Na pewno jest inaczej, kiedy dziewczyna naprawdę ci się podoba, niż kiedy jest ci obojętna.

– To coś więcej niż tylko kwestia urody, to… pociąg.

– Byłeś już kiedyś zakochany?

Matt popatrzył na swoje dłonie.

– Nie. Jeszcze nie.

– A jak ci się podoba Amber?

Matt poczuł, jak mu się ściska żołądek.

– Amber? To diabelnie ładna dziewczyna. Bo co?

„Co ten Tobias sobie myśli? – zaniepokoił się Matt. – Czy to się rzuca w oczy, że ją lubię?" Skoro Tobias zdołał to zauważyć, wszyscy już wiedzą, łącznie z Amber!

– Jak ładna? – naciskał Tobias. – Tak tylko ładna czy pociągająco ładna?

Matt przełknął ślinę. Nie miał odwagi wyznać tego, co naprawdę myśli.

– Bo ja uważam, że to superlaska! – ciągnął Tobias. – Lucy z tymi swoimi wielkimi niebieskimi oczami też jest całkiem niezła! Wiesz, o kim mówię?

Matt uspokoił się, widząc, że Tobias zostawił temat Amber.

– Owszem, jest ładna – odparł.

– Zastanawiam się, czy mógłbym się jej podobać.

– Pewnie, że byś mógł! Dlaczego nie?

– No przecież wiesz... Ja jestem... czarny, a ona biała!

– Ach, o to ci chodzi. Wszyscy jesteśmy ludźmi, nie? Na czym polega różnica? Twoja skóra ma kolor ziemi, a jej kolor piasku. Z piasku i ziemi powstają kontynenty, cała planeta, nie? W takim razie jesteście stworzeni, żeby się połączyć. To może wyjść tylko na dobre.

– Gdyby wszyscy mogli myśleć tak jak ty!

Matt już miał odpowiedzieć, gdy wtem dostrzegł jakiś ruch na dole.

Na pierwszym piętrze ukazało się bursztynowe światło. Matt trącił przyjaciela w ramię.

– Patrz! To oni!

Przez patio przemaszerowały dwie zakapturzone postacie z lampami w dłoniach i zniknęły w korytarzu.

– Wypad, nie możemy ich zgubić! – zapalił się Matt.

Zerwali się na równe nogi, wskoczyli na balkon i popędzili po schodach na pierwsze piętro, gdzie zaczęli się zachowywać ciszej. W takim tempie prędko dogonili dwie sylwetki o niewidocznych twarzach.

– Wygląda na to, że idą do tajnego przejścia – szepnął Matt.

– Spójrz, tym razem jest duży i mały, to mogą być Doug i Arthur.

– Albo Regie.

– Co robimy? Przeszkodzimy im?

– Nie, chyba że już dziś w nocy zaatakują wprost Piotrusiów na wyspie. Jeżeli sprawy przybiorą zły obrót, spróbuj powalić na ziemię małego, a ja się zajmę tym drugim.

Wkrótce minęli palarnię przesiąkniętą korzennymi zapachami, po czym zgodnie z przewidywaniami tajemnicza para zapuściła się w korytarz wiodący do sekretnego przejścia. Matt i Tobias przystanęli na zakręcie przed schodami, aby ich nie zauważono. Dobiegło do nich kilka głosów.

– Nikt was nie widział? – zapytał Doug.

– Nie, wszyscy śpią – odrzekł jakiś chłopak.

– Zabrałam całą broń, jaka była w Jednorożcu – oświadczyła jakaś dziewczyna.

– A ja pozbierałem ostatnie sztuki, których nie dałem rady wziąć przedwczoraj z Centaura – oznajmiła ostatnia osoba, chłopak.

– Świetnie – pogratulował im Doug. – Wystarczy pozdejmować wszystko to, co jest przy zbrojach, i na całej wyspie nie znajdzie się ani jedna sztuka stalowej broni.

– Gdzie ją schowasz? – zapytała dziewczyna.

Mattowi od razu przyszedł na myśl miecz i ogarnęła go głucha wściekłość, nad którą zdołał jednak zapanować, powtarzając sobie, że ukrył go na dnie szafy. Obiecał sobie, że jeżeli nadal tam jest, schowa go jeszcze głębiej.

– W małej sali nawiedzonego zamku – powiedział Doug. – Nikt się tam nie dostanie. Wykonaliście dobrą robotę. To najlepszy sposób, aby mieć pewność, że kiedy g o wypuścimy, wszystko pójdzie dobrze…

Tobias przysunął się do Matta i szepnął mu do ucha:
– Właśnie realizują swój plan, zostawiają nas bez obrony, to już niedługo!
Matt pokiwał głową.
– Trzeba działać, nie możemy dłużej czekać – odszepnął. – Spróbuję zobaczyć ich twarze, musimy wiedzieć, kto należy do zdrajców.
Powolutku wyjrzał zza załomu, wystawiając najpierw czubek głowy, potem górną część twarzy.
U stóp schodów Doug dyskutował z pozostałymi czterema postaciami. Mattowi udało się rozpoznać tego mniejszego, który przyszedł razem z nim: był to jego brat Regie. Reszta stała albo tyłem, albo w zbyt głębokim cieniu, żeby byli widoczni.
Teraz głos zabrała dziewczyna:
– Możliwe, że mamy kłopot. Już dwie noce z rzędu nad wyspą lata chmara nietoperzy. Jest ich bardzo dużo, ze sto albo i więcej, krążą przez kilka godzin, a potem odlatują. Przyznaję, że to mnie nie wprawia w dobry nastrój.
Poruszyła się wystarczająco mocno, by spod kaptura wysunął jej się kosmyk jasnych włosów. Była blondynką. Tymczasem Claudia to brunetka. „Jeszcze jedna dziewczyna!" Sądząc po głosach, Matt był pewien, że pozostali to chłopcy. Co oznaczało, że jest przynajmniej sześcioro spiskowców! Prawdziwy gang.
– Nietoperze? – powtórzył Doug. – Nic o tym nie wiedziałem. Mam nadzieję, że nie zmutowały tak jak inne gatunki zwierząt. Wcale mi się nie uśmiecha użeranie z latającymi żyjątkami.
Czający się za Mattem Tobias stłumił kichnięcie. Mimo całych jego wysiłków dźwięk rozszedł się po korytarzu. Doug i jego towarzysze drgnęli.
– Co to było? – zapytał ich przywódca. – Idźcie sprawdzić. Regie, ty zostajesz ze mną, pochowamy całą broń, szybko!
Matt obrócił się na pięcie. Zmieszany Tobias wykrzywił twarz w przepraszającym uśmiechu, po czym w trzech su-

sach znaleźli się w palarni, gdzie Matt wśliznął się pod kanapę, a Tobias do skrytki, w której przechowywano kije do bilardu; ledwie zdążył zamknąć za sobą drzwi, do pomieszczenia wpadła trójka nastolatków.

– Ktoś się tutaj schował, to pewne! – oświadczył jeden ze zdrajców.

– Tak myślisz? Może to był wiatr?

– Nie, to było jak… kichnięcie!

Rozdzielili się, żeby przeczesać salę, zaglądając za bar, w każdy kąt, za grube zasłony. Matt mógł śledzić ich ruchy, patrząc na nogi. Zaraz ich nakryją, jego i Tobiasa. Co wtedy zrobią?

„Będą strzegli tajemnicy! Zabiją nas albo będą więzili, dopóki nie zrealizują swojego złego, podstępnego planu, i tyle!"

Musiał działać. Uprzedzi ich. Tylko czy pokona trzy osoby w walce wręcz? Wątpił, czy zdoła ukierunkować swoją siłę; w czasie treningów mu się to nie udało, dlaczego więc miałoby być inaczej w bójce? Był przeświadczony, że siła przejawia się tylko w ferworze bitwy, niemal w transie. „Trudno, muszę spróbować. Jeżeli sam siebie zaskoczę, może będę miał szczęście i znokautuję ich". Nogi miał jak z waty, bez wigoru, strach sprawiał, że się wahał. Nigdy mu się nie uda!

Właśnie przed kanapą, pod którą leżał skulony Matt, przystanął dość pewny siebie chłopak. „Teraz! Muszę to zrobić teraz!" Nie śmiał się jednak poruszyć, niezdolny zebrać się na odwagę.

– Ktoś tu na pewno był! – złościł się nastolatek dowodzący grupką. – Nie ma bata, to musi być ten Piotruś, którego Doug się obawia, ten cały Matt.

– Chcesz, żebyśmy przeszukali jego pokój? Jeśli pobiegniemy, będziemy tam równo z nim! Jeżeli nie ma go w łóżku, będziemy mieli pewność. A jeżeli będzie leżał zdyszany, tak samo!

– Dobry pomysł, zasuwamy!

Cała trójka zniknęła w okamgnieniu. Matt wydostał się spod kanapy i poszedł uwolnić z szafy Tobiasa.

– Zaraz się dowiedzą! – wpadł w panikę. – Właśnie biegną do mojego pokoju! Kiedy nikogo nie zastaną, będą mieć pewność, że to ja, że przejrzałem cały ich plan. A wtedy nie ujdę z życiem!

– W takim razie chodźmy do mnie. Skoro są tacy sprytni, tam na pewno też sprawdzą. Wszyscy wiedzą, że wszędzie łazimy razem.

Po niespełna pięciu minutach Tobias i Matt udawali, że śpią, jeden w łóżku, drugi na sofie. Gdy niedługo potem otworzyły się drzwi, obaj przyjaciele wstrzymali oddech, aby nie sprawiać wrażenia zasapanych. Ktoś szepnął:

– Widzisz? Są tutaj! Mówiłem ci. To był tylko wiatr!

Kiedy drzwi się z powrotem zamknęły, Matt odetchnął z ulgą.

Niewiele brakowało.

31

NOCNI GOŚCIE

Przez trzy kolejne dni Amber zasypywano pytaniami. Wszyscy albo prawie wszyscy Piotrusie przychodzili, by zapytać, czy lekki ból nóg lub głowy, koszmary, depresja albo poczucie osamotnienia to coś normalnego. Wkrótce doznała wrażenia, że bardziej niż pionierką przeobrażenia jest raczej ramieniem, na którym można się wypłakać, i kimś, komu można się zwierzyć.

Mimo wszystko słuchając wyznań pięciu osób, które opisywały oczywiste objawy przeobrażenia, znalazła powód do satysfakcji. Potwierdziło się to, co od dawna myślała na temat wielkiego Sergia: miał zdolność krzesania iskier, zachęciła go więc, by ćwiczył, podejrzewała bowiem, że drzemie w nim dużo większy potencjał. Gwen miała coś wspólnego z elektrycznością, co również nie pozostawiało żadnych wątpliwości, i opowiadała o tym przez trzy godziny, szukając wsparcia. Amber zdołała ją odesłać do pokoju, zapewniając, że to w niczym nie zagraża jej zdrowiu, ponieważ jest naturalną konsekwencją Burzy, ewolucją wynikającą z impulsu wysłanego przez Ziemię.

Bill, mały Piotruś z Centaura, potrafił wywoływać maleńkie wiry w szklance wody, co Amber uznała za niezwykle obiecujące. Być może z czasem, po długim treningu, uda mu się pobudzić o wiele większe powierzchnie. I wreszcie Amanda i Marek wykazywali ponadprzeciętną zdolność „czucia" roślin, grzybów czy owoców na odległość. Z początku Amber odnosiła się do tego sceptycznie, ale przeprowadzili pokaz na jej oczach: wystarczy, że będą się kierować konkretnym zapachem, a cierpliwie węsząc, odnajdą w końcu to, czego szukają. Rzecz jasna, to nie działa za każdym razem i wymaga bardzo dużo czasu, lecz rezultat i tak był obiecujący. Kiedy wyznali, że od samego początku zgłaszali się na ochotnika do zbiorów na wyspie, a nawet poza nią, hipoteza Amber się potwierdziła. Przeobrażenie objawia się w zależności od potrzeby. Im częściej się coś robi, tym mocniej się rozwija odpowiednia umiejętność.

Czwartego dnia rano z trudem podniosła się z łóżka, zmęczona wszystkimi tymi wyznaniami. Umyła się w zimnej wodzie (codzienność u Piotrusiów) i połknąwszy w pośpiechu kawałek chleba i jabłko, udała się do – jak to określiła – „gabinetu porad". Była to kamienna rotunda bez dachu, stojąca wśród gęstej roślinności jakieś sto metrów od Hydry. Uznała to miejsce za spokojne dzięki promieniom słońca, w których cała okolica była skąpana od kilku dni, przyjemne i dostatecznie odosobnione, aby nikomu, nawet tym najbardziej zawstydzonym, nie zabrakło odwagi na przyjście do niej.

Przez całą drogę nie mogła się oprzeć wrażeniu, że ktoś ją śledzi. Oglądała się za siebie wiele razy, lecz nikogo nie zauważyła, mimo to niemiłe uczucie, że ktoś za nią idzie, nie opuszczało jej.

Niewielka rotunda lśniła w promieniach słońca, wychłodzone przez noc kamienie nagrzewały się powoli. Gałęzie drzew, paprocie i zarośla szumiały na lekkim wietrze. Amber, która robiła notatki podczas rozmów, skorzystała z chwili spokoju, by je przeczytać na nowo. Wkrótce jednak ciszę zakłócił odgłos kroków. Na jednej z ławek przysiedli Matt i Tobias. Towarzyszyła im Kudłata, największy pies, jakiego w życiu widziała.

– Doug prowadzi całą bandę – powiedział na powitanie Matt. – Jego drużyna składa się co najmniej z sześciu osób. Właśnie oczyścili wyspę z wszelkiej broni. Nie będziemy już mogli się bronić.

– Twój miecz też zabrali? – zapytała Amber.

– Na szczęście nie. Był schowany, chyba o nim zapomnieli.

Amber odchyliła się do tyłu, opierając głowę o jedną z kolumn. Wpatrzyła się w niebo zamyślona.

– Co robimy? – odezwała się.

– Obawiam się, że jeśli zaczniemy rozrabiać, będzie jatka. Moglibyśmy wszystkich ostrzec, ale skoro nie wiemy, kto jest zdrajcą, sprawa szybko dotrze do uszu Douga, a wtedy on zrealizuje swój plan. Rozniosą nas na strzępy.

– Proponujesz zdemaskować jego wspólników?

– Właśnie tak sobie pomyśleliśmy rano z Tobym.

Tobias energicznie przytaknął.

– Znajdziemy sposób, żeby ich wszystkich namierzyć – potwierdził. – Wtedy będziemy mogli się jakoś zorganizować za ich plecami. Porozmawiać z całą resztą Piotrusiów ze starannym pominięciem zdrajców.

– Jak zamierzacie to zrobić?

– Będziemy ich cierpliwie śledzić w nocy – odrzekł Matt – dopóki nie zobaczymy twarzy każdego.

Amber wszakże wcale nie wyglądała na przekonaną.

– To niebezpieczne i zajmie strasznie dużo czasu! – stwierdziła.

– To jedyne wyjście!

– Wiem – zdenerwowała się dziewczyna – tylko nie chcę, żebyście aż tak ryzykowali. Poza tym nie mamy zbyt dużo czasu do chwili, kiedy uwolnią minotaura.

– A jest jakiś wybór? Jazda, chodź, słyszałem rano trzy sygnały trąbki.

– Ja nie słyszałam. Zebranie o poranku? To rzadko jest dobry znak.

Zjawili się wśród ostatnich. Większość miejsc była zajęta, Doug zaś już zdążył zacząć swoją przemowę:

– Zanim poruszę temat tego zebrania, chciałem załatwić pewne drobiazgi porządkowe: na początek kwestię broni. Najlepiej by było trzymać wszystko w jednym, zamykanym na klucz miejscu; wszyscy pamiętamy nasze dawne społeczeństwo i przemoc, jaką wywołał łatwy dostęp do broni. Uważam więc, że nie powinna zostać ani jedna sztuka bez nadzoru. Przedstawiam wam ten pomysł pod rozwagę, porozmawiamy o tym wkrótce. Następnie kwestia ptaszarni. Colin ma dużo pracy przy kurach, gołębiach i wszystkich gatunkach ptaków, jakie posiadamy, i chętnie przyjąłby czyjąś pomoc. Kto się zgłasza na ochotnika do pracy w ptaszarni?

Matt przechylił się do Amber i Tobiasa, mówiąc:

– Doug wcale nie wpada w panikę! Wie, że Piotrusie naszego pokroju musieli gdzieś pochować broń, i postara się tak urządzić, żeby wszystko pozbierać! Coś wam powiem: jeżeli na następnym zebraniu znów wyjedzie z tym tematem, sprzeciwię się. Nikt mi nie skonfiskuje miecza.

Tymczasem Colin wyprostował swoje duże cielsko ozdobione długą kasztanową czupryną i oznajmił wszem wobec:

– Przede wszystkim chodzi o kury i jajka. Ptaki to moje terytorium.

Zgłosiła się Tiffany z Jednorożca, po niej zaś Paco, najmłodszy, bo zaledwie dziewięcioletni Piotruś pochodzący z Meksyku.

– Doskonale – pochwalił Doug. – Dogadajcie się z Colinem w sprawie podziału obowiązków.

– Ale wara od ptaków! – uznał za stosowne podkreślić Colin, drapiąc się po krościastym policzku. – Wy będziecie od kur.

Zadowolony, że pozbył się kłopotu, Doug poruszył wreszcie właściwy temat zebrania:

– Ze zdziwieniem stwierdziliśmy, że konsumujemy trochę za dużo i że zapasy zaczynają się kurczyć. Ponadto niedługo zacznie nam brakować zapałek i zapalniczek; chociaż staramy się je jak najbardziej oszczędzać, szybko ich ubywa. Będą nam też potrzebne bandaże i wszystko, co tylko się nada do opatrunków. Co do ubrań, jeżeli czegoś wam brakuje, teraz jest właściwy moment, żeby oddać nam spis wraz z rozmiarem lub wzrostem. Jutro wyrusza konwój do miasta, więc chcę listę dostać wieczorem. Jak zwykle jeśli są ochotnicy, niech podniosą ręce, bo inaczej przystąpimy do losowania.

Travis, którego rude włosy nie przestawały ciągle rosnąć, podniósł dłoń. Za nim zaś opryskliwy jak zawsze Arthur. Dołączył do nich Sergio, najpotężniejszy Piotruś na wyspie. Następnie Gwen.

Ku ogromnemu zdumieniu dwójki przyjaciół Matt też podniósł rękę.

– Mam ochotę się stąd wydostać, zobaczyć to – szepnął.

Amber natychmiast poszła w jego ślady, nakłaniając niechętnego Tobiasa, by zrobił to samo.

– Doskonale – pokiwał głową Doug. – Przyłączę się do was, już dawno nie brałem udziału w zdobywaniu zaopatrzenia. Wyruszamy jutro o świcie.

Tuż zanim wyszli, Matt zadał pytanie nie pozbawione złośliwości:

– Czy powinniśmy zabrać broń? Tak byłoby przezorniej, nie?

– A po co? Przecież nie potrafimy się nią posługiwać – odparł Doug.

– Na wypadek ataku. Lepiej by było mieć coś do obrony.

Doug odczekał chwilę, decydując się na właściwą odpowiedź:

– Wybiorę dwie, trzy sztuki z Arthurem, ale nie ma sensu się przeciążać; i tak będziemy mieli co dźwigać w drodze powrotnej.

– Będziecie przechodzić obok dymu w lesie? – zapytała Caroline, ładna blondynka z Hydry, którą Matt rzadko miał okazję widywać.

– Nie, będziemy się trzymać z daleka. Pewnie już zauważyliście, że ten dym ciągle tam jest. Obawiam się, że zamieszkała tam grupa Żarłoków.

– Czy zorganizujemy wyprawę, żeby sprawdzić, co to dokładnie jest? – odezwała się zazwyczaj bardzo nieśmiała dziewczyna o imieniu Svetlana.

– Jeszcze nic nie zostało postanowione, ale nie wydaje mi się. Nie mamy żadnego interesu w podejmowaniu tego rodzaju ryzyka. Wystarczy trzymać się z daleka od miejsca, które i tak znajduje się raczej daleko. To wszystko na dzisiaj.

Szklanki zastukały o stoły bez zapału, kiedy zaś zgromadzeni opuszczali salę wśród szmeru rozmów, Amber przysunęła się do Matta i zapytała:

– Dlaczego szukasz kłopotów?

– Chcę go sprowokować, żeby popełnił błąd.

– Powinieneś odpuścić, bo naprawdę się na ciebie wkurzy.

– Tak czy inaczej podziałało – zatriumfował Matt z szyderczym uśmieszkiem.

– Jak to? – zdumiał się Tobias.

– Zdradził tożsamość jednego ze wspólników. Skoro nie ma dostępu do żadnej broni, nie „wybierze dwóch, trzech sztuk", jak powiedział, razem z kimś, kto nie należy do jego bandy. Jeżeli weźmie ze sobą do kryjówki Arthura, to znaczy, że jest wtajemniczony. Proste.

Tobias kiwnął głową.

– Dodajemy Arthura do listy. Nieźle rozegrane.

Wieczorem Przymierze Trojga doszło do wniosku, że lepiej się wyspać, aby nazajutrz być w formie, tym bardziej że skoro Doug i Arthur mają wziąć udział w wyprawie, było mało prawdopodobne, by zdrajcy działali tej nocy.

Kładąc się, Matt zostawił otwarte okno, jako że w pokoju było gorąco. Właśnie powoli zapadał w sen, gdy usłyszał serię energicznych odgłosów. Przypominały... łopotanie prześcieradła trzepanego na powietrzu. Było ich jednak tak dużo, że Matt wyobraził sobie przez chwilę, jak wszyscy Piotrusie na zamku stoją w oknach i trzepią... Oprzytomniawszy do reszty, odepchnął ów dziwaczny obraz i podszedł do parapetu.

Hałas robił wrażenie, powstał istny zgiełk. Matt wyjrzał na zewnątrz.

Natychmiast coś musnęło go po włosach. Przyszło z góry. Obrócił się, by popatrzeć w niebo nad Krakenem.

Zobaczył czarną brzęczącą chmurę, która zasłaniała gwiazdy.

Oderwały się od niej jakieś ciemne kształty i zapikowały prosto ku twarzy Matta.

„Nietoperze!", dotarło do niego, cofnął się więc czym prędzej i pchnął przed siebie skrzydło okna.

Nadleciały trzy ciemne trójkąty, które znieruchomiały przed szybą, po czym wzbiły się w górę i roztopiły w tłumie.

„Co one robią?" Matt powoli podszedł do okna. „W życiu nie widziałem tylu gacków naraz!" Nagle od chmury oddzieliła się grupa nietoperzy, które poszybowały gęsiego w stronę lasu, za nią zaś szybko ruszyła następna, po niej kolejna i tak dalej, dopóki wszystkie nie zniknęły tuż nad wierzchołkami drzew. Z miejsca, w którym stał, Matt odniósł wrażenie, że patrzy na plamę oleju sunącą ku nieruchomemu morzu. Chmura nabrała wysokości, wzbiła się ponad zamek Jednorożca, kierując się na północny zachód, krążyła przez chwilę, po czym popędziła ku Centaurowi, gdzie zatrzymała się na kilka minut.

Z tej odległości Matt nie był już w stanie rozróżnić niczego. Przypomniał sobie o lornetce, którą posługiwał się z Tobiasem, uciekając z Nowego Jorku. Tobias zostawił ich rzeczy w szafie. Matt przeszukał jego plecak i znalazł lornetkę, przez którą jął obserwować powietrzny balet.

Widział co pewien czas czarne plamy, które zbliżały się do okien i zastygały na moment w bezruchu. „W co one grają?" Kiedy usiłowały mu się wczepić we włosy, nie sprawiały wrażenia przyjaznych. „Wygląda na to, że szukają sposobu, by dostać się do Centaura… jeśli im się uda, na zamku zapanuje chaos!" Matt wyobraził sobie, jak stado nietoperzy wpada do pokojów, rozrywając owłosioną skórę głów, ramiona, nogi, spychając najsłabszych Piotrusiów ze schodów… Koszmar.

Wahał się, czy wszcząć alarm. Tylko jak ostrzec mieszkańców Centaura, żeby za żadne skarby nie otwierali okien ani drzwi? To niemożliwe.

W tej samej chwili chmura wzbiła się z powrotem do góry i oddaliła na północ.

Matt westchnął z ulgą, choć niedługo się cieszył spokojem. Dziewczyna, która rozmawiała z Dougiem poprzedniej nocy, widziała nietoperze przez dwa wieczory z rzędu. Chłopiec poczuł się nieswojo. Te latające ssaki nie zachowują się normalnie, one zapowiadają kłopoty. Po pierwsze, jest ich o wiele za dużo. Po drugie, sam widział, jak krążą od zamku do zamku. Czyżby szukały czegoś albo kogoś?

Wtem przyszła mu na myśl Kudłata. Pies był na dworze, bezbronny. „Mieszka w lesie od pół roku, niczego się nie boi". Nietoperze znajdowały się tu od kilku dni, Kudłata zaś prawdopodobnie nie stanowiła dla nich ciekawego celu, o ile się gdzieś nie schowała. Powinien jej zaufać.

Matt przypomniał sobie o próbie morderstwa w wielkiej sali. Trzecia frakcja. Pojawienie się w jego snach Rauperodena, który budził grozę, i wreszcie ta historia z nietoperzami – tego wszystkiego nie należało bagatelizować. Już i tak z trudem ogarniał zdradę Douga i jego bandy, nie potrzebował dodatkowych kłopotów.

Kiedy jednak położył się z powrotem wpatrzony w sufit, z sercem ściśniętym lękiem, wkrótce poczuł, że odpływa, że sen jest silniejszy niż strach. Noce czuwania go wyczerpały.

Zapadł w ciężki sen zapełniony szeptami w ciemnościach, przytłaczającą obecnością wielkiej czarnej płachty, spod której wyzierały ręce i nogi, zwieńczonej długą trupią czaszką niczym odcisk w świeżym cemencie.

Ścigający go kształt. Węszący jego trop w północnych lasach.

Istota o tajemniczym imieniu. Otoczona przerażającą aurą.

Rauperoden.

32

WYPRAWA

Świt barwił niebo jaskrawą wstęgą.

Na zachodzie las, który okalał Wyspę Carmichaela od strony mostu, stanowił jeszcze wielki ciemny, nieprzenikniony bezkres.

Matt miał na sobie sweter i ulubiony płaszcz. Długo się wahał, czy wziąć miecz, bo wtedy Doug by się zorientował, że nie przechwycił *wszystkiej* broni, jaka była na wyspie, w końcu jednak powiedział sobie, że ów miecz stanowi jego przedłużenie poza tym miejscem, że jest strażnikiem jego prawości. To anioł stróż o dwóch twarzach: dodający otuchy w blasku spoczywającej w pochwie klingi, koszmarny zaś, kiedy skąpie się w czerwieni krwi i cierpieniu. Matt nie mógł zaprzeczyć: teraz, kiedy miecz w jego dłoni już nie ważył tonę, wymachiwanie nim wprawiało go w euforię, dotyk masywnej rękojeści budził w nim uczucie siły, jednocześnie wszakże ostra stal rodziła strach. Chociaż bowiem powtarzał sobie, że to broń jest niebezpieczna, nie potrafił zapomnieć, że za każdym razem trzymał ją on, Matt. Miecz nie ma żadnej osobowości, żadnej duszy, jest tylko pełnym agresji śmiercionośnym przedłużeniem jego własnej woli. On, który marzył o zostaniu bohaterem niezłomnym i bezlitosnym wobec wrogów, uświadamiał sobie właśnie, że wyobraźnia nigdy nie przygotowała go na aż taką przemoc.

Często wspominał ohydny dźwięk, jaki wydało ostrze zagłębiające się w ciele Żarłoka.

Tamtego wczesnego poranka wyspa jeszcze spała. Ośmioro wędrowców zebrało się przed mostem, Kudłata została zaprzężona do wózka wielkości stołu bilardowego na czterech dużych terenowych kołach. Matt odnosił wrażenie, że suka jeszcze bardziej urosła – teraz ważyła pewnie z dziewięćdziesiąt kilo! Zdaje mu się, czy ona nadal rośnie? Jaką wielkość może osiągnąć? Tobias miał łuk przewieszony przez ramię. Doug i jego banda nie zdołali przechwycić łuków, zbyt wielu Piotrusiów ćwiczyło bowiem regularnie w nadziei, że pójdą kiedyś na polowanie i będą jeść mięso, nie mógłby więc tego zrobić niepostrzeżenie i nigdy nie dałby rady się wytłumaczyć, nie budząc podejrzeń. Co do bezpieczeństwa ekspedycji, Doug wręczył topór Sergiowi, wekierę Arthurowi i Travisowi, a Gwen długi nóż.

Każdy dostał duży pusty plecak, w którym miał przynieść żywność w drodze powrotnej, kiedy zaś kładli na miejsce arkusz blachy, żeby przejść, pożegnał ich strażnik mostu, Calvin, czarnoskóry chłopiec, którego Matt bardzo lubił.

– Dobrze spałeś? – zapytała Amber, podchodząc do Matta.

– Ujdzie.

Sam nie wiedząc dlaczego, nie miał ochoty rozmawiać o nietoperzach. Powiedział sobie, że nie chce niepotrzebnie niepokoić przyjaciół.

– Ja trenowałam do późnej nocy – wyznała Amber. – Ciągle nie potrafię przesunąć nawet zwykłego ołówka! To mnie doprowadza do rozpaczy!

– Musisz być cierpliwa.

– Wiem, wiem, ale tak bardzo bym chciała, żeby mi się udało!

– Wiesz, jak długo się idzie do miasta?

– Szybkim krokiem jakieś cztery godziny plus postoje. Potem dajemy sobie godzinę na odpoczynek i jedzenie, trzy godziny na zapełnienie plecaków i powinniśmy być tu z powrotem przed zmrokiem.

– Dlaczego nigdy nie wychodzimy w nocy? Wtedy mielibyśmy większe szanse, żeby uniknąć Żarłoków, nie? Zdaje się, że oni nadal nie widzą po ciemku!

– Chyba nie. Nie wychodzimy w nocy, bo to bardziej niebezpieczne. Wiele drapieżników poluje dopiero po zachodzie słońca. Po Burzy fauna bardzo się zmieniła. Impuls sprawił, że nie tylko Żarłoki oszalały; liczne gatunki zwierząt znów stały się agresywne. Na przykład wszystkie psy z wyjątkiem Kudłatej zbierają się w sfory i są bezlitosne. Podobno pożarły jakichś Piotrusiów! Teraz ich instynkty są dziesięć razy silniejsze! Te psy są gorsze od wilków, bo w ogóle się nas nie boją.

– Jeden Długodystansowiec kiedyś opowiadał – włączył się do rozmowy Tobias – że istnieją pajęczyny o rozmiarach boiska do piłki nożnej, a nawet większe! W środku żyją tysiące tych obleśnych robali. Podobno się rzucają na każdą zdobycz, nawet na ludzi, zadając mnóstwo ukąszeń, które działają na nich tak samo jak na muchy. Wstrzykują tyle jadu, że ciało zamienia się w środku w galaretę, i zaczynają ssać wszystkie równocześnie, opróżniając je całkowicie na żywca!

– Ble! – skrzywiła się Amber. – Wolę myśleć, że to bajki, a nie rzeczywistość!

– Czy Tobias mówił ci o tej dziwnej istocie, którą spotkaliśmy kiedyś, zanim jeszcze dotarliśmy na wyspę? – zapytał Matt.

Amber pokręciła głową na znak, że nie ma o niczym pojęcia.

– A tak! – wykrzyknął Tobias, po czym dodał błyskawicznie: – Ale mieliśmy cykora! To był Nocny Włóczęga.

– Spotkaliście Nocnego Włóczęgę?! – powtórzyła Amber, którą aż zatkało.

– Wyglądał zupełnie jak prawdziwy potwór, taki z horrorów. To coś czaiło się w krzakach, było ludzkiego wzrostu, węszyło za nami i szykowało się, żeby się na nas rzucić. Moim zdaniem bez trudu by nas pozabijał, tylko że właśnie wtedy zjawiła się mała Kudłata i uratowała nam tyłki!

– Mała, mała, w kącie stała! – zakpiła Amber.

Podczas gdy procesja zagłębiała się w las, Matt obserwował Kudłatą, która ciągnęła wózek kołyszącym krokiem.

– Zastanawiam się, dlaczego ona taka jest – powiedział. – To znaczy nie dzika i inteligentna.

– Wiesz – odrzekła Amber – myślę, że wiele pytań może pozostać bez odpowiedzi. Obawiam się, że trzeba będzie się z tym pogodzić.

– Na pewno. To tak jak z tymi skarabeuszami, które widzieliśmy z Tobiasem po drodze. Opowiadał ci o tym? Miliony…

– Skararmeuszy – przerwała mu Amber. – To nazwa, jaką nadali im Piotrusie. Wyobraź sobie, że większość z nas je widziała. Było ich pełno na wszystkich resztkach autostrad. Podobno ciągle tam są. Kiedyś wszystkie szły na południe, teraz krążą po olbrzymim pierścieniu, który opada i wznosi się wokół całego kraju. Kiedy idą na południe, ich brzuchy wytwarzają czerwone światło, a kiedy idą na północ, światło jest niebieskie! Z początku mieliśmy wrażenie, że panuje wśród nich chaos, ale teraz już zawsze tak jest.

– Czy wiadomo, co one robią?

– Nie, Długodystansowcy chętnie by zbadali ich wędrówkę. Mamy prawie pewność, że nie jest przypadkowa, niestety jeszcze im się nie udało. Trzeba czasu. Piotrusie po prostu dopiero się organizują.

– To prawda, minęło tylko sześć miesięcy… I pomyśleć, że pięć z nich przespałem!

Szli przed siebie. W miarę jak słońce wstawało za ich plecami, jego promienie uwalniały przyrodę, która odzyskiwała całą swoją krasę, blask szmaragdowej zieleni.

Po półtoragodzinnym marszu Doug, który otwierał pochód wraz z wielkim Sergiem, zarządził postój. Wszyscy ugasili pragnienie; Matt zadbał o to, by nalać trochę wody do miski Kudłatej, której wkrótce zaczęło kapać z pyska. Każdy schrupał po kilka kostek czekolady i ruszyli dalej energicznym krokiem.

Matt był zaskoczony rozbrzmiewającą w lesie kakofonią dźwięków. Dziesiątki gatunków ptaków nawoływały się wzajemnie z głośnym szczebiotem, w ogóle się nie przejmując przechodzącymi tamtędy ludźmi. Rozlegało się gruchanie, jakiego Matt nigdy dotąd nie słyszał, ćwierkanie, które płynęło całymi seriami, o melodyjnym brzmieniu, krzyki bez końca to wznoszące się, to opadające. Ptaki, które udało mu się zobaczyć, były często zwyczajne: dzięcioły, kruki lub sikorki, niekiedy zaś dziwaczne, jak choćby ten srebrzystobiały o żółtych skrzydłach lśniących niczym złoto, z jasnoniebieskim pióropuszem na głowie. Gdy wzleciał do góry, okazało się, że jego skrzydła są od spodu jaskrawoczerwone.

Nikt się nie odzywał albo tylko z rzadka, z wyjątkiem Gwen i Amber, które rozmawiały ściszonym głosem. Reszta wolała się skupić na rytmie kroków, poświęcając równocześnie uwagę temu, co ich otaczało. Matt przyspieszył, by zrównać się z Travisem.

– Czy widuje się tutaj węże? – zapytał.

Rudzielec mówił z silnym akcentem; Matt domyślił się, że pewnie pochodzi ze Środkowego Wschodu.

– Czy węże, tego nie wiem, ale najgorsze ze wszystkiego są wężoskorpiony!

– Wężoskorpiony? A co to takiego?

– Coś na kształt dużej żmii, tylko że skórę pokrywa mu dość sztywny pancerz, tak jak ogon skorpiona, i zakończony jest takim samym kolcem, jaki mają skorpiony. Ale ponieważ na ogół mają metr długości, możesz sobie wyobrazić, jak duże są kolce!

– Czy ich ukąszenie jest groźne?

– Nie przejmuj się, jeżeli ukąsi cię wężoskorpion, zanim się zorientujesz, już będziesz martwy – zażartował Travis.

Matt, który wcale nie uznał tego za zabawne, przez resztę drogi milczał. Nieco później zrobili kolejny postój, niedługo po południu zaś ich oczom ukazała się prawdziwa ściana lian stanowiąca pierwszą oznakę zabudowy miejskiej, a raczej tego, co z niej zostało. Fasada sześciopiętrowego budynku zamieniła się w mur całkowicie porośnięty liśćmi i korzeniami. Nie sposób było dojrzeć w nim choćby centymetra betonu, drzwi ani nawet okna. Podobnie rzecz się miała ze wszystkim, co zostało z cywilizacji: ruina, którą roślinność przykrywała niczym druga skóra. Zielone łodygi, rozciągnięte od dachu do dachu na podobieństwo pajęczych nici, oplatały przewody elektryczne, pochłaniały to, co kiedyś było wiszącą trójkolorową sygnalizacją świetlną, skomplikowana sieć oczek spowijała całe miasto naturalną siatką maskującą. Światło przebijało się przez nią z trudem, toteż ulice, pełne paproci i krzaków jeżyn, pogrążone były nieustannie w chłodnym półcieniu.

– O rany! – wyrwało się Mattowi. – W życiu bym się nie spodziewał, że zobaczę coś takiego! Przyroda zabrała absolutnie wszystko! Człowiek się tu czuje jak w dżungli!

– W geometrycznie rozplanowanej dżungli – sprostowała Amber, jak zawsze z naukowym podejściem.

Za skrzyżowaniem natknęli się znienacka na kaskadę lian. Kiedy Doug je rozgarnął, przeszli na drugą stronę, pod dach stacji benzynowej. Mattowi od razu rzuciły się w oczy poczerniałe obumarłe dystrybutory. Odniósł wrażenie, że się roztopiły. Ziemię pokrywała gruba warstwa brązowo-zielonej piany.

– Przystaniemy tutaj, żeby coś zjeść, a potem podzielimy się na pary – oświadczył Doug.

Połknęli kanapki, siedząc z wyciągniętymi przed siebie ciężkimi nogami, wkrótce wszakże ciekawość kazała im się poderwać z miejsca. Tobias przyglądał się przez chwilę dwójce przyjaciół, po czym oznajmił:

– Zostawiam was razem, przyłączam się do Travisa, to silny gość.

Matt przytaknął słabo, nieco zakłopotany. Widział, jak Doug proponuje Arthurowi, żeby poszedł razem z nim. „Niby przypadkiem! – pomyślał. – Jeśli zamierzacie zrobić jakieś świństwo, zdrajcy, wcale nie rzucacie się w oczy!"

Gwen podeszła bliżej, żeby wyruszyć w parze z Amber, widząc ją jednak w towarzystwie Matta, zatrzymała się. Uśmiechnąwszy się figlarnie, utworzyła zespół z wielkim, potężnie zbudowanym Sergiem.

Doug przypomniał wszystkim zasady bezpieczeństwa.

– Nikt się nie oddala, jeśli ktoś uzna, że nie da rady odnaleźć drogi do stacji benzynowej, staje i dmucha w to, a wtedy po niego przyjdziemy. – Rozdał każdej parze zaopatrzeniowców po gwizdku. – Używajcie go wyłącznie wtedy, gdy będziecie pewni, że się zgubiliście. Bo może zwrócić nie tylko naszą uwagę! Bądźcie czujni, dyskretni, nie krzyczcie, po prostu napełniajcie plecaki jedzeniem. Sprawdzajcie dokładnie daty ważności, konserwy są w porządku, ale nie bierzcie niczego, co się łatwo psuje. Zapałki i zapalniczki są mile widziane. Oddałem listę ubrań Gwen, ona i Sergio się tym zajmą. Ja biorę na siebie aptekę, wiem, gdzie jest. Spotykamy się tutaj za dwie godziny, potem pójdziemy do supermarketu i razem napełnimy wózek Kudłatej.

Wszyscy wyrazili zgodę, a następnie popędzili w różnych kierunkach. Matt zapytał Amber, wskazując Kudłatą:

– Czy ona zostaje tutaj?

– Tak, to bezpieczniejsze. Nie martw się, pamiętaj, że jest wyjątkowym psem. Nic jej nie będzie.

Matt nie potrafił się rozstać ze swoją czworonożną towarzyszką, lecz pod naciskiem Amber opuścił żaluzje stacji benzynowej.

Ulice, którymi podążali, przypominały miasto jedynie z daleka, zmieniły się bowiem nie do poznania. Matt i Amber szli każde przeciwną stroną, zaglądając do wnętrza tego, co pełniło kiedyś funkcję sklepów. Witryny były pokryte liśćmi, szyldy służyły wyłącznie jako poziome podpórki, a nawet gniazda. Kiedy podleciał do nich jakiś ptak, Matt zdołał mu się przyjrzeć, ponieważ nie sprawiał wrażenia wystraszonego, ale wręcz zaciekawionego. Po pięćdziesięciu metrach chłopiec zdziwił się, że ciągle tam jest, leci nad nimi i regularnie przysiada, aby ich bacznie obserwować. Posuwająca się przeciwległym chodnikiem Amber nie mogła go widzieć, Matt zaś postanowił nie zawracać jej tym głowy, mimo że uważał zachowanie ptaka za co najmniej dziwne. Podskoczywszy jeszcze parę razy, ptaszek stwierdził, że już dość zobaczył, odleciał więc i zniknął w szparze pomiędzy lianami, które tworzyły górującą nad nimi naturalną siatkę.

Nagle Matt zauważył coś, co było dawniej sklepem kolonialnym, i przywołał Amber cichym gwizdnięciem. Musieli sforsować drzwi, a potem powyrywać mech, który rósł za nimi obficie. W środku panował jeszcze gęściejszy mrok niż na przykrytych roślinną peruką ulicach. W sklepie unosił się przenikliwy zapach wilgoci. Odczekawszy, aż oczy przywykną do ciemności, omietli wzrokiem ciągle jeszcze uginające się od towarów półki.

– Świetnie – stwierdziła Amber. – Bierzemy puszki, makaron, a nawet herbatniki, które mają długi termin ważności.

Napełnili po brzegi obydwa plecaki, solidne i przepastne, w których mogło się zmieścić po dwadzieścia kilogramów sprzętu. Amber swój wyładowała kartonowymi pudełkami, aby go udźwignąć, Matt wziął to, co cięższe.

Zaczynał się orientować w czasie tak jak reszta Piotrusiów; jako że nakręcane zegarki stanowiły rzadkość, większość z nich nie wiedziała, która godzina, toteż przywykli ją o d g a d y w a ć w zależności od pory dnia. Stali się bardziej wrażliwi i nauczyli się odczuwać upływ czasu. Matt zważył w ręku plecak i powiedział:

– Jest piekielnie ciężki, a tak się uwinęliśmy, że mamy jeszcze mnóstwo czasu. Proponuję go zostawić tutaj i rozejrzeć się po okolicy. Wrócimy po bagaże, zanim dołączymy do reszty, pasuje ci?

– Tak, ale jesteś pewien, że to wszystko udźwigniesz?

– Spróbujemy?

Musiał ważyć niewiele mniej niż dwadzieścia kilo. Wytężywszy wszystkie siły, Matt zdołał go podnieść i zarzucić sobie na plecy.

– Wytrzymasz całą powrotną drogę? – zaniepokoiła się Amber.

– Będę musiał.

Zdjął plecak, po czym w pośpiechu wydostali się na powietrze.

– Nie zabieracie żadnego sprzętu albo wyposażenia, na przykład garnków? – zapytał Matt w czasie marszu.

– W zamkach mamy już wszystko co trzeba. Ponieważ w pobliżu nikt nie mieszka, miasta służą nam jako niewyczerpane magazyny zapasów. Nie spieszymy się.

– Niedługo dużo artykułów żywnościowych zniknie i nie będzie ich już można zdobyć. Za kilka miesięcy wszystko mocno się przeterminuje.

– Właśnie dlatego próbujemy zająć się rolnictwem. Uczymy się, przygotowujemy się na przyszłość, kiedy będziemy musieli sami produkować to, co nam będzie potrzebne.

– A z czego się uczycie?

– Z Księgi Nadziei.

Matt zmarszczył brwi.

– W życiu o tym nie słyszałem. Co to takiego?

– Doug ją ma. To księga, w której jest napisane, jak uprawiać określone zboża, jak robić cukier, jak zbierać i filtrować deszczówkę, żeby się nadawała do picia, jednym słowem, same podstawowe rzeczy niezbędne do przetrwania.

– Wkrótce to będzie święta księga! – zażartował Matt.

Amber wpatrywała się w niego bez uśmiechu.

– To się już stało, Matt. Gdyby nie to dzieło, bylibyśmy skazani na powolną śmierć. Właśnie dlatego nazywamy ją Księgą Nadziei.

– Wiedząc, że jest w posiadaniu Douga, powinniśmy się wystrzegać rad, jakich może nam udzielać.

– Jak dotąd zawsze nam pomagał. Przypuszczam, że to część jego planu: stać się wszechobecnym, niezastąpionym. Żeby potem nas jeszcze skuteczniej zniszczyć.

– Kiedy się nad tym zastanawiam, nie mogę zrozumieć, czym on się kieruje. Dlaczego chce naszej zguby? Jest najważniejszą osobą na wyspie, narzucił nam swoją wolę w sposób naturalny i nikt nie kwestionuje jego władzy. Czego może chcieć więcej?

– Nie wiem.

Dotarli na obszerny plac, gdzie dach z lian, przykrywający ulice na poziomie wierzchołków budynków, był wyraźnie przerzedzony; słońce przeświecało przez duże dziury, jego promienie rzucały na mech złote plamy. Na środku królowała fontanna, z której ku ogromnemu zdumieniu obojga nastolatków nadal tryskała woda. Długie schody prowadziły do czegoś, co zapewne było niegdyś siedzibą sądu: olbrzymiego gmachu otoczonego kolumnami i zwieńczonego frontonem.

Przysiedli na porośniętym mchem obramowaniu fontanny i napili się przejrzystej wody. Amber ochlapała sobie twarz, podziwiając imponujący widok placu i długiego bulwaru, którym tu przyszli.

– Minęło już pół roku, a ja ciągle nie mogę się przyzwyczaić do tego krajobrazu. Do pustych miast, które agresywna przyroda z powrotem zagarnęła. Nigdzie nikogo nie ma. Raptem garstka dzieciaków rozproszonych w wioskach, które zamieniły w fortece, żeby się bronić.

Matt spoglądał na nią z lubością. Krople wody mieszały się z piegami, które pokrywały jej różową skórę. Na jej twarzy widniał jasny meszek niczym na liściu mięty. „Liściu o upajającym zapachu", pomyślał Matt, wspominając woń, jaką Amber roztaczała. Była naprawdę piękna. Nagle ogarnęła go nieodparta chęć, żeby zamknąć ją w ramionach. Wśród całej otaczającej ich samotności, wobec niepewności jutra Amber była ucieleśnieniem ciepła nadziei, życia. Chęci bliskości, którą Matt pragnął w pełni smakować.

Wtem z marzeń wyrwał go jakiś głos:

–…ta podróż.

Matt się wyprostował. Ton głosu był stonowany, poważny, zniszczone struny głosowe sprawiały, że słowa brzmiały niewyraźnie. To nie mówił Piotruś, lecz mężczyzna. Dorosły z zachrypniętym gardłem.

Brzęk metalu i odgłos ciężkich kroków stłumionych przez roślinny dywan były coraz bliżej.

Cynicy.

33

DOBRA I ZŁA WIADOMOŚĆ

Amber i Matt czym prędzej przycupnęli za fontanną, nim na plac z wąskiej uliczki weszli trzej Cynicy. Chłopiec wystawił głowę, aby im się przyjrzeć. Znajdowali się zaledwie dziesięć metrów dalej.

Wszyscy trzej mieli na sobie pancerze ochronne z czarnej twardej skóry i hebanu i takie same hełmy. „Zrobili sobie zbroje!", zdumiał się Matt. Dostrzegł miecze, wekiery i topory, które nosili u pasa.

– No więc co mówi ten dzieciak? – zapytał najmniejszy z grupy. – No dalej, opowiadaj!

– Nie mówi, tylko pisze! – ociągał się ten z ochrypłym głosem.

Następnie rozwinął skrawek papieru i przysunąwszy do twarzy, przeczytał:

– „Jeszcze niegotowe, jeszcze nie atakujcie. Na wyspie dzieją się dziwne rzeczy, Piotrusie mają jakąś moc. Muszę unieszkodliwić garstkę mącicieli, dokładnie troje, żeby zapewnić wam sukces. Niedługo dam znać, cierpliwości".

– Jaja sobie z nas robi czy co? Chyba nie będziemy sterczeć w tej dżungli jeszcze miesiąc i czekać na setkę smarkaczy!

– Ten gówniarz wie, co robi, dajmy mu jeszcze trochę czasu. Z tego, co pisze, dzieciaki mają… jakąś moc!

– Jack, to zwykłe bzdury! Doskonale wiesz, co musimy zrobić z tą dzieciarnią. Wyłapiemy ile się tylko da i zaciągniemy na południe. One nie mają żadnej mocy!

– Nie szkodzi. Ja tu jestem oficerem i mówię: czekamy na kolejną wiadomość przed atakiem. Zapytamy sir Sawyera, co o tym myśli, ale jestem pewien, że się ze mną zgodzi. Nieważne, czy to zajmie trzy dni, czy tydzień, zaczekamy ile trzeba, a potem zgarniemy ich bez trudu dzięki temu gnojkowi! Nie mam ochoty na powtórkę tego, co się wydarzyło w pobliżu Reston! Przypominam ci: zlekceważyliśmy obronę tych smarkaczy i słono za to zapłaciliśmy. Zamiast wziąć do niewoli, trzeba było ich wszystkich zabić i zabrać ciała!

Matt wpatrywał się w Amber, która miała równie osłupiałą minę jak on. Ukląkł tuż obok niej.

– To dlatego Doug poszedł z nami! – szepnął. – Chciał im przekazać wiadomość! Chodźmy stąd! Szybko!

Oddalił się skulony, za nim podążyła Amber. Skręciwszy w równoległą ulicę, dotarli do sklepu kolonialnego, zabrali plecaki. Kiedy byli już prawie przy stacji benzynowej, Amber odezwała się zdyszana:

– Nie możemy wszczynać alarmu. Dopóki nie zdemaskujemy wszystkich wspólników Douga. Nasz plan jest aktualny. Najpierw trzeba ich zidentyfikować. Potem ostrzeżemy Piotrusiów i zatrzymamy zdrajców w nocy. Jeśli teraz powtórzymy to, cośmy usłyszeli, Doug albo jeden z jego kolesiów uprzedzi Cyników, a oni na nas napadną.

– Racja. Mam tylko nadzieję, że tamci trzej goście, których widzieliśmy, nie rzucą się na nas, zanim skończymy ładować wózek Kudłatej.

– Powiemy, że widzieliśmy kręcących się po okolicy Żarłoków. Wszyscy staną się czujni i prędko się zmyjemy.

Zgodnie z umową Piotrusie stawili się pod dachem stacji benzynowej z mocno wypchanymi plecakami. Amber i Matt z trudem patrzyli Dougowi w oczy. Mieli tylko jedno pragnienie: wykrzyczeć wszem wobec, że zamierza ich zdradzić i oddać w ręce Cyników. Na twarzy Tobiasa malował się dumny uśmiech, który Matt widywał tylko przy szczególnych okazjach, na ogół przy jakichś nieczystych zagraniach. Chciał do niego podejść, lecz wolał ogłosić, że zauważyli w pobliżu grupę Żarłoków, więc powinni się pospieszyć. Na wieść o mutantach wszyscy zadrżeli. Czym prędzej pognali do supermarketu i napełnili wózek, po czym ruszyli z powrotem.

Po drodze na wyspę Tobias podszedł do przyjaciół i oznajmił:

– Mam dobrą wiadomość!

– A my mamy bardzo złą.

Kiedy Matt opowiedział mu szeptem, co widzieli i słyszeli, Tobias zbladł jak ściana.

– Atak? – powtórzył z niedowierzaniem. – To już po nas! Uprowadzą nas na południe i wszelki ślad po nas zaginie!

– Uspokój się! Nic takiego się nie stanie, znajdziemy jakieś wyjście. No więc jaka jest ta twoja dobra wiadomość?

Tobias, teraz bez uśmiechu i nadal mocno przestraszony, powiedział:

– Travis i ja się rozdzieliliśmy, żeby iść szybciej. Szukając jakiegoś ciekawego miejsca na zrobienie zapasów, widziałem z daleka Douga z Arthurem. Poszedłem za nimi; normalnie robili zakupy, aż w pewnej chwili Doug zaczął się podejrzliwie rozglądać, czy nikt ich nie śledzi. O mało mnie nie namierzyli, ale zdążyłem się schować. Kiedy się wynurzyłem, zniknęli w dużym sklepie z ubraniami.

– Zajrzałeś do środka? – dopytywał się niecierpliwie Matt.

– Pewnie! Przecież nie mogłem odpuścić, skoro coś knuli! Znalazłem ich na piętrze. Wiesz, co zabrali?

– Nie.

– Płaszcze z kapturami. Takie same jak te, które wkładają na nocne spotkania.

Wówczas wtrąciła się Amber, mówiąc:

– Teraz nie ma już żadnych wątpliwości: Arthur też należy do spiskowców.

– Więcej! – obwieścił triumfalnie Tobias, ściszając głos, żeby nie zwracać na siebie uwagi reszty uczestników wyprawy. – Kiedy poszli, wziąłem trzy płaszcze!

– Będziemy mogli się wmieszać między nich! – dotarło do Matta.

– Och, wcale nie jestem taka pewna, czy to dobry pomysł – zgasiła ich Amber. – Od razu się zorientują!

– Możliwe, ale i tak zaryzykuję. Sama słyszałaś, co powiedzieli: Cynicy są u bram wyspy. To kwestia dni, zanim zaatakują.

Tobias skinął głową i rzekł:

– Doug i jego banda będą za bardzo zmęczeni, żeby się spotkać dziś w nocy, więc zaczniemy ich pilnować już od jutra!

Amber podniosła palec.

– Chłopaki – oznajmiła – przypominam wam, że w swojej wiadomości Doug zapowiada unieszkodliwienie garstki mącicieli, konkretnie trójki. Jestem pewna, że to o nas mowa.

– Od tej chwili żadne z nas nie porusza się po wyspie w pojedynkę – zaproponował Matt. – Jeżeli spróbują nas zaatakować, zrobią to albo w nocy, albo wtedy, kiedy któreś z nas będzie samo. Tobias i ja nie spuścimy ich z oka i postaramy się wszystkich rozpoznać. A ty, Amber, koniecznie musisz w tym czasie zrobić spis przeobrażeń każdego Piotrusia i zanotować, który z nich jako tako opanował swoją moc. Może nadejść dzień, kiedy będziemy ich potrzebować. Otaczaj się jak największą liczbą ochotników, żebyś nigdy nie była sama.

Przed nimi dreptała Kudłata, ciągnąc imponujący ładunek przykryty przywiązaną sznurkami płachtą.

W lesie tak gęstym, że aż ciemnym, nadal panował zgiełk wywołany przez zwierzęta. Gdzieś niedaleko setka ciężkozbrojnych Cyników w pancerzach czekała na sygnał do ataku.

– Niedługo wszystko się rozegra – szepnął Matt. – Nie wolno nam popełnić błędu.

34

DOBRA I ZŁA WIADOMOŚĆ (CIĄG DALSZY)

Uczestnicy wyprawy wrócili na wyspę o zachodzie słońca. Nie chcąc, by zaskoczyła ich noc, Doug zwiększył tempo marszu na ostatnich czterech kilometrach, toteż ledwie dotarli na miejsce, padli bez tchu. Idąc za przykładem ślicznej Lucy, pozostali Piotrusie zajęli się plecakami, opróżnili wózek i wyprzęgli Kudłatą. Pies otrząsał się długo, po czym zaczął obwąchiwać Matta, który położył się w trawie, by odpocząć. Polizawszy go czule, Kudłata jak zwykle powędrowała do lasu.

Calvin podał Mattowi dłoń, by pomóc mu wstać, i oświadczył:

– Dziś po południu na wyspę zawitał Długodystansowiec. Czekaliśmy na was, żeby opowiedział, co słychać na świecie. Chodźcie, w wielkiej sali będzie zebranie.

Całą ósemkę uczestników wyprawy posadzono z przodu. Długodystansowiec był szesnasto-, może siedemnastolatkiem o długich kasztanowych włosach, krzywym nosie i szczupłych palcach pokrytych małymi rankami. Wysoko na czole miał bardzo świeżą długą szramę i nosił imię Franklin.

– To zdecydowanie niebezpieczne zajęcie – szepnął Matt do obojga przyjaciół, którzy nie odezwali się ani słowem.

Tobias był wyczerpany, Amber zauroczona.

Długodystansowiec podniósł ręce, prosząc o spokój, kiedy zaś nastała cisza, obwieścił:

– Oto kroniki nowego świata, przyjaciele. Możecie być pewni, że w tym, co wam przynoszę, zawiera się tyle samo niepokoju, ile radości. Na początek wiadomość, że na pierwszych polach uprawnych wyrosły warzywa! Uprawy nie wszędzie się udają, ale mamy dowód, że to możliwe! Za chwilę opowiem wam wszystko ze szczegółami, teraz jednak chciałbym ogłosić prawdziwą nowinę: w ostatnich tygodniach daleko na zachodzie kilka osad Piotrusiów się połączyło i utworzyło nasze pierwsze miasto. W sumie mieszka tam ponad pięćset osób! I ciągle przybywają następne! To największa osada ze wszystkich, jakie spisaliśmy. Nazywa się Eden.

– Kto wybrał nazwę? – zapytała Tiffany.

– Rada miasta. Przeprowadzili wybory i wyznaczyli przedstawiciela każdej pierwotnej wioski, żeby utworzyć radę, która ma pełnić władzę. Wszystko to jest nowe, trzeba przeanalizować dobre i złe strony, niewykluczone jednak, że z połączonych osad powstaną w ten sposób nowe duże miasta. Wy jesteście dobrze zabezpieczeni na tej wyspie, ale nie wszyscy są w takiej sytuacji. Skoro już o tym mowa... – zrobił przerwę, by się napić. – Mam złą wiadomość. Pewna osada daleko na północy została zniszczona. Z relacji garstki ocalałych wynika, że to nie sprawka Żarłoków, tylko burzy z błyskawicami i jakiejś czarnej postaci, która się ukazała w ich obozie. Napadała na wszystkich Piotrusiów, którzy jej stanęli na drodze, i przetrząsała każdy kąt. Ci, co przeżyli, uważają, że czegoś szukała.

Matt się wyprostował. Pod wpływem tego opisu czuł się nieswojo.

– Czarna postać? Czy wiadomo, co to było? – dopytywał się Patrick, Piotruś z Centaura.

– Nie. Atak był błyskawiczny, trwał zaledwie pięć minut. Kiedy czarna postać zniknęła, okazało się, że zabiła większość Piotrusiów. Długodystansowiec, który widział ciała, już się nie pozbierał. Podobno mieli siwe włosy, pomarszczoną skórę i wszyscy zginęli, wrzeszcząc, zastygając w ostatnim krzyku. Dzieci o twarzach przerażonych starców.

Matt poczuł, że znów zaczyna mu się kręcić w głowie, jego oddech przyspieszył. Wiedział, co to była za czarna postać. To nie mógł być nikt inny niż on, Rauperoden. „Nie, nie, nie! To sen, on nie istnieje naprawdę, to niemożliwe!"

– Matt, wszystko w porządku? – Amber nachyliła się ku niemu z lękiem. – Cały się trzęsiesz!

Powoli przełknął ślinę, chcąc uspokoić bicie serca, po czym kiwnął głową.

– To tylko wyczerpanie – skłamał.

Tymczasem Franklin Długodystansowiec mówił dalej:

– Nic więcej nie wiemy na temat tej czarnej postaci. W najbardziej wysuniętej na północ osadzie twierdzą, że na trzy dni przed moim przyjściem widzieli błyskawice w lesie, ale nic więcej.

– Czy to osada położona najbliżej nas? – zapytał Colin, najstarszy mieszkaniec wyspy, któremu trądzik siał na twarzy spustoszenie.

– Tak, około trzech dni drogi konno. Poza tym ciągle dowiadujemy się czegoś nowego na temat południa. Wróciło stamtąd dwóch Długodystansowców, którzy widzieli wojska Cyników, za każdym razem oddziały liczące po stu mężczyzn z wielkimi wozami ciągnionymi przez niedźwiedzie. Na wozach znajdowały się ponaddziesięciometrowe drewniane klatki! Klatki pełne Piotrusiów.

W sali rozległ się wrzask zarazem oburzenia i przestrachu. Długodystansowiec ponownie podniósł ręce, nakazując milczenie, po czym ciągnął swą opowieść:

– Co równie niepokojące, obaj Długodystansowcy twierdzą, że niebo na południowym wschodzie jest... czerwone! Jego kolor się nie zmienia, od rana do wieczora i od wieczora do rana jest ognistoczerwone, jaskrawe i groźne. Wozy jadą właśnie w tamtym kierunku, zdaje się, że Cynicy mieszkają gdzieś tam, pod tym piekielnym niebem.

Godzinę później, gdy Długodystansowiec skończył, Matt zaprowadził przyjaciół do kuchni, żeby coś zjeść – byli bardzo wygłodniali. Sam nie przełknął ani kęsa. Miał ściśnięty żołądek na myśl o owym cieniu na północy i ataku. Nie potrafił odegnać własnych przeczuć. Rauperoden istniał naprawdę i właśnie się zbliżał, dławiąc wszelki opór na swojej drodze. „Ale dlaczego szuka akurat mnie? Może istnieje, lecz w rzeczywistości wcale mnie nie szuka… chce mnie w snach, wyłącznie w złych snach". Czepiał się każdej iskierki nadziei, dosłownie wszystkiego, nie do końca jednak w to wierząc.

Amber, która zdążyła wsunąć cały talerz makaronu, wyrwała go z zamyślenia:

– Cynicy poruszają się w stuosobowych oddziałach, czy to wam nic nie mówi? Jestem pewna, że tamci w lesie powyżej naszej wyspy też mają taki wielki wóz. Oddałabym moje przeobrażenie, żeby się dowiedzieć, co z nami robią! Dlaczego porywają Piotrusiów i ciągną ich na południe?

– Ja tam wolę nie wiedzieć – zaprotestował Tobias. – To będzie znaczyło, że siedzę sobie tutaj w zdrowiu zamiast w tej ich ohydnej klatce!

– A co ty o tym sądzisz, Matt? – zapytała Amber.

Chłopak wzruszył ramionami.

– Nie wiem. Nic nie sądzę. Wydaje mi się, że mamy inne zmartwienia. A co do przeobrażenia, doszły cię słuchy o jakichś pozytywnych wynikach?

Amber pokręciła głową nagle zasmucona.

– Nie, nic nowego. Wszyscy Piotrusie, których to dotyczy, ciągle ćwiczą z większym lub mniejszym powodzeniem, w każdym razie nie ma żadnych rewelacji. Ja ze swojej strony trenuję bez przerwy, ale i tak wcale nad nim nie panuję! Czasem czuję, że jestem o włos od powodzenia, a potem nic! Nic się nie dzieje. To wkurzające!

– Co robimy z tą historią o trzeciej frakcji? – burknął Tobias.

– To nie jest najważniejsze – oświadczył Matt.

– Ale przecież tu chodzi o jednego lub więcej zabójców! – odrzekła Amber. – Czy muszę wam przypominać, że ta frakcja usiłowała spuścić nam na głowy olbrzymi żyrandol?

Matt wstał.

– Nie mamy absolutnie nic, żeby przeprowadzić śledztwo w sprawie tej tajemniczej frakcji. Idę się położyć; od tej chwili ja i Tobias ze względów bezpieczeństwa będziemy spali w jednym pokoju. Czy możesz się wprowadzić do jakiejś dziewczyny z Hydry, do której masz zaufanie?

– Bez problemu, Gwen będzie zachwycona. Odkąd wspomniałam jej o przeobrażeniu związanym z elektrycznością, nie lubi spać sama.

– Świetnie – skwitował Matt. – Jedna noc odpoczynku, a od jutra zaczynamy działać. Musimy zdemaskować wszystkich wspólników Douga, czas nagli.

Kiedy pomyślał o owej czarnej postaci przemierzającej lasy, ogarnęło go nie tyle poczucie nieuchronności, ile tępy strach.

35

ZAMIESZANIE

Tej nocy Matt budził się kilka razy spocony, z łomoczącym sercem, czując suchość w ustach. Nic nie pamiętał ze swego koszmaru, nie wątpił jednak raczej w jego źródło. Ścigał go Rauperoden.

Nazajutrz postarał się wspólnie z Tobiasem, by mieć oko na Douga, chociaż nie mogli tak naprawdę go śledzić bez wzbudzania podejrzeń. W tym samym czasie Amber przyjmowała wszystkich Piotrusiów, którzy mieli ochotę porozmawiać o swym przeobrażeniu.

Wieczorem, kiedy wspólnie jedli kolację, Amber wyznała, że naliczyła osiem przypadków, w których przeobrażenie przejawiało się bez żadnej wątpliwości. Wszyscy darzyli ją coraz większym zaufaniem; przychodzili do niej jak do lekarza, głosząc wszem wobec tę dobrą nowinę. W takim tempie zdoła zrobić listę wszystkich przeobrażeń na wyspie w ciągu dwóch miesięcy.

– Przed chwilą widziałam małego Mitcha. Moim zdaniem rozwija w sobie nieprzeciętną zdolność analizowania – oznajmiła. – Spędza czas na rysowaniu tego, co widzi, i ma taką pamięć wzrokową, jakiej nigdy u nikogo nie spotkałam. Istnieje związek między postępującym w nas przeobrażeniem a tym, co robimy na co dzień. Nasz mózg poprzestaje na ulepszaniu części najbardziej pobudzanej. Reaguje zupełnie jak mięsień!

– Nie ma żadnych wieści na temat mocy, które by się nam przydały w razie ataku? – zapytał Matt.

– Nie, prawdę mówiąc, nie. Będę potrzebowała jeszcze trochę czasu. I nie mów „moc", nie ma w tym żadnej magii.

– Przepraszam, powiedziałem to bez zastanowienia. Coś jeszcze?

– Nie, a właściwie tak: spotkałam pewną dziewczynę z Jednorożca, Svetlanę. Możliwe, że potrafi wywoływać słabe prądy powietrza. Przyszedł też wielki Colin, niepokoi się własnym przeobrażeniem. Moim zdaniem zdaje sobie sprawę, że się zmienia, ale nie chciał mi powiedzieć nic więcej.

– Colin jest najstarszy na wyspie, zgadza się? – upewnił się Matt. – Wysoki, kasztanowe włosy i krosty na policzkach?

– Tak, to on. Zajmuje się ptaszarnią. Czasami jest trochę gapowaty, ale w końcu wszystko mi powie, kiedy jego przeobrażenie stanie się oczywiste. Będę was informować na bieżąco. Aha, zapomniałabym: rozmawiałam z Tiffany z Jednorożca. Opowiedziała mi trochę więcej na temat Claudii, którą zna. Podobno ona jest w porzo, chociaż zarazem tajemnicza, niezbyt rozmowna i co najważniejsze, zdarza się, że wychodzi nocą z pokoju. Podłogi tu nieźle skrzypią, więc wszystko słychać. Ale Tiffany nie wie, dokąd ona chodzi. Podejrzewa, że Claudia ma chłopaka. Oczywiście ja nic nie mówiłam. W każdym razie jest pewne, że Claudia należy do spisku.

Przy deserze przyłączyła się do nich Gwen. Miała długie jasne włosy, toteż Tobias zadrżał, wyobraziwszy sobie, jak sterczą aż do samego sufitu, kiedy śpi. Następnie obie dziewczyny wyruszyły razem do Hydry, chłopcy zaś udali się do pokoju Tobiasa. Gawędzili tam przez półtorej godziny, dopóki światła na zamku nie pogasły. Rozmawiali o rodzicach, za którymi tęsknili, o kumplach, zastanawiając się, czy przeżyli Burzę i gdzie też mogą teraz być. W końcu pogrążeni w melancholii włożyli przyniesione przez Tobiasa płaszcze z kapturami, aby wtopić się w cienie na korytarzach.

W gruncie rzeczy ich plan był bardzo prosty: krążyć nocą po Krakenie w nadziei, że zobaczą Douga albo jego wspólników, podejść jak najbliżej i rozpoznać ich. Strategia ta nie była zbyt sprytna, za to niebezpieczna i w dużej mierze opierała się na łucie szczęścia, ale nic lepszego nie udało im się wymyślić. Najdelikatniejsza część operacji polegała na podejściu do nich niepostrzeżenie, gdyby zaś zostali zauważeni, mieli uciekać i dzięki przebraniu siać przy okazji zamęt, ukrywając twarze.

Spacerowali po zimnych korytarzach przez ponad godzinę, przemierzając hole i sale ze skrzypiącym parkietem pod oskarżycielskim wzrokiem postaci z obrazów, wypchanych łbów zwierząt bądź zbroi, które, jak mieli nadzieję, były puste. Tobias trzymał w jednej ręce lampę oliwną, chociaż jej nie zapalił, bo wystarczał im blask księżyca, który przenikał przez wysokie okna.

– Myślisz, że wyjdą dziś w nocy? – zapytał Tobias, któremu już brakowało cierpliwości.

– Niby skąd mam wiedzieć?

– Mam po dziurki w nosie kręcenia się w kółko.

– Nie kręcimy się w kółko. Kraken jest tak duży, że trzeba by chodzić aż do świtu, aby zatoczyć pełne koło!

– Właśnie, oni są pewnie gdzieś na piętrach, a my od samego początku plączemy się na dole!

– Jeżeli mają działać dziś w nocy, będą tędy przechodzić, to droga do palarni i do tajemnego przejścia.

Tobiasa wcale to nie przekonało. Błąkali się jeszcze godzinę, po czym mały nadpobudliwiec opadł na fotel w salonie.

– Przerwa – oznajmił.

Matt usiadł naprzeciwko.

– Chyba jest już po północy – stwierdził. – Jeżeli wkrótce nie wyjdą, myślę, że będziemy mogli się położyć spać.

Wtem księżyc przesłoniła czarna chmura, z miejsca pogrążając pokój w ciemnościach.

– To dołujące – parsknął Tobias. – Kiedy tak się robi, człowiek się czuje zupełnie jak w jakimś horrorze!

Matt wpatrywał się w mroczne niebo.

Przesłaniająca księżyc chmura wierciła się i drżała, nie potrafiąc pozostać w miejscu.

Chłopiec przykleił twarz do szyby.

– To nie jest chmura – szepnął. – To... to są nietoperze! Już je widziałem przedwczoraj wieczorem.

– Są ich setki! – ostrzegł Tobias, któremu głos się łamał ze strachu. – Co one robią?

Chmura zaczęła wirować, a następnie pomknęła w stronę zamku Jednorożca, lecz w ostatniej chwili zmieniła kierunek i jęła latać nad Centaurem, zataczając szerokie koła.

– Szukają otworu – wyjaśnił Matt. – Przedwczoraj robiły to samo. Wydaje mi się, że chcą się dostać do każdego zamku.

– Po co?

– Nie wiem, ale nie wyglądają na zbyt przyjazne, jeśli chcesz znać moje zdanie. Tamtego wieczoru trzy gacki próbowały się na mnie rzucić.

– Trzeba by ostrzec resztę Piotrusiów, żeby o zmroku zamykali wszystkie okna i drzwi.

Matt już otworzył usta, żeby coś odpowiedzieć, gdy tuż za nimi ktoś powiedział:

– A, tutaj jesteście! Dalej, pospieszcie się!

Matt natychmiast rozpoznał głos. Kiedy się odwrócił, ujrzał kiwającego na nich Douga.

– Chodźcie, mamy dużo roboty – rozkazał. – Regie i Claudia czekają.

Co rzekłszy, zniknął w korytarzu.

– Nie widział naszych twarzy – szepnął Matt.

– W takim razie spadamy stąd, chodź, jeszcze możemy mu uciec schodami w zachodniej wieży.

Matt chwycił przyjaciela za nadgarstek.

– To nasza jedyna szansa – oświadczył. – Możemy podejść do nich całkiem blisko.

– I dać się zabić, jak tylko się zorientują, że nie jesteśmy tymi, za kogo nas biorą!

– Jeśli nic nie zrobimy, Doug da znak Cynikom, a wtedy oni zniszczą tę wyspę. Chcesz skończyć w klatce, jadąc na południe, ku czerwonemu niebu? Właśnie teraz należy działać!

Tobias westchnął.

– Nie cierpię, kiedy tak trzeźwo myślisz – burknął.

– Naciągnij porządnie kaptur na głowę, żeby nie mogli cię rozpoznać.

I czym prędzej popędzili za Dougiem.

Dotarłszy na korytarz ze zbrojami, Matt i Tobias spostrzegli dwie czekające na nich postacie: Claudię i Regiego. Ledwie Doug znalazł się u stóp schodów, otworzył przejście.

– Arthur, zapal lampę – polecił.

Matt pojął, że zwraca się do Tobiasa, toteż szturchnął przyjaciela dyskretnie w bok. Tobias bąknął coś niewyraźnie i wydał z siebie pomruk, który miał znaczyć „tak", a następnie spełnił polecenie, starannie ukrywając kolor dłoni. Kiedy płomień zapłonął w szklanej osłonce, chłopiec trzymał lampę z boku, żeby cienie nadal przykrywały mu twarz. Pochód otwierał Regie, który niósł kolejne źródło światła, zamykali go zaś Matt i Tobias.

Przemierzyli całe podziemie, starannie okraczając drut, który uruchamiał klatkę-pułapkę, i dotarli na zamek Minotaura. Wspięli się na pierwsze piętro, idąc od sali do sali, jakby nie istniało żadne zagrożenie. Tobias pochylił się ku przyjacielowi, mówiąc:

– Widziałeś? Wcale nie wyglądają, jakby się bali potwora.

– Kiedy ich pierwszy raz nakryłem, Doug tłumaczył, że zna jego cykl, bo go karmi, i nie sprawiał wrażenia przestraszonego. Już sobie przypominam: powiedział, że o tej porze śpi.

Doug rzucił, wskazując jakieś drzwi:

– Arthur i Patrick, poszukajcie w schowku jakichś pasów, powinny tam być, a my się zajmiemy czystymi strzykawkami.

Tobias spojrzał na Matta.

– Strzykawkami? – powtórzył.

– Matt będzie się opierał – ciągnął Doug, nim wszedł do pokoju obok. – Musimy mieć mocne pasy.

Kiedy drzwi się zamknęły za całą trójką, Matt wepchnął Tobiasa do wspomnianego schowka.

– Nie wiem, co oni planują, ale Doug ma rację co do jednego: zamierzam się opierać!

W nozdrza połaskotał ich silny zapach kurzu. Gdy rozejrzeli się z zaciekawieniem dookoła, Matt o mało nie wrzasnął na widok twarzy, która wpatrywała mu się prosto w oczy pustym wzrokiem z odległości ledwie pół metra. Cofnął się i stwierdził, że to manekin, jakie można zobaczyć na sklepowych wystawach. Dalej na półkach piętrzyły się dziesiątki bibelotów, w głębi pod ścianą stały kartony i jakieś niewiarygodne rupiecie. Końskie siodła, plastikowe ruletki, stara gitara, a nawet kombinezon nurka co najmniej z połowy XX wieku. Matt stwierdził, że brakuje mu tylko butów.

– Wiesz, kto to taki ten Patrick? Czy to nie ten wysoki, raczej nie rzucający się w oczy blondyn?

Tobias pokiwał głową.

– To on. Mieszka w Centaurze, chyba ma jakieś czternaście lat, nie jest zbyt rozmowny, ale za to należy do naszych najlepszych rybaków!

– Tak czy inaczej mamy o jednego więcej na liście.

– Co teraz zrobimy? Nie możemy tu dłużej zostać, bo się zorientują!

Jakby na potwierdzenie tych słów w korytarzu rozległy się głosy:

– Doug? To my! Arthur i Patrick. Jesteście tam?

Mattowi aż ścierpła skóra.

– Wpadliśmy – powiedział.

– Nie mów tak! – odparł Tobias. – Poddawanie się to nie w twoim stylu.

Matt odetchnął głęboko, zastanawiając się ze wzrokiem wbitym w sufit.

– Wiem – westchnął. – Tylko że… jestem już tym wszystkim zmęczony! Nie dość, że odkąd świat się zmienił, i tak jest ciężko, to jeszcze wśród nas muszą się trafiać zdrajcy!

Tobias przyłożył ucho do drzwi i szepnął:

– Już tu są! W korytarzu.

Nagle odskoczył. Tuż za drzwiami zaskrzypiała podłoga.

Klamka się poruszyła i zaczęła opadać w dół.

Matt odzyskał całą trzeźwość umysłu i zimną krew, tak charakterystyczne dla niego w trudnych sytuacjach: pochyliwszy się, zasunął rygiel, starając się robić jak najmniej hałasu.

Ktoś spróbował otworzyć drzwi, lecz ani drgnęły.

– Tu ich nie ma – oświadczył głos w korytarzu.

Tobias znów przykleił ucho do drzwi i na koniec stwierdził:

– Polecieli dalej. Teraz albo nigdy.

Obaj przyjaciele wyskoczyli z lampami w dłoniach.

– A ty gdzie? – zdumiał się Tobias. – Wyjście jest tam!

– Wiem, ale jeśli teraz uciekniemy, nigdy się nie dowiemy, co się tu właściwie święci. Nie ma czasu, Toby, musimy to odkryć dziś w nocy! Bo ja nie zamierzam grzecznie wrócić do łóżka i czekać na pasy i strzykawkę.

Tobias skrzywił się z rozpaczą i opuścił ramiona, Matt zaś pociągnął go za sobą śladami Douga.

36

MANIPULACJA

Matt i Tobias podążali za głosami. Doug i jego banda znajdowali się w obszernej kuchni. Zdążyli do nich dołączyć Arthur i Patrick. Właśnie przemawiała Claudia:

– Kimkolwiek są, przyszli za nami aż tutaj. Musimy działać natychmiast!

– Regie – warknął Doug – zasuwaj po Sergia!

– Mi... minotaur? – zapytał jego młodszy brat.

– Tak. Niech zablokuje wejście do obserwatorium, nie chcę, żeby się przedostali na górę! Arthur pójdzie z nami. Claudia, ty zejdź na dół, do schowka, znajdź taki wielki klucz i zamknij drzwi do obserwatorium. W tym czasie ja zarygluję tajemne przejście, żeby nie mogli uciec.

Matt odciągnął Tobiasa do tyłu.

– Zaraz urządzą polowanie na ludzi w całym zamku... – powiedział.

– Przede wszystkim uwolnią minotaura! – odszepnął szybko Tobias. – Tym razem spadamy stąd, póki to możliwe!

– Nie, zostajemy! Właśnie odkryliśmy, że Sergio należy do bandy. Jesteśmy na dobrej drodze, a ja chcę się dowiedzieć, co takiego ważnego ukrywają na górze, w obserwatorium.

Matt dał przyjacielowi znak, by poszedł za nim. Tymczasem gdzieś w oddali trzasnęły drzwi. „Regie i Arthur", domyślił się. Nie było ani chwili do stracenia. Matt ruszył truchtem, za nim Tobias. Nie miał pojęcia, jak w tym labiryncie korytarzy, ciemnych sal i schodów dotrzeć do obserwatorium, nie wątpił jednak, że przy odrobinie pomyślunku odnajdzie drogę. Kilka razy przemknęli pod oknami, toteż Matt musiał nakazać Tobiasowi, by opuścił lampę, inaczej ktoś mógłby zobaczyć światło. Wdrapali się kolejno na trzy wieże, lecz żadna z nich nie okazała się tą właściwą. Matt przypuszczał, że są już niedaleko, kiedy niespodziewanie podłoga zaczęła drżeć i ściany się zatrzęsły od ciężkich kroków. Od razu pojął, że coś się zbliża – że nadchodzi potwór.

– Idzie do nas! – jęknął Tobias, rozglądając się dokoła. – Idzie!

– Pewnie zauważył światło lampy, chodź!

Matt pognał do wielkiej sali o czarno-białej posadzce. Lawirując między stołami i krzesłami, chłopcy przemknęli do drzwi prowadzących na kolejny korytarz.

– Czy ty w ogóle wiesz, dokąd idziemy? – odezwał się Tobias drżącym głosem.

Matt nie odpowiedział. Potwór znajdował się niedaleko; chłopiec czuł drgania podłogi pod podeszwami za każdym razem, gdy minotaur uderzał w nią kopytem. Zawahał się, czy pójść w prawo, czy w lewo. W tym labiryncie stracił orientację.

Kiedy kroki rozległy się tuż za nimi, Tobias obejrzał się i zawołał przyjaciela. W progu wielkiej sali wzniósł się tuman kurzu: pojawił się wysoki na ponad dwa metry minotaur o ciele mężczyzny z głową byka i ogromnymi rogami. Wpatrywał się w nich, stojąc w półmroku.

Matt wziął nogi za pas. Biegł, żeby uciec, biegł, żeby przeżyć. Minąwszy szereg zamkniętych drzwi, na kolejnym rozwidleniu skręcił, nie dbając o kierunek, i właśnie dotarło do niego, że są w pułapce, gdy wtem ujrzał przed sobą na drugim końcu korytarza Claudię. Ona także ich spostrzegła i wszyscy troje znieruchomieli. Brązowe loki opadały jej po obu stronach twarzy. Zmierzyła ich złowrogim spojrzeniem. Zerkając ku znajdującym się w połowie drogi drzwiom, dziewczyna potrząsnęła nerwowo dużym kluczem, który trzymała w dłoni. Podążając za jej wzrokiem, Matt doszedł do wniosku, że to drzwi do obserwatorium.

Cokolwiek się znajdowało na samej górze, Doug pragnął za wszelką cenę zachować to w tajemnicy. Matt i Claudia popatrzyli na siebie. I nagle dziewczyna pognała do drzwi. Matt zrobił to samo; pomknął, naprężając mięśnie ud, pracując mocno rękami.

Sam dobrze nie wiedząc, czy biega szybciej od Claudii, czy to kolejny skutek przeobrażenia, Matt od razu się zorientował, że ją prześcignie.

Drzwi były coraz bliżej. Tobias nie mógł jednak biec tak prędko jak on – nie zdołają dotrzeć do celu przed Claudią obaj równocześnie. A Matt nie chciał zostawić przyjaciela.

Nieznacznie zmienił zatem kierunek i w ostatniej chwili, tuż przed upragnionym progiem, rzucił się na Claudię, popychając ją na ścianę. Oszołomiona ciosem dziewczyna z m r u ż y ł a oczy, nim pojęła, co się stało. Pod wpływem oddechu Matta brązowe kosmyki odsłoniły jej opaloną twarz.

Matt przyciskał jej nadgarstki do zimnego kamienia.

– Co… co wy… tam ukrywacie na górze? – wysapał.

Claudia usiłowała go odepchnąć, ale zbyt mocno ją trzymał. Tobias ich dogonił i otworzył drzwi.

– Chodź! – powiedział.

Matt nie zwracał na niego uwagi zajęty dziewczyną. Stał tak blisko, że doleciał go zapach jej skóry, jednocześnie słodki i kwiatowy. Poczuł rozlewającą mu się po brzuchu falę dziwnego gorąca i czym prędzej spróbował wyrzucić Claudię ze swych myśli.

– Mów – nie ustępował. – Dlaczego bronicie nam wstępu do obserwatorium?

Stukot kopyt był coraz bliżej, jakby minotaur wahał się, który obrać kierunek.

– Tędy! – wrzasnęła Claudia. – Są tutaj!

Matt nie wiedział, co robić. Nie czuł się na siłach, żeby ją uderzyć, a tym samym uciszyć. Czy dlatego, że była dziewczyną, czy dlatego, że po prostu nie miał w sobie aż tyle agresji, by zadać cios z zimną krwią?

– Dlaczego nam to robicie, co? – zapytał, nie kryjąc gotującej się w nim wściekłości.

Potwór był tuż-tuż.

– Prędko! – błagał Tobias, przytrzymując drzwi.

Minotaur wtoczył się na korytarz wolniejszym krokiem, z trudem. Matt widział, jak jego ramiona podnoszą się rytmicznie; potwór sprawiał wrażenie wyczerpanego. Dyszał ochryple przez nos i chociaż się wahał, jego długie ostre rogi nadal budziły grozę.

Właśnie wtedy Matt zauważył w jego wyglądzie pewien szczegół. Minotaur miał na sobie spodnie z grubego płótna, zamiast kopyt ciągnął jednak za sobą dwa ciężkie ołowiane buty. „Te od skafandra ze schowka!" Nosił spodnie na szelkach i widać było tylko jego nagie ramiona, resztę bowiem skrywała zniszczona skórzana kurtka, której odcięto rękawy. Potwór sapał, lecz nie ryczał. Teraz, gdy podchodził coraz bliżej, Matt uświadomił sobie, że jego pysk w ogóle się nie zmienia, że zastygł w tym samym obojętnym wyrazie.

To było myśliwskie trofeum.

Wypchany łeb, z którego usunięto włosie, żeby zrobić z niego maskę.

To było zwykłe oszustwo. Minotaur miał wypchaną pierś. „Nogi małego Piotrusia, który siedzi na ramionach większego. Jak nic Regie i Sergio!" Wkręcali ich od samego początku.

Doug i jego spiskowcy postarali się odsunąć wszystkich od tego zamku. „Żebyście mogli swobodnie robić swoje, prawda? Żeby przygotować atak Cyników! Ale w takim razie co ukrywacie na górze? Jaką broń chowacie w zanadrzu?"

Rozległy się coraz głośniejsze kroki, po chwili zaś pojawili się Doug i Patrick.

Nawet jeśli minotaur nie istniał, mieli nad nimi znaczną przewagę liczebną. Matt wyrwał z rąk Claudii klucz, odepchnął ją, skoczył za Tobiasem i zaryglował drzwi.

– To powinno ich na trochę powstrzymać – westchnął.

– A my? Jak teraz stąd wyjdziemy?

Zadarłszy głowę, Matt stwierdził, że znajdują się u stóp kręconych schodów.

– My – powtórzył z roztargnieniem – wskrabiemy się na samą górę.

W połowie drogi Tobias zarządził przerwę, tak bardzo bowiem paliły go mięśnie łydek i ud. Wieża była wysoka; nie mieli już żadnych wątpliwości: trafili do obserwatorium. Wtem drzwi na dole zaczęły drżeć. Doug i jego banda usiłowali je wyważyć. Matt ocenił, że to im zajmie trochę czasu, ponieważ wydawały się bardzo solidne. Ostatnie metry okazały się naprawdę trudne nawet dla niego, który od samego początku niezbyt się męczył. Dotarli na szczyt bez tchu, na miękkich nogach.

Widok, jaki zobaczyli, pozwolił im jednak odzyskać zmysły.

Wieżę wieńczyła imponująca kopuła na prowadnicach, w jednej czwartej otwarta na gwiazdy, które można było oglądać przez teleskop wielki jak wóz strażacki.

Ściany zniknęły za setkami wielobarwnych grzbietów książek, pośrodku królowało zawalone zeszytami biurko. Na pokrętle teleskopu wisiała świecąca nieśmiało lampa oliwna.

– O w mordę! – wyrwało się Tobiasowi.

Weszli w głąb olbrzymiego pomieszczenia, chcąc się przyjrzeć tablicom, które zdobiły drobne litery wypisane kredą.

Słysząc za plecami szelest, Matt się odwrócił. To nie mogli być tamci, nie tak szybko.

Dopiero po chwili podniósł wzrok i wtedy do niego dotarło.

Twarz nie znajdowała się na wysokości, na której się jej spodziewał.

I nie bez powodu: drogę do schodów zatarasował dorosły mający metr dziewięćdziesiąt wzrostu.

Był to Cynik odsłaniający w uśmiechu małe żółte zęby.

CZĘŚĆ TRZECIA

CYNICY

37

WIELKA TAJEMNICA

Matt odruchowo odepchnął Tobiasa za siebie, szykując się do walki. Nigdy nie umiał się bić, w szkole zawsze starał się za wszelką cenę unikać konfliktów, a przy rzadkich okazjach, gdy musiał zrobić użytek z pięści, zawsze wychodził z tego z pokancerowaną twarzą. Teraz jednak wszystko się zmieniło. Matt czuł się bardziej skłonny stawić czoło Cynikowi niż Tobias.

Podniósł ręce przed siebie, stając w pozycji obronnej, jaką zapamiętał z filmów, i upewnił się, że mocno stoi na obydwu nogach.

– Ostrzegam – powiedział głosem, który według niego był nieco za mało męski i za mało groźny – że jeśli zrobisz jeszcze krok, rozkwaszę ci nos.

Wyzywający, jak ocenił Matt, uśmieszek znikł z twarzy Cynika, który oparł dłonie na biodrach.

– Coś podobnego, też mi grzeczność! – zadrwił. – Czy to Doug was przysłał?

– Wiemy, co knujecie z Dougiem, który chce oddać wyspę w ręce twoich przyjaciół.

Cynik zmarszczył się niemal z oburzeniem.

– O czym ty mówisz? Jakich przyjaciół? Jestem Michael Carmichael, a ty znajdujesz się na m o j e j wyspie, młody człowieku, więc byłbym wdzięczny, gdybyś okazał trochę więcej szacunku swojemu gospodarzowi, nawet jeżeli sam mój podeszły wiek go nie wzbudza! Gdzie się podziały twoje maniery?

Chwila niepewności. Chłopcy popatrzyli po sobie, wreszcie Matt odważył się zapytać:

– Jest pan tutaj od samego początku?

– Tak, nigdy nie opuszczałem zamku.

– Ale... dlaczego... dlaczego nie jest pan...

– Agresywny jak inni dorośli? Wyobraźcie sobie, że w noc Burzy przydarzyło mi się coś dziwnego. Może jednak najpierw wy byście powiedzieli, co tu robicie?

Matt zerknął na schody.

– Doug i jego towarzysze pana chronią, zgadza się? – odgadł.

– Tak. Ze względu na akty przemocy i porwania dokonywane przez, jak ich nazywacie, Cyników wiele dzieci przysięgło, że zabiją każdego, kto choć trochę przypomina dorosłego. Doug i Regie się wystraszyli i uznali, że lepiej będzie ukryć mnie tutaj, czekając na odpowiedni moment, by mnie wszystkim przedstawić.

– Chowa się pan od pół roku! – wykrzyknął Tobias.

– Tak. Och, trudno powiedzieć, żeby to się różniło od życia, które wiodłem przedtem. Mogę przesypiać część dnia i obserwować gwiazdy wieczorem. Doug i jego przyjaciele przynoszą mi codziennie na zmianę jedzenie. To lepsze niż dom starców!

Wyciągnął rękę, zapraszając, by przeszli do tej części obserwatorium, w której obok kominka stały naprzeciw siebie dwie kanapy. Matt przeprosił i ruszył ku schodom ze słowami:

– Pójdę otworzyć Dougowi i tamtym. Zdaje się, że musimy porozmawiać.

Cała banda Douga (Sergio i Regie zdjęli przebranie), rozparta wygodnie na kanapach, otoczyła Tobiasa i Matta. Na widok spoczywającego u ich stóp ogromnego rogatego łba Matt przypomniał sobie puste miejsce i sterczące gwoździe w sali trofeów. Regie potwierdził, że łeb wzięli właśnie stamtąd. Buty od skafandra wystarczyły, by chód stał się ciężki i głośny.

Michael Carmichael, który poruszał się bardzo powoli, postawił na stoliku sześć filiżanek parującej herbaty.

– Będziecie musieli się podzielić, nie mam aż tylu filiżanek – oświadczył swym barytonem.

Następnie usiadł w fotelu na kółkach, wzdychając z wyczerpania.

– Dlaczego siedzi pan tutaj tak długo? – zapytał Matt, który nie potrafił sobie wyobrazić, że można siedzieć w zamknięciu przez tyle miesięcy.

– Gdybyś słyszał, co mówili niektórzy Piotrusie, kiedy tu przybyli – odezwał się Doug. – Większość widziała, jak Żarłoki albo Cynicy atakują i zabijają ich kolegów. Ich gniew był zaraźliwy, dopiero teraz zaczyna opadać.

– Ale przecież on jest… niegroźny – stwierdził Tobias, wzruszając ramionami.

Carmichael roześmiał się na to określenie.

Doug zaś mówił dalej:

– Wielokrotnie poruszałem ten temat i zawsze słyszałem to samo: nie można już ufać dorosłym, wszyscy są podstępni, niebezpieczni. Od samego początku zrozumiałem, że potrzeba czasu, zanim wspomnienie masakry się zatrze. A poza tym… wujek Carmi lubi swoje nowe życie!

Starzec pokiwał energicznie głową i dodał:

– Nikt mnie nie zanudza, mogę cały czas poświęcić swojej pasji i mam setki nowych wyzwań!

Matt skinął głową. Zdumiewająca wiedza Douga budziła w nim teraz mniejszy podziw – pochodziła od wuja! Kiedy ktoś zadał mu pytanie, wystarczyło, że przekazał je temu mądremu wykształconemu starcowi, który udzielał na nie odpowiedzi jeszcze tego samego wieczoru.

– To pan stworzył teorię impulsu, prawda? – dopytywał się Matt. – Kiedy Amber się dowie, nie będzie mogła usiedzieć na miejscu!

– Czy Amber to ta dziewczyna, o której mi mówiłeś, Doug? Nie mogę się doczekać, kiedy ją poznam. Przyznaję, że jej hipoteza na temat przeobrażenia wzbudziła mój szczery podziw!

– A czy Księga Nadziei naprawdę istnieje?

Carmichael zaśmiał się krótko, po czym obrócił się na swym fotelu na kółkach i podjechał do biurka. Chwycił książeczkę w białej okładce.

– Oto słynna Księga Nadziei!

Matt wziął ją do ręki i przeczytał: „Przewodnik przetrwania – jak się przystosować do życia w każdych warunkach i stworzyć własny mikrokosmos, autorstwa Jonasa Siona".

– Zwykły podręcznik przetrwania? – zakpił.

– A tak – odrzekł Carmichael tonem nie pozbawionym ironii. – Pełen dobrych rad, jak uprawiać ziemię, zbierać wodę albo polować.

– Spodziewałem się czegoś bardziej...

– Imponującego?

– Tak, wyobrażałem sobie coś w rodzaju... Biblii, świętej księgi albo świadectwa mędrca.

– Nie, nic z tych rzeczy. To społeczeństwo zaczyna od zera, mój mały, być może na boskość przyjdzie czas, ale później. Teraz jest pora przede wszystkim na pragmatyzm. Na przetrwanie.

Co do Tobiasa, jego uwagę ciągle jeszcze zaprzątała tajemnica minotaura i cała ta maskarada.

– Więc zamek nigdy nie był nawiedzony? – powiedział niemal z rozczarowaniem.

– Nie, rolę minotaura odgrywali Sergio i siedzący mu na ramionach Regie – potwierdził Doug. – Arthur biegał za nimi z ogromnym miechem od kominka, udając ciężkie sapanie.

– A zielony dym, który było czasem widać?

– Prosta reakcja chemiczna po zetknięciu dwóch substancji.

– Ale sprawialiście wrażenie gotowych się nas pozbyć!

Doug parsknął śmiechem.

– Wziąłeś nas za morderców czy co? – zawołał z udawanym oburzeniem. – Robimy wszystko, żeby chronić naszą tajemnicę, żeby wujkowi Carmichaelowi nie groziło niebezpieczeństwo. Dlatego skonfiskowaliśmy prawie całą broń na wyspie. Niedługo zamierzamy powiedzieć o jego istnieniu. Musimy przeciągnąć wszystkich Piotrusiów na naszą stronę, żeby uniknąć niezgody. Ale nigdy byśmy nikogo nie zabili! Claudia i Patrick czegoś się domyślili, więc trzeba było im wyjaśnić.

– Ile was w sumie jest? – zapytał Matt.

– Siedmioro. Nasza szóstka plus Laurie, dziewczyna z Jednorożca. Zaczęliśmy rysować na zewnętrznych drzwiach zamku przerażające znaki, potem w miarę potrzeb przyłączali się do nas inni, którzy byli wystarczająco sprytni i domyślili się, że coś ukrywamy. Zresztą podobnie było z wami. Mieliśmy szczęście, że zauważyliśmy, jak wchodzicie do zamku minotaura. Udało nam się was zmylić i zmusić do ucieczki. Od czasu do czasu ktoś was pilnował, ale nie bez przerwy, bobyśmy się zdemaskowali.

– A te wielkie wzmocnione drzwi? To też wasza sprawka? – zdziwił się Tobias.

– Tylko jeśli chodzi o tajemnicze rysunki, reszta była już przedtem. Wujek kazał sobie zbudować bunkier.

– Ostrożności nigdy za wiele – wtrącił starzec.

– Skoro pan jest nadal taki jak dawniej – stwierdził Matt, spoglądając na niego – można przypuszczać, że i inni dorośli nie stali się agresywni.

Carmichael powoli ze smutkiem pokręcił głową.

– Wyobraź sobie, że miałem dużo szczęścia. W noc Burzy byłem tutaj i obserwowałem niebo i te straszne błyskawice, które przeczesywały okolicę. Właśnie wtedy zbliżyły się do wyspy. Wyglądały zupełnie jak olbrzymie ręce szkieletów. Macały po ziemi w poszukiwaniu ofiary, a wszystko, czego dotknęły, od razu wyparowywało. W chwili kiedy podeszły do tej wieży, zagrzmiało i pokój zalało oślepiające światło. Poczułem gwałtowne wyładowanie, a potem… nic.

Matt wpatrywał się w fotel na kółkach, w którym siedział Carmichael, w jego sękate palce poznaczone zielonymi żyłkami, w pergaminową skórę. Starszy pan mówił dalej:

– Wyobraźcie sobie, że w teleskop i we mnie trafiła prawdziwa błyskawica, nie taka jak tamte podczas tej złowieszczej Burzy! Kiedy już miałem zostać schwytany przez te elektryczne ramiona, powalił mnie piorun. Myślę, że to uderzenie mnie uratowało. Ale przyznacie chyba, że to niezwykle rzadki przypadek i trudno żywić nadzieję, iż jeszcze gdzieś się przydarzył. Jestem więc ostatnim normalnym, można by powiedzieć: przyjaznym dorosłym w tym kraju i prawdopodobnie na ziemi.

– Czy musi nastąpić równocześnie uderzenie pioruna i jeden z tych złych błysków, żeby ich skutki się zniosły? – dopytywał Tobias. – To jest wykonalne, gdyby nam się udało odtworzyć te same warunki, moglibyśmy przywrócić wszystkich Cyników do normalnego stanu!

– Daj sobie spokój, to byłby daremny wysiłek, strata mnóstwa energii na próżno – uciął natychmiast Carmichael. – Po pierwsze dlatego, że nie da się przywołać pioruna, jeśli mogę się tak wyrazić, po drugie dlatego, że nie wiemy, czy ta Burza powróci, co wydaje się wykluczone, jeśli moja teoria jest słuszna, ponieważ doszło do niej wyłącznie po to, by zmienić świat, spustoszyć lądy i morza, wyzwolić impuls transformacji. I wreszcie według mnie mózgi dotkniętych tym impulsem dorosłych za bardzo ucierpiały, o ile nie zostały definitywnie zmodyfikowane, tak że raczej nie ma co liczyć na naturalną naprawę.

– Naprawdę pan sądzi, że nie będzie już więcej Burzy? – zapytał Matt.

– Takie jest moje zdanie. Czy wiecie, co to jest symbioza? Występuje wtedy, gdy dwa organizmy się łączą, żeby razem żyć i trwać w nieskończoność. Właśnie tak postępowały przez długi czas ludzkość i Ziemia. Dopóki nie postanowiliśmy jej ograbić, zanieczyścić, przestać ją szanować. Ziemia to organizm, który został zmuszony do reakcji. Wysłała więc do walki własne przeciwciała: Burzę, aby zmusić ludzkość, która stała się pasożytem, do transformacji. Większość z nas poniosła śmierć, nie przeżyła impulsu. Inni zmutowali, to odsetek błędu, odrzutu, impulsu. Są wreszcie ci, którzy zainkasowali cios. Ta naturalna agresja wstrząsnęła nimi tak bardzo, że sami stali się istotami agresywnymi, wkraczając na wojenną ścieżkę samoobrony.

– To teoria opracowana przez Amber – przypomniał Matt.

– Właśnie! Ponieważ jest dobrą obserwatorką i od razu zrozumiała, co się dzieje w skali planety. W gruncie rzeczy to samo zachodzi na co dzień w naszych ciałach. Wy, dzieci, jesteście nadzieją, jaką Ziemia chce jeszcze w nas pokładać.

– Więc świat już się nie zmieni, taki będzie zawsze? – skwitował Tobias głosem drżącym ze wzruszenia.

– Będzie taki, jakim go uczynicie. Na was spoczywa odpowiedzialność za przyszłość naszego gatunku!

– Będzie pan mógł nam pomóc – odparował Matt. – Pańska wiedza, pańska…

– Jestem bardzo słaby, odkąd trafił mnie piorun – uciął Carmichael. – Potrafię ustać na nogach zaledwie pół godziny i czuję, że moje ciało coraz bardziej się męczy. Przyszłość będzie się tworzyć beze mnie, moje dzieci.

Doug głośno przełknął ślinę i objął ramieniem młodszego brata.

Matt doszedł do wniosku, że lepiej dla wszystkich będzie zmienić temat, toteż wrócił do tego, co dotyczyło ich bezpośrednio.

– Dlaczego chcieliście mi zrobić zastrzyk?

– Żeby zbadać twoją krew – wyjaśniła Claudia. – Pokazałeś światu swoje przeobrażenie. Pan Carmichael chciał zbadać twoje krwinki czy coś takiego.

– To prawda – potwierdził starszy pan. – Nie miej do nich żalu, to ja wpadłem na pomysł, żeby ci pobrać krew we śnie. Chętnie bym wam pomógł zrozumieć to przeobrażenie. Nie dysponuję zbyt dużą ilością sprzętu, zresztą przy braku prądu i tak nie nadaje się do użytku, ale nigdy nie wiadomo.

– Mogliście poprosić, przecież bym się zgodził na pobranie krwi!

– Wtedy byś zapytał dlaczego, a to by wzbudziło jeszcze więcej podejrzeń – odrzekł Doug. – Nie złość się na nas.

– Nie mam do nikogo pretensji – uspokoił go Matt. – Zresztą przepraszam cię za tamto, Claudio. Mam nadzieję, że nie zrobiłem ci krzywdy.

Dziewczyna pokręciła uspokajająco głową. Wszyscy przyglądali się Mattowi z mieszaniną rozbawienia i ciekawości. Był tym Piotrusiem, który pokazał swoją siłę w wielkiej sali, przebiegłym Piotrusiem zdolnym pokrzyżować ich plany.

Nagle Matt uświadomił sobie, że podejrzewał nie te osoby, co trzeba. Doug i jego koledzy nie mieli nic wspólnego z szykowanym atakiem. Nic ich nie łączyło z Cynikami z lasu. Zerwał się na równe nogi.

– Dam wam próbkę krwi, jeśli chcecie, ale przedtem muszę wam coś powiedzieć. Zdradzić tajemnicę, która zagraża życiu każdego z nas.

38

ANONIM

Stary Carmichael, Doug i wszyscy jego koledzy byli zdruzgotani wieścią, że na wyspie przebywa zdrajca. Wprawdzie po historii z żyrandolem i przeciętym sznurem zaczęli już mieć wątpliwości, woleli się jednak uczepić dziwacznych teorii, niż wziąć pod uwagę najgorsze. Usłyszawszy zaś jeszcze bardziej niepokojącą wiadomość o zbliżającym się ataku Cyników, wpadli w panikę i wujek Carmichael musiał ich ostudzić, żeby Matt mógł dokończyć swoją opowieść.

Ustalono, że w ciągu kilku najbliższych dni wszystko zostanie tak, jak było. Nie sposób oskarżać o zdradę, skoro się nie wie, kto jest zdrajcą. Nie należało dopuścić, by zdołał ostrzec Cyników, że go zdemaskowano. Dla własnego zaś bezpieczeństwa Michael Carmichael miał się ukrywać jeszcze przez jakiś czas. Wszyscy się zgodzili, żeby nazajutrz powiadomić o całej sprawie wyłącznie Amber, i właśnie Matt przekazał jej rewelacje zaraz po przebudzeniu. Zastał ją we wspólnej sali Hydry, jadła śniadanie w towarzystwie Gwen. Kiedy jej koleżanka wreszcie sobie poszła, Matt opowiedział Amber o wszystkim.

Dziewczyna chciała się natychmiast spotkać z Carmichaelem, Matt jednak wyjaśnił, że lepiej będzie, jeśli go odwiedzi po zmroku, kiedy wszyscy pójdą spać.

Po południu na wyspę zawitał kolejny Długodystansowiec, co się rzadko zdarzało. Matt rozpoznał w nim Bena.

Poczuł ukłucie w sercu – Amber bardzo go lubiła. Ben dopiero co wrócił z południowego zachodu, lecz nie przyniósł zbyt wielu nowin z wyjątkiem tej, że w Edenie utworzono Kwaterę Główną Długodystansowców. Żarłoki napadły na małą osadę w lesie, ale mieszkańcom udało się odeprzeć atak. Mattowi przyszli na myśl Cynicy: z nimi nie pójdzie tak łatwo, ponieważ jest ich setka, są dobrze uzbrojeni i prawdopodobnie znają się na strategii wojskowej. Która wioska Piotrusiów zdoła im się oprzeć?

Pod koniec dnia przybiegła Amber i zaciągnęła Matta do jakiegoś zakątka Krakenu.

– Mam pomysł! – zawołała, tupiąc z niecierpliwości. – Ben to pewny chłopak, mam do niego zaufanie. Przywykł do niebezpiecznych miejsc i umie zachować dyskrecję. Moglibyśmy go poprosić, żeby został naszym zwiadowcą! Podejdzie bliżej dymu, a potem nakreśli nam całą sytuację.

– Tak, to niezły pomysł. Ale diabelnie ryzykowny.

– Ben to Długodystansowiec, nie boi się niebezpieczeństwa, służy wspólnocie Piotrusiów. Zaczynam go rozumieć.

– Tak, zauważyłem, że jesteście sobie bardzo bliscy.

Amber już miała coś dodać, lecz nagle słowa zamarły jej na ustach. Patrzyła na Matta z rozbawieniem.

– Czyżbyś był zazdrosny?

Matt skrzywił się z niesmakiem.

– Zazdrosny? Niby dlaczego?

Domyśliwszy się, że uraziła jego dumę, czym prędzej sprostowała:

– Nie, przepraszam, tak mi się tylko zdawało. Tak naprawdę Ben i ja się znamy, bo ostatnim razem, kiedy tu był, zasypywałam go pytaniami. Przyznałam ci się przecież, że sama pragnę zostać Długodystansowcem, jak osiągnę wymagany wiek. To już niedługo, za cztery miesiące! A Ben dał mi sporo rad. On ma przeszło siedemnaście lat i robi to od kilku miesięcy. No więc co sądzisz o moim pomyśle?

– Trzeba zapytać, czy Ben się zgadza...

– Zgodzi się, jestem pewna!

Wieczorem, gdy Amber nie było w Krakenie, Matt powtórzył jej plan Dougowi, który się nim zachwycił. Tobias przysiadł się do ich stolika podczas kolacji. Przed popołudniową zmianą w kuchni przez cały ranek ćwiczył strzelanie z łuku, toteż był wyczerpany.

– Mam wrażenie, że zaraz odpadną mi palce – poskarżył się.

Kiedy wstali, by udać się do swych pokoi, Calvin podbiegł do Matta i wręczył mu małą kopertę, jak zwykle się uśmiechając.

– Trzymaj, leżała pod drzwiami.

Matt wziął od niego kopertę, na której widniało jego nazwisko wypisane czarnym atramentem. Rozerwał ją i przeczytał:

Obserwuję cię nawet w tej chwili. Jeżeli pokażesz komukolwiek ten list, nigdy więcej nie zobaczysz Amber żywej. Jest w miejscu, które znam tylko ja. Jeśli jej nie uwolnię do jutra rana, umrze.

A teraz zrobisz, co ci każę: przyjdź na cmentarz o północy. Sam. Jeżeli zobaczę, że masz towarzystwo, Amber zginie.

Wiem, że ją lubisz, to widać, zawsze łazicie razem, wszyscy to widzą. Więc nie żartuj sobie ze mnie. Bo inaczej ją zabiję.

To jest ostrzeżenie.

Matt pobladł jak ściana i głośno przełknął ślinę.

– Wszystko w porządku? – zapytał Tobias.

– Tak... Tak, tak, to liścik od Amber, robi postępy, nic więcej.

Rozejrzał się dokoła. Znajdowali się u stóp wysokich schodów, przy stołach siedział z tuzin Piotrusiów z różnych zamków, dyskutując między sobą. Na uboczu Ben i Franklin, dwaj Długodystansowcy, rozprawiali o czymś z zapałem. Czy autor listu jest wśród nich, czy też ukrył się gdzieś indziej? Na galerii? Za kolumną? Matt nie mógł sobie drwić z tych gróźb, wolał więc złożyć anonim i schować do kieszeni, żeby Tobias nie wyrwał mu go z ręki.

– Wyglądasz nieswojo – naciskał Tobias. – Chcesz się położyć?

Udając, że źle się poczuł, Matt zamknął się w łazience. Usiadł na opuszczonej desce i ponownie przeczytał list z łomoczącym sercem. Coś w charakterze pisma, zwłaszcza w ostatnim akapicie, pozwalało mu przypuszczać, że jego autorem jest jakiś niezbyt duży Piotruś. „Wiem, że ją lubisz, to widać, zawsze łazicie razem, wszyscy to widzą. Więc nie żartuj sobie ze mnie".

Zarówno sama uwaga, jak i sformułowanie były dziecinne.

– W co myśmy się wpakowali, Amber? – mruknął.

Przypomniał sobie okolice cmentarza. To ponure i straszne miejsce. Pójście tam samemu o północy zakrawało na szaleństwo. A jeśli to wszystko to tylko żart? „Nikt nie robiłby sobie tak chorych żartów! Nie, to prawda... Amber nie jadła dziś z nami kolacji, jestem pewien, że coś jej się stało!"

– Jak cię dorwę – powiedział wpatrzony w niezdarne pismo – odechce ci się zadzierać z tymi, których kocham.

Nie miał wyboru.

Musiał się pogodzić z rzeczywistością: wpadł w pułapkę. Podobnie jak Amber. Ich życie zaś zależało od widzimisię jakiegoś niebezpiecznego małego Piotrusia.

Matt musiał być posłuszny.

O północy na cmentarzu. Sam.

39

KAMIENIE NAGROBNE I CZARNY KSIĘŻYC

Matt zaczekał, aż Tobias zacznie pochrapywać, i wstał z łóżka. Włożył dżinsy i podkoszulek, zawahał się jednak nad kamizelką kuloodporną, którą schował pod swetrem. Otuliwszy się płaszczem, wskoczył w traperki, następnie wydobył i przypasał miecz. „W liście nic nie było o tym, żeby przyjść bez broni, nie?" Zabrał ze sobą lampę oliwną, którą zapalił, gdy znalazł się na dworze. Nagle zarośla się poruszyły, po czym wypadł z nich jakiś duży ciemny kształt. Matt cofnął się, lecz zaraz rozpoznał Kudłatą.

– Ale mi napędziłaś stracha!

Kiedy ją pogłaskał, otworzyła pysk, dysząc ze szczęścia.

– Naprawdę bym chciał, żebyś teraz przy mnie była, niestety nie mogę cię zabrać. To zbyt niebezpieczne, nie wiem, co mnie czeka, i wierz mi, ten cmentarz to nie miejsce dla ciebie.

Kudłata zamknęła pysk, postawiła uszy i wpatrzyła się w niego.

– Nie nalegaj, nic z tego. No dalej, zmykaj, wracaj do swojej kryjówki, nie wolno wychodzić w nocy, jazda!

Pies spuścił łeb i zawrócił wolnym, wymuszonym krokiem.

Matt ruszył ścieżką, która biegła z tyłu Krakenu i wzdłuż tak zwanego nawiedzonego zamku. Kto mógł mu wyznaczyć spotkanie na cmentarzu w samym środku nocy? Bez wątpienia ktoś niespełna rozumu.

Od spotkania z Michaelem Carmichaelem wiele razy myślał o tym przygnębiającym miejscu, o olbrzymich pajęczynach, o atmosferze śmierci, która wokół panuje. Ta część wyspy to nie była żadna sztuczka, żeby odstraszyć Piotrusiów, tam n a p r a w d ę istniał jakiś problem – coś w rodzaju czarów albo klątwy, pomyślał. Czy to możliwe, żeby impuls spowodowany przez Burzę odmienił także ziemię, w której spoczywali zmarli?

Las po obu stronach ścieżki był nieprzenikniony, czarny. Liście na najwyższych gałęziach szeleściły pod wpływem lekkiego wiatru, od rzeki nadciągała zimna wilgoć.

Matt nie miał w głowie żadnego planu, żadnego podstępu. Chciał jedynie ocalić Amber. Był gotów się o to bić.

Po kilku minutach marszu spostrzegł po prawej stronie charakterystyczne zarysy roślin. Pnie były bezkształtne, poczerniałe, mech na ziemi wysuszony i nawet krzaki jeżyn miały kolce w kolorze hebanu. Matt przystanął i podniósł przed siebie lampę. Jak daleko sięgał wzrokiem, las wydawał się martwy. Chłopiec odetchnął głęboko, żeby dodać sobie odwagi, i zanurzył się w ten piekielny gąszcz, odsuwając nisko rosnące gałęzie, które trzaskały niczym łamane kości. Kiedy pojawiła się przed nim biała jedwabna zasłona, starannie ją ominął. Światło lampy nadawało jeszcze bardziej przerażający wygląd zwisającym z niej zmumifikowanym trupom ptaków i gryzoni. Przypomniały mu się opowieści Tobiasa o pająkach, które potrafią rozpuścić od środka człowieka, a następnie wyssać mu wnętrzności, kiedy jeszcze żyje, i przebiegł go dreszcz. Wyciąwszy mieczem krzak jeżyn, wkroczył na cmentarz.

Górowało nad nim pięć wielkich mauzoleów otoczonych przez jakieś dziesięć krzyży z tabliczkami. Matt zauważył nad sobą księżyc – miał rudobrązowe zabarwienie – i zastanowił się, czy to nie jest coś, co w astrologii nosi nazwę Czarnego

Księżyca. W filmach fantasy wilkołaki zawsze przybierają swoją postać przy Czarnym Księżycu.

„To świetny moment, żeby o tym myśleć", zakpił, chociaż wcale mu nie było do śmiechu.

Lawirował wśród stel, zachodząc w głowę, czego się po nim spodziewano. Północ musiała już być blisko. Od strony rzeki zaczynał nadciągać całun mlecznej mgły. Wyłaniała się łagodnie z gęstwiny, niczym czające się zwierzę, i rozścielała między kamieniami nagrobnymi. Matt nadal krążył w tę i z powrotem, gdy wtem zauważył pod stopami jakieś poruszenie.

Na ziemi wiły się dziesiątki czarnych larw chcących się dostać pod spód. Mattowi wyrwał się okrzyk zaskoczenia, gdy nagle z dziury w rogu grobowca wyłoniła się łapa jaszczurki wielkości rączki dziecka, chwyciła larwę i zabrała ją w głębokie ciemności.

– Gdzie ja jestem? – szepnął, oddalając się od gada.

Zaczynał żałować, że jednak nie wziął ze sobą Kudłatej.

Wtem trzasnęła gałązka i Matt się odwrócił.

Coś czarnego przeleciało mu przed oczami z taką prędkością, że nie zdążył zareagować, nim pojął, że to strzała. Trafiła go prosto w serce, aż stracił oddech.

Zachwiał się, ale zdołał odzyskać równowagę, chwyciwszy się wielkiego krzyża z szarego kamienia. Nie mógł nabrać powietrza w płuca, a kiedy mu się to wreszcie udało, ze zdziwieniem stwierdził, że czuje tylko tępy ból wywołany uderzeniem. Zapewne na piersi wykwitnie mu potężny siniak, chociaż strzała utkwiła w klatce piersiowej, to znaczy w ubraniu i w podszewce kamizelki kuloodpornej. Grot nie mógł przebić ochronnej warstwy metalu.

Podniósł głowę, wpatrując się uważnie w las, z którego wyleciała strzała.

Nagle świsnęła kolejna, której także nie zdołał uniknąć. Tym razem trafiła na wysokości pępka; pancerz wprawdzie ją zatrzymał, ale to nie mogło trwać wiecznie, prędzej czy później dostanie w miejsce nieosłonięte. Przeskoczył nad jakimś grobem i pobiegł w stronę napastnika, którego nie był w stanie dojrzeć.

W gęstwinie ktoś się poruszył i natychmiast zerwał do biegu.

„Ucieka! Ten tchórz ucieka!", zirytował się Matt, wyłaniając się poza terenem cmentarza. Odgarnąwszy gałęzie krzaków, które zasłaniały mu widok, poszukał wzrokiem uciekiniera. Nie zdołał go zobaczyć, za to słyszał, jak przemierza zagajnik pełen suchych, trzaskających pod stopami gałązek. Matt rzucił się w tym kierunku z wściekłością kogoś, kto wie, że życie przyjaciółki znajduje się w jego rękach. Lawirując wśród drzew, spostrzegł czyjąś sylwetkę. W zamieszaniu nie potrafił rozróżnić nic więcej. Zbieg przemknął pod gigantyczną pajęczyną, potrącając kokony martwych zwierząt, które pospadały na ziemię. W chwili, gdy Matt zamierzał pognać w to samo miejsce, czarny kształt rozprostował łapy i przebiegł po pajęczynie. Matt się pośliznął i poturlał, unikając w ten sposób schwytania w lepką sieć. Nie zdążył wprawdzie dokładnie się przyjrzeć, ale co do jednego miał absolutną pewność: żyjący tu pająk był większy od kota!

Stracił czas, idąc naokoło, toteż kiedy zbliżał się do ścieżki, przeciwnik był już daleko. Zniechęcony i zaślepiony złością Matt nie zważał na to, gdzie stawia stopy, jedną zawadził o korzeń i rozciągnął się jak długi.

Poraził go oślepiający błysk. Matt leżał tak rozpłaszczony dobrą minutę, nim się pozbierał i zdołał wstać.

Nie było sensu się spieszyć – stracił wszelkie szanse na dogonienie porywacza Amber. Miał ochotę się rozpłakać. Nie chciał stracić przyjaciółki, nie mógł znieść myśli, że ona umrze, i to z jego winy. Pragnął ją zobaczyć, wziąć w ramiona i poczuć zapach jej skóry. Nie, to nie może się tak skończyć. Porywacz nic nie powiedział, niczego nie zażądał, poprzestał na zwabieniu Matta aż tutaj, żeby móc się go spokojnie pozbyć. „Właśnie taki był jego plan: zabić mnie!" Nie miał już prawie żadnych wątpliwości: jego napastnik jest informatorem Cyników. „Pozbyć się grupy mącicieli: Amber, Tobiasa i mnie!" Jeśli miał rację, było mało prawdopodobne, że Amber żyje. Po co zawracać sobie nią głowę, skoro celem było usunięcie ich wszystkich? „Tobias! Zostawiłem Tobiasa samego w pokoju!"

Matt puścił się pędem, ale ochłonął pod wpływem logiki: „To sprawka tej samej osoby. Istnieje tylko jeden zdrajca. Cynicy wspominali o dzieciaku, nie o kilkorgu. Przecież nie może być równocześnie tutaj i w Krakenie napadać na Tobiasa".

Mimo to czym prędzej ruszył ścieżką, pocierając bolącą szczękę.

Znajdował się na wysokości zamku Hydry, kiedy usłyszał, jak nadciągają.

Głośne łopotanie i piski. Obejrzał się, lecz za sobą nic nie zobaczył. Wtedy podniósł głowę.

Na niebie w długiej procesji, która zbliżała się coraz bardziej, tańczyła ponad setka nietoperzy. Zakreślały kręgi, wykonując krótkie loty nurkowe, podczas których dotykały ziemi.

Matt przyspieszył kroku, mając nieprzyjemne uczucie, że to jego szukają.

Chmara zaczęła mocniej bić skrzydłami i także przyspieszyła. Chłopiec przebierał nogami tak szybko, jak tylko mógł.

Pierwsze nietoperze przeleciały mu przed samym nosem, pikując, żeby go spowolnić. Następne przemknęły zaledwie o parę centymetrów nad jego włosami, Matt zaś domyślił się ich obecności po ruchu powietrza muskającego mu twarz. Do Krakenu było jeszcze o wiele za daleko, a wejście do Hydry znajdowało się po przeciwnej stronie, nie miał więc żadnej możliwości, żeby się schronić. Znienacka zwolnił, wydobył miecz i uniósł przed sobą.

Nietoperze utworzyły nad nim hałaśliwy wir, kręcąc się coraz szybciej. Naraz jeden z rozpędem runął mu na twarz.

Matt ledwie zdążył podnieść ostrze, żeby się bronić, i rozpłatał małego ssaka na dwoje.

Potem zanurkowały trzy kolejne. Matt kręcił szerokie młynki bronią, której ciężar nie stanowił już dla niego żadnego problemu (oczywisty znak, że jego przeobrażenie okazało się skuteczne), a wtedy trysnęła krew, wokół jęły spadać kawałki drgających w konwulsjach skrzydeł i łbów.

Stopniowo z mrowia zaczęło się dobywać przerażające niskie wibrowanie i na Matta natarły dziesiątki nietoperzy.

Chłopiec bił powietrze z całych sił, miecz ciął wszystko, co mu stanęło na drodze, ale wkrótce zwierzęta zyskały zbyt dużą przewagę. Rzucały się nań dziesiątki skrzydlatych stworzeń chcących go rozszarpać pazurami. Padały jedno po drugim z obciętymi głowami, pozbawione skrzydeł lub łap, mimo to zdawały się ciągle mnożyć. Matt wydał z siebie ryk, ryk z głębi trzewi, ryk za przetrwanie, za Amber, za Tobiasa. I wtedy wszystkie mięśnie ciała napięły się, oddając wet za wet. Jego ruchy stały się płynne, szybkie. Ostrze smagało z taką prędkością, nawet przecinając ciało, że słychać było jednostajny świst. Mimo wszystko nie mógł dać im rady – otaczały go coraz ciaśniej, zalewały, w krótkim czasie był cały poraniony. Ociekał krwią. I nagle wszystko ustało, nie krążył już nad nim ani jeden nietoperz. Właśnie znikały na horyzoncie.

Matt zachwiał się, upuścił miecz.

Miał pokaleczone dłonie i twarz, skórę pooraną dziesiątkami krwawiących, lecz niezbyt głębokich nacięć. Mimo to cały był zalany ciepłą krwią. Krwią napastników.

Widział nadbiegające od strony Hydry postacie. Lucy, Gwen i... Amber.

Zamrugał oczami, patrząc na rzucającą się ku niemu przyjaciółkę, kiedy zaś się upewnił, że to rzeczywiście ona, nogi się pod nim ugięły, zaczął odpływać i runął na ubitą ścieżkę.

40

WNIOSKI

Nazajutrz rano Matt obudził się w pokoju Amber. Twarz mu płonęła, miał wrażenie, że w policzkach, czole i brodzie tkwią mu haczyki.

Amber przyłożyła na rany ciepły okład i zadbała o to, by przyniesiono mu coś do jedzenia i do picia.

Kiedy Matt zrelacjonował jej swoją przygodę, ogarnęły ją jednocześnie gniew, niepokój i zakłopotanie. Nikt jej nie porwał, przeciwnie, spędziła wieczór w towarzystwie czworga Piotrusiów, którzy chcieli się z nią podzielić wrażeniami na temat swego przeobrażenia. W ostatniej chwili zwołano zebranie, wieść zaś prędko się rozeszła wśród jego uczestników. Nawet jeśli Matt o tym nie słyszał, rzeczywiście spora część wyspy mogła zostać powiadomiona.

– Ten, kto zastawił na ciebie pułapkę, wiedział – podsumowała Amber – skorzystał z zamieszania, a zabraniając ci komukolwiek o tym mówić, liczył na to, że się odizolujesz i nie sprawdzisz, czy rzeczywiście mnie porwano. To był najlepszy fortel, żeby cię zwabić bez żadnego ryzyka.

– Ktoś chciał mnie zabić! Dwiema strzałami, z których pierwsza trafiła prosto w serce! Gdybym nie miał na sobie kamizelki kuloodpornej, już bym nie żył! Wśród nas jest jakiś wariat!

– Dobrze zorganizowany wariat. Przypuszczam, że jego plan polegał na zabiciu całej naszej trójki po kolei.

– Jeżeli się nie pospieszymy, dopadnie nas!

Amber przytaknęła i wstała, by popatrzeć przez okno na krajobraz.

– Dzisiaj rano, zanim się obudziłeś, rozmawiałam z Benem; zgadza się pójść do lasu na zwiady i spróbuje zlokalizować obóz Cyników. Jego zdaniem to nie będzie trudne, skoro jest ich setka.

– Niech zacznie od tego dymu, który widać z daleka. A co ze starym Carmichaelem? Jeszcze się z nim nie widziałaś?

– Nie... Mam nadzieję, że uda się dziś wieczorem. Nie wiem, czy to dlatego, że jesteśmy bardziej uważni, ale wygląda na to, że przeobrażenie objawia się bardziej wyraźnie i coraz mocniej. Jeżeli zdrajca zwraca na to uwagę, zorientuje się, że nie powinien dłużej czekać. W miarę upływu czasu Piotrusie na wyspie staną się silniejsi i nauczą się lepiej kontrolować własne przeobrażenie. Jeśli chcesz znać moje zdanie, zdrajca niedługo da znak Cynikom.

– W tym celu musi opuścić wyspę. Czy wiesz, kiedy jest najbliższe owocobranie?

– Obawiam się, że wkrótce.

– Trzeba tak to urządzić, żeby mogły wyjść wyłącznie zaufane osoby, nikt więcej.

– Przez to zdrajca stanie się jeszcze bardziej ostrożny. Znajdzie jakiś sposób, żeby zwiać.

Matt westchnął – Amber się nie myliła. Znaleźli się w krytycznej sytuacji. Należało jak najprędzej wprowadzić tego krętacza w błąd. Od czego zacząć? „Zastosować jego metody – pomyślał. – W jaki sposób porozumiewa się z Cynikami? Tamci trzej żołnierze, których nakryliśmy, czytali wiadomość, którą im dopiero co zostawił... Wydostał się z wyspy..."

Poderwał się i klasnął w dłonie.

– Ale ze mnie idiota! – wykrzyknął. – To takie oczywiste, że wcale o tym nie pomyślałem! Zdrajca musiał koniecznie wziąć udział w wyprawie, żeby przekazać wiadomość trzem Cynikom, których nakryliśmy! Kto tam wtedy był? My, czyli

Przymierze Trojga, Doug, Arthur i Sergio. Uważam, że możemy ich wykluczyć z grona podejrzanych. Gdyby to był ktoś z bandy Douga, już by zasiał niezgodę, demaskując staruszka, na pewno by się posłużył tą tajemnicą, żeby narobić nam kłopotów. Kto jeszcze zostaje?

– Travis i Gwen – odrzekła Amber. – Gwen nigdy by tego nie zrobiła, to przyjaciółka, ona nie jest zdolna do najmniejszej podłości.

– Jesteś pewna? Postawiłabyś za nią własne życie?

Amber zastanawiała się chwilę, w końcu oświadczyła:

– Absolutnie.

Matt ustąpił, widząc jej determinację. Został jeszcze Travis, rudzielec. Trochę nieokrzesany, nie zawsze grzeszący bystrością, ale uczynny, bardzo często oddawał przysługi, chętnie się włączał do życia wspólnoty i nie bał się pobrudzić rąk, by zapewnić innym przetrwanie czy wygodę. Travis był synem rolników, przypomniał sobie Matt, chłopcem, któremu zaszczepiono podstawowe wartości: pracę, wzajemną pomoc i szacunek. Wszystko to nie bardzo pasowało do wizerunku zdrajcy i na dodatek ucznia mordercy, jaki sobie stworzył. Czyżby to była przykrywka? Jeśli tak, trzeba przyznać, że jest nieprzeciętnie sprytny.

– Nie potrafię sobie wyobrazić, żeby to mógł być Travis – wyznał.

– Przypomnij sobie: on pierwszy zgłosił się na ochotnika. W czasie wyprawy był z Tobiasem, a Toby mówił, że się rozdzielili. To by pasowało.

Matt pomasował sobie głowę, która potwornie go bolała.

– Sam nie wiem, nie mogę w to uwierzyć – powiedział.

Amber jednym susem dopadła łóżka i z szerokim uśmiechem usiadła obok niego. Matt znienacka poczuł się lepiej.

– Chcesz usłyszeć dobrą wiadomość? – zapytała.

– Mów.

– Chyba już prawie jestem w stanie przesunąć ołówek. To nie jest jeszcze takie oczywiste, ale oznacza, że się zbliżam, czuję to!

– Super! A masz jakieś sukcesy z innymi Piotrusiami? Sergio wydawał się obiecujący, nie?

– Rzeczywiście, kiedy się skoncentruje, krzesze iskry. Na razie udaje mu się tylko przez pocieranie o siebie dwóch przedmiotów, ale myślę, że niedługo będzie mógł to robić wyłącznie siłą woli. Bill, chłopiec, który bawi się strumyczkami wody, jest bardzo zdolny. I według mnie Gwen już niewiele brakuje, żeby spowodować wyładowania, oczywiście jeszcze słabe, za to w dużej ilości, w każdym razie robi to we śnie. A ty zauważasz jakieś zmiany we własnym ciele?

Matt nie miał odwagi się przyznać, że najbardziej zaskakujące wstrząsy wywołuje w nim sama Amber, kiedy się do niego zbliża.

– Nic oczywistego, chociaż... jeszcze parę miesięcy temu mój miecz ważył tonę, a teraz swobodnie go podnoszę i obracam nim. Zdaję sobie także sprawę, że wysiłek fizyczny męczy mnie mniej niż innych, na przykład przy wchodzeniu na schody albo przy bieganiu. To wszystko jest ledwie widoczne, to raczej zwykłe stwierdzenia niż namacalne zmiany.

– Gdyby tylko udało nam się zyskać na czasie, zanim Cynicy nas zaatakują. Jestem przekonana, że moglibyśmy im stawić opór. Dzięki tej wyspie jako naturalnej obronie i wszystkim naszym przeobrażeniom, które już prawie umiemy kontrolować, bylibyśmy niepokonani!

– Wiem, wiem... – mruknął Matt. – Tylko że nie będziemy mieć aż tyle czasu. Trzeba wymyślić coś innego.

Wczesnym popołudniem, kiedy Amber uporała się z „konsultacjami", Przymierze Trojga spotkało się w bibliotece naukowej na ostatnim piętrze Krakenu. Amber przechadzała się po galerii, spoglądając z roztargnieniem na rzędy książek. Poniżej Tobias i Matt rozprawiali o czymś, siedząc w fotelach.

– Ja też nie mogę uwierzyć, żeby to był Travis! – zaprotestował Tobias.

– Trzeba by go pilnować – podsunął Matt.

– A jeżeli to nie on?

– To jedyny uczestnik wyprawy, którego nie jesteśmy pewni. Co do innych, wydaje się to niemożliwe.

Tobias nie sprawiał wrażenia przekonanego.

Stojąca na podwyższeniu Amber oświadczyła, nie podnosząc nawet wzroku znad dzieła, które właśnie otworzyła:

– A jeśli zdrajca nie brał udziału w wyprawie?

– Więc w jaki sposób by przekazał wiadomość Cynikom? – odparował Matt.

– To jest właściwe pytanie! W jaki sposób się porozumiewają? – Odłożywszy książkę na miejsce, zeszła po drabinie do swych towarzyszy. – Mógł na przykład schować list w uprzęży Kudłatej! Jeżeli Cynicy o tym wiedzą, wystarczy, że pójdą za nami, zaczekają, aż zostawimy psa samego, i przechwycą wiadomość!

Matt pokręcił głową.

– Nie wyobrażam sobie ani przez sekundę, żeby Kudłata pozwoliła Cynikowi podejść do siebie.

– A co wiemy na ten temat? Może w ich obecności wcale nie czuje się zagrożona.

– Kudłata jest wyjątkowo inteligentna.

Amber wzruszyła ramionami.

– Masz rację. W każdym razie to tylko przykład, musimy się zastanowić, jaką metodą mógł się posłużyć, żeby dostarczyć wiadomość do miasta. Znajdźmy metodę, a ona doprowadzi nas do sprawcy.

– Naprawdę mówisz jak dorosła! – parsknął śmiechem Tobias.

Amber rzuciła mu ponure spojrzenie.

– Wpadłem na pomysł, żeby porównać charaktery pisma wszystkich Piotrusiów na wyspie z pismem z liściku, który wczoraj dostałem, ale to nam zajmie całą wieczność – zrzędził Matt.

– A jeżeli nie jest zbyt głupi, na pewno zmienił charakter pisma – odparła Amber. – Nie jesteśmy ekspertami.

Matt wstał i skinął na Tobiasa, mówiąc:

– My dwaj zajmiemy się identyfikacją zdrajcy. W tym czasie ty, Amber, powinnaś zwołać najzdolniejszych Piotrusiów, żebyście popracowali wspólnie nad kontrolowaniem przeobrażenia. Pomóżcie sobie nawzajem, żeby opanować swoje umiejętności. Musicie być zdolni do działania jak najszybciej. Skoro już mają na nas napaść, to przynajmniej chciałbym, żebyśmy mieli szansę stawić opór.

Po południu Tobias i Matt poszli łowić ryby na południowe nabrzeże. Matt nieustannie roztrząsał wszelkie możliwe aspekty problemu. Cofając się, jak tylko się dało, uznał, że najpierw trzeba się dowiedzieć, w jaki sposób zdrajca spotkał Cyników ten pierwszy raz. Czy stało się to jeszcze przed przybyciem na wyspę, kiedy zboczył z drogi? A może o wiele później, podczas wyprawy albo owocobrania? Matt był przekonany, że miało to miejsce dawno temu, należało bowiem najpierw nawiązać kontakt, następnie utrzymać go dopóty, dopóki Cynicy się nie zorganizują i będą w stanie przysłać tu oddział liczący stu ludzi. Ich obóz znajdował się daleko na południowym wschodzie, kilka tygodni, może nawet ponad miesiąc drogi stąd... Kiedy podzielił się swymi przemyśleniami z Tobiasem, ten wyjaśnił, że prawie wszyscy Piotrusie zdążyli już opuścić wyspę przynajmniej raz z takiego czy innego powodu. Nie sporządzą listy, kierując się tym kryterium.

Co pewien czas wyciągali z czarnej rzeki tłuściutką rybę i wrzucali do wiadra pogrążeni w zadumie. W końcu Tobias zapytał, wskazując twarz przyjaciela:

– Bardzo cię boli?

– Trochę. Pali. Najgorzej jest, kiedy się uśmiecham.

– To jednak dziwne, że zaatakowały cię nietoperze, nie uważasz?

Matt zadrżał.

– Owszem.

– Myślisz, że są tam co noc? Że już nigdy nie damy rady wyjść po zmroku?

Matt się skrzywił. Wahał się przez chwilę, po czym ścisnąwszy mocno wędkę, rzekł powoli:

– Wiesz, od kiedy tu jestem, mam dziwne sny. Śni mi się… jakaś tajemnicza istota, która mnie prześladuje. Otacza się cieniami i jest podobna do śmierci, ale to niezupełnie to. W pewnym stopniu to coś gorszego. Czuję, że jest zła, wściekła, można by powiedzieć, że wytwarza strach, że go przekazuje. I ona… a właściwe on ma imię: Rauperoden.

– Rauperoden? – powtórzył Tobias. – To dopiero imię!

– Cała rzecz polega na tym, że ja wiem, że on mnie ściga, i jak by ci to wytłumaczyć… Wiem, że to nie tylko sen, że to się dzieje naprawdę. Pamiętasz szczudlarzy w Nowym Jorku?

– No pewnie! Jak mógłbym zapomnieć?

– Działali na polecenie kogoś albo czegoś. Mam przeczucie, że właśnie jego. Bezkształtnej istoty, jakby wielkiego cienia.

– Zaraz, zaraz! – wykrzyknął Tobias. – Ta… osada na północy, ta, którą niedawno zaatakował jakiś „czarny kształt", to mógł być ten cały Rauperoden!

– Pomyślałem to samo. A co do tych nietoperzy, to kiedy je pierwszy raz zobaczyłem, dokładnie im się przyjrzałem. Wydawało mi się, że chcą wlecieć do któregoś z zamków i na nas napaść, ale z perspektywy czasu zastanawiam się, czy przypadkiem kogoś nie szukały. Po wczorajszym wieczorze i ich ataku nabieram przekonania, że chodziło im o mnie. To nocne stworzenia, pewnie tak samo straszne jak Rauperoden. Zgubił mój ślad podczas naszej ucieczki, no i teraz właśnie mnie znalazł!

– Myślisz, że to są jego… jak to się mówi? Wysłannicy?

– Na to wygląda. Bo niby dlaczego zwiały, kiedy tylko nadeszły dziewczyny z Hydry? Powinny się były rzucić na kolejne potencjalne ofiary! To wszystko pozwala przypuszczać, że on się zbliża i że oprócz Cyników mamy jeszcze na karku Rauperodena.

Tobias wpatrywał się w przyjaciela z rozdziawionymi ustami, jakby nie miał odwagi powiedzieć, co naprawdę myśli.

– To znaczy... – szepnął – t y masz na karku Rauperodena...

Matt przyglądał mu się przez moment, nim skinął głową zgnębiony.

– Tak czy inaczej, bez względu na to, co się stanie, jestem z tobą. Nie zostawię cię, a jeśli trzeba wpakować temu... czemuś strzałę między oczy, wiesz, że możesz liczyć na mnie i na moje zdolności! – Tobias zdobył się na uśmiech.

– To prawda, że przy tobie i twoim łuku niczego innego się nie boję. Możesz trafić we mnie, chcąc sprzątnąć potwora.

Nieśmiały śmiech zamarł im na ustach, gdy na powierzchni wody ukazał się grzbiet ryby, sunął przez dobre pięć sekund, co świadczyło o jej niewiarygodnej długości.

– Widziałeś to? – Tobias stracił głowę. – Ile mogła mierzyć? Co najmniej pięć albo i sześć metrów! Nie do wiary!

Instynktownie odsunął się od brzegu pomostu.

– Przyroda się zmieniła – stwierdził raczej z goryczą niż lękiem Matt. – Ten... i m p u l s zrobił rewolucję wśród roślin i zwierząt, żeby dać im nową szansę na przetrwanie dłużej niż ludzkość. Teraz wcale już nie jesteśmy na końcu łańcucha pokarmowego. Jakby Ziemia zdała sobie sprawę, że posunęliśmy się za daleko, że na samym starcie ofiarowała nam zbyt duży potencjał, który ze zwykłych małp zrobił zadufanych w sobie ludzi, i nagle naprawiła swój błąd.

– Czy ty słyszysz, jak mówisz? Jeszcze pół roku temu nigdy byśmy czegoś takiego nie powiedzieli. Zupełnie jakbyśmy się stali jacyś inteligentniejsi.

– To znaczy dojrzalsi?

– Tak, właśnie tak. Musimy dawać sobie radę, zorganizować się, przetrwać, więc się przystosowaliśmy, wyewoluowaliśmy, moim zdaniem nawet nasz język się zmienił.

Matt skinął głową i zajrzał do wiadra.

– Jest prawie pełne. Chodź, wracamy do Krakenu.

– A gdybyśmy porozmawiali o wszystkim z Carmichaelem? – zaproponował Tobias, wstając. – To stary mądry pan, będzie umiał nam doradzić, jak zdemaskować zdrajcę, i w kwestii tego całego… Rauperodena.

– Nie wie na ten temat więcej niż ty czy ja, więc zostaw go w spokoju. Tak czy inaczej sam widziałeś, dokąd nas zaprowadziło rozwiązywanie problemów przez dorosłych! – rzucił Matt, wskazując otaczający ich dziki krajobraz.

Późnym popołudniem natknęli się na Mitcha, rysownika, który wracał właśnie z mostu, gdzie zrobił szkic brzegów. Ucięli sobie krótką pogawędkę o wszystkim i o niczym. Mitch, który nie słyszał wcześniej o ataku nietoperzy na Matta, zaniepokoił się.

– Wczoraj wieczorem? To znaczy, że na mnie też mogły napaść, bo siedziałem na dworze aż do północy!

– Ach tak? – odrzekł Matt. – A gdzie?

– W rotundzie, razem z Rodneyem z Pegaza i Lindsey, i Caroline z Hydry.

Matt nie chciał pytać, co tam robili we czwórkę o tak późnej porze – wolał się skupić na tym, co go interesowało.

– A pozostała trójka? Wrócili bez kłopotów?

– Tak, widziałem ich dziś rano. Wszyscy mają się dobrze, nie było żadnych ataków ze strony nietoperzy.

Nieco później, gdy zostali sami, Matt zrelacjonował własne wnioski Tobiasowi:

– Nie ma już żadnych wątpliwości: te piekielne zwierzaki były wściekłe na mnie!

– W takim razie nie wychodź po zmroku.

Zjadłszy wspólnie kolację, udali się do pokoju Tobiasa, żeby przejrzeć kilka komiksów, które dał im Doug. W pewnej chwili Tobias wpatrzył się w noc z nosem przyklejonym do szyby.

– Widzę je – oznajmił ponurym głosem. – Dziesiątki nietoperzy wirujących na niebie.

– Nad lasem?

– Tak, nie, zaczekaj… Są na północy, niedaleko Centaura.

Tobias zauważył również światło w oknie Amber.

– Amber nie śpi – stwierdził.

– Po tej historii z przeobrażeniem i ultimatum wcale mnie to nie dziwi. A jeśli już chcesz wiedzieć, ja też nie dam rady zmrużyć oka, dopóki nie znajdę sposobu, żeby nakryć tego łajdaka, który nas zdradza.

Tobias obejrzał się na Matta zdziwiony, słysząc takie słowa z jego ust. Po czym wrócił do komiksu i czytał dalej.

Później, po północy, znów podszedł do okna i spostrzegł, że światło w pokoju Amber już się nie pali.

– Wygląda na to, że wreszcie zasnęła.

Nie zwrócił jednak uwagi na rozgwieżdżone niebo, po którym nad wyspą nie latał już żaden zwierzak.

Wszystkie nietoperze zniknęły.

41

WIARA REFLEKSYJNA

Amber musiała zaczekać, aż pogasną wszystkie światła, by opuścić najpierw swój pokój, potem Hydrę (na szczęście nie było już śladu po tych wojowniczych nietoperzach) i dotrzeć do tajemnego przejścia prowadzącego do zamku Minotaura. Błądziła przez kwadrans po korytarzach, nim odnalazła właściwe schody, te wiodące do obserwatorium, kiedy zaś wdrapała się na górę, zapukała nieśmiało.

Odpowiedział jej głos ochrypły od zmęczenia (albo zbyt długiego milczenia – Amber sama nie wiedziała):

– Tak? Proszę wejść!

– Proszę mi wybaczyć tak późną porę…

Na jej widok stary Carmichael od razu się uśmiechnął.

– Pewnie jesteś Amber, mam rację? Zastanawiałem się, ile czasu minie, zanim mnie odwiedzisz.

– Nie przeszkadzam? – zapytała, stwierdziwszy, że jest otulony szlafrokiem.

– Nie, tylko drzemałem. Wiesz, w moim wieku człowiek nigdy naprawdę nie śpi. Mówię Dougowi i Regiemu, że lubię być sam wieczorami, aby wrócili do siebie, bo inaczej czuwaliby przy mnie przez caluteńką noc! Kochani chłopcy.

Amber posłała mu uprzejmy uśmiech i podniosła wzrok na niewiarygodne sklepienie i olbrzymi teleskop.

– Nadal pan obserwuje gwiazdy?

– Częściej niż kiedykolwiek. Upewniam się, czy się nie poruszyły. To znaczy nie bezpośrednio, ale...

– Aby mieć pewność, że Ziemia nie zmieniła pozycji albo nachylenia osi w czasie Burzy?

Carmichael zachichotał.

– Tak, bystra jesteś. Twoje znakomite hipotezy na temat przeobrażenia pozwalały się tego domyślać.

– Przyznaję, że... chciałabym z panem porozmawiać o tym wszystkim.

– Usiądź tutaj. Weź sobie herbatnika, jeśli masz ochotę, sam je upiekłem – oświadczył z dumą. – Poczęstuj się herbatą, powinna być jeszcze ciepła, bo stała w termosie.

Amber zajęła miejsce na sofie, starszy pan zaś nalał sobie szklaneczkę bourbona.

– Czy wierzy pan, że za sprawą jakiegoś innego rodzaju Burzy wszystko mogłoby być znów takie jak dawniej? – zapytała prosto z mostu Amber.

– Całkiem szczerze, nie. Jak mówiłem twoim przyjaciołom: nie ma już odwrotu, bo to była reakcja Ziemi na naszą rosnącą zachłanność. Co się stało, to się nie odstanie. Jednym słowem, to wymagało od niej niebywałego wysiłku, którego nie jest gotowa powtórzyć.

– Jakiego rodzaju wysiłku?

– Jak ci wiadomo, prawdopodobnie całą winę za to, co się wydarzyło, i za następstwa tego ponosi Ziemia. Ona się zachowuje jak żywa istota, którą zresztą jest. Rzecz jasna nie przypisuję jej żadnej świadomości, żadnej formy własnej inteligencji, nie w naszym rozumieniu; krótko mówiąc, ona dysponuje pewnymi mechanizmami obronnymi, kiedy zaś poczuła się zagrożona, wprawiła je w ruch. Jak przypuszczam, wszystko to działo się stopniowo; powinniśmy byli umieć odczytać jej reakcje: wzrost liczby trzęsień ziemi, tsunami, wybuchów wulkanów i tak dalej. Nikt jednak nie potraktował tych zjawisk jako próby porozumienia się. Skoro więc jej nie słuchaliśmy, nie miała innego wyjścia, jak sama zadać cios, żebyśmy jej nie zadusili. Uruchomiła swoje siły obronne, wywołała coś w rodzaju impulsu, jakby szyfru, który odmienił część kodu genetycznego roślin i zwierząt, w tym także ludzi.

– Myśli pan, że ten impuls to była Burza?

– Nie, niezupełnie. W miarę jak się nad tym zastanawiam, dochodzę do wniosku, że Burza odegrała podwójną rolę. Po pierwsze, przeniosła impuls albo go ukryła. Może. Po drugie, Burza przypominała rodzaj śmieciarki, która przyjechała posprzątać po wielkiej imprezie, aby zostawić czyste miejsce. Moim zdaniem impuls nastąpił w tym samym czasie, chociaż nawet nie zdawaliśmy sobie z tego sprawy. W jakiej postaci? Nie mam pojęcia i coś mi się zdaje, że to wykracza poza naszą wiedzę naukową. Pomimo całej naszej wiedzy technologicznej ta planeta skrywa tak wiele tajemnic, że wcale bym się nie zdziwił, gdyby impuls okazał się formą fali lub magnetyzmu zdolnego przenosić informacje, które mogły zmienić kod genetyczny, zarazem działając wybiórczo…

– Obawiam się, że nie nadążam, przepraszam.

– Nie, to ja przepraszam. Czasem zapominam, że moi rozmówcy to nastolatkowie. Choćby nie wiem jak bardzo uzdolnieni – dodał czym prędzej, widząc, że Amber się zirytowała. – Wszystko to oznacza, że nie mieliśmy pojęcia, co się dzieje na naszych oczach, pod naszymi stopami, chociaż Ziemia dawała nam mnóstwo znaków ostrzegawczych.

– Może wieloryby zrozumiały jęki Ziemi, to by tłumaczyło, dlaczego coraz więcej ich padało przy brzegach! Albo delfiny. Czytałam w jednym piśmie, że ich mózgi są większe od naszych! Albo… nie chcieliśmy usłyszeć Ziemi.

– Możliwe. Tak czy inaczej zło już się stało. Teraz nasza kolej, by z nim żyć i robić wszystko, żeby nie powielać błędów przeszłości. Nie, powinienem raczej powiedzieć: wasza kolej.

– Myśli pan, że damy sobie z tym radę?

Carmichael wpatrywał się w nią przez chwilę, nim odpowiedział, chciał mieć bowiem pewność, że jest w stanie pogodzić się z prawdą złożoną nie z obietnic, lecz z niepewności:

– Trudno jest żyć w społeczeństwie, a jeszcze trudniej żyć w harmonii. Jesteście jeszcze… dziećmi, zaś jedyny model, jaki oglądaliście, opierał się na okrucieństwie i zniszczeniu.

– Ale Ziemia nas oszczędziła.

– Ponieważ ciągle chce w nas wierzyć. Żeby nie przypisywać jej świadomości refleksyjnej, powiem tak: nie pozbywa się wszystkich pasożytów, gdyż mogą żyć w symbiozie, w harmonii, ale przywołuje je do porządku.

– Co to jest świadomość refleksyjna?

– Oznacza świadomość własnych myśli, tak jakbyśmy spoglądali na siebie z góry i wsłuchiwali się we własne myśli. To forma inteligencji. Podkreślam słowo „forma". Przypuszczam, że właśnie to nas odróżnia od Ziemi. Ona nie ma świadomości refleksyjnej; żyje jak roślina, z której wyrastają młode pędy, tworzą się rozmaite mutacje podlegające ewolucji. Są owocem jej trzewi, częścią jej samej, narodziły się po to, by ewoluować, ale jeśli te młode pędy zamiast wydać piękne barwne kwiaty, stają się mięsożernymi roślinami, które zaczynają ją pożerać, Ziemia reaguje, żeby je uciszyć, usiłuje je zmienić, ponieważ żyją na niej, są od niej zależne. Jeśli jednak okażą się zbyt zaborcze i niszczycielskie, istnieje wielkie prawdopodobieństwo, że nasza planeta znajdzie sposób obrony, aby się ich pozbyć, chociaż są jej dziećmi. Mimo to wyobrażam sobie, że przedtem zrobi wszystko, aby ochronić powstające pędy i dać im jeszcze jedną szansę.

– Nawet jeśli nie jest świadoma własnych czynów?

Carmichael westchnął, unosząc brwi.

– Oczywiście nie ma świadomości refleksyjnej, ale… ona działa i reaguje na swoje otoczenie, ponieważ tak została „zaprogramowana", na tym polega tajemnica życia i przetrwania:

każda komórka organizmu, zarówno roślinnego, jak i zwierzęcego, musi żyć. Byt, który skupił miliardy komórek, tylko powiela tę potrzebę, musi żyć i robi wszystko w tym celu, to jego instynkt przetrwania, rodzaj najwyższego nakazu leżącego u podstaw wszystkiego, czym jesteśmy.

– Skąd się bierze ta chęć do życia, ta... dynamika? Od Boga, zgadza się?

Carmichael roześmiał się cicho.

– Możliwe, że tak. Być może Bóg to tylko pojęcie, które określa energię życiową. A gdyby Bóg był wyłącznie iskrą, która jest istotą życia, gdyby był na podobieństwo Ziemi: bytem bez świadomości refleksyjnej, po prostu energią, ładunkiem elektrycznym niezbędnym do egzystencji, samym fundamentem życia?

– Religie mówią, że to żywa istota podobna do człowieka.

Carmichael nie przestawał się cicho śmiać.

– Raczej odwrotnie: człowiek byłby podobny do Boga, ale rozumiem, o co ci chodzi. Nie wiem, co ci odpowiedzieć. Każda filozofia, każda doktryna ma obowiązek ewoluować jednocześnie z ewolucją człowieka, ze zmianami następującymi w jego społeczeństwie. A gdyby religia musiała stopniowo zmodyfikować swoje dogmaty, żeby się dostosować do cywilizacji? Oczywiście dzisiaj mówi się o raju i piekle, ale to wszystko są tylko słowa, otoczka stworzona przez ludzi. W moim odczuciu pytanie, jakie powinniśmy sobie postawić, dotyczyłoby zwłaszcza samej istoty Boga. Czym on jest? Religie mówią, że jest wszędzie, we wszystkim. Ja zaś odpowiadam: owa energia leżąca u podstaw życia mogłaby uosabiać Boga.

– A więc wierzy pan w Boga.

Carmichael upił łyk bourbona i skrzywił się.

– Muszę ci odpowiadać? Nie chciałbym ci niczego sugerować. No więc nie, nie wierzę. Dla mnie Bóg to pojęcie, które służy do uspokajania ludzi. Chyba że mam prawo określić mojego własnego Boga i stwierdzić, że Bóg to nic innego jak puste słowo, pod które możemy podstawić wszystkie pytania bez odpowiedzi, roszczenia i pragnienie uległości, i wreszcie Bóg to uosobienie naszej ignorancji. W takim razie owszem, wierzyłbym w niego, ale to by oznaczało wiarę wyłącznie w naszą ignorancję.

Amber stłumiła ziewnięcie, czym rozbawiła Carmichaela.

– To nie brzmi zbyt optymistycznie – zauważyła.

– Wierzę w Życie i to brzmi bardzo optymistycznie! Tylko w Życie oraz w ludzką inteligencję, która znajduje się jeszcze na tak niskim poziomie, że człowiek nie potrafi w pełni pojąć, czym ona właściwie jest. Ale to dotyczy wyłącznie mnie, moja droga, za żadne skarby bym nie chciał, abyś w jakikolwiek sposób zasugerowała się tym, co mówię. Skoro chcesz wierzyć w Boga, to wierz! Przynajmniej na taki luksus powinniśmy sobie pozwolić: na wybór własnych wierzeń. Poza tym uważam, że istnieje wystarczająco wiele religii, by mogły zaspokoić potrzeby każdego typu osobowości. Wierz, w co ci się podoba, ale nigdy nie popadaj w przesadę, przestrzegaj reguły świadomości refleksyjnej i zastosuj ją do swojej wiary: wyznawaj wiarę refleksyjną, abyś zawsze miała świadomość tego, że jesteś wierząca, i miej dystans do własnej religii, nawet gdyby to oznaczało na przykład brak wiary w Boga.

– A co z… przeobrażeniem? W jaki sposób można krzesać iskry wyłącznie za pomocą myśli? To nie do wiary! Nie mam na to żadnego wytłumaczenia! Zmuszam się do powtarzania innym, że to nie są czary ani nic związanego z Bogiem, ale chwilami sama w to wątpię!

– Nie, to nie czary, ponieważ przeobrażenie jest całkiem rzeczywiste. Jak ono działa? Nic jeszcze na ten temat nie wiem. Mogę jednak przypuszczać, że wasze ciała i mózgi stały się bardziej podatne za sprawą impulsu i że teraz udaje wam się współdziałać z tym, co nieskończenie małe.

– Małe… jak zarazki?

– Jeszcze mniejsze! – odrzekł z rozbawieniem Carmichael. – Wiesz, że wszystko składa się z maleńkich cząsteczek, z elektronów i jeszcze wielu innych rzeczy. Wszędzie, nawet w powietrzu, występują te cząsteczki, które są tak małe, że aż niewidzialne. Nie wdając się w skomplikowane szczegóły naukowe, powiedzmy, że potraficie oddziaływać na owe elektrony dzięki swoim mózgom. Na przykład żeby krzesać iskry, chłopiec, który rozwinął w tym celu własny mózg, będzie oddziaływał na elektrony, za pomocą własnego mózgu spowoduje „tarcie" elektronów, które na koniec wywoła iskry.

– Ale my nie wiemy, jak to robimy, wiemy tylko tyle, że musimy się skoncentrować!

– Kiedy oddychasz, powietrze, które wprowadzasz do płuc, ożywia całe twoje ciało, wszystkie narządy, aż po czubki palców u stóp, chociaż nie wiesz, jak to robisz, to naturalne, taki odruch. No cóż, tak samo jest z przeobrażeniem!

– W takim razie ono jest zupełnie naturalne, to znaczy nie jest jakąś ohydną mutacją?

– Przeciwnie, to ewolucja! Kiedy nasi dalecy przodkowie, małpy, mieli dość życia na sawannie i ciągłego prostowania się, żeby zobaczyć, co jest nad wysoką trawą, zaczęli chodzić coraz częściej na dwóch nogach. Ich ciała przystosowały się do tej nowej pozycji, budowa szkieletu uległa zmianie i tak dalej. To samo dzieje się właśnie dzisiaj z waszymi mózgami, tylko że proces ten zamiast kilku tysiącleci trwa kilka miesięcy! Istnieje wszakże pewna różnica: do tej pory ewolucja gatunku ludzkiego uwarunkowana była przez środowisko, przez chęć przetrwania, w pewnym stopniu my sami o niej decydowaliśmy. Teraz zaś jest odwrotnie! Impuls to rodzaj bezpośredniego kontaktu z samą istotą Ziemi, matki wszelkiej ewolucji.

– Ta matka pozwoliła swoim dzieciom dorastać i nigdy się nie wtrącała, ale dzisiaj ośmiela się dać im klapsa, bo posunęły się za daleko, nie?

– Sam bym tego lepiej nie ujął! Niewiarygodnie tolerancyjna matka, której jednak wcale nie szanowaliśmy i w końcu obraziliśmy ją nawet.

– A co do tego przeobrażenia, nie ma się czego obawiać?

– Obawiać się przeobrażenia? Nie wydaje mi się. Przeciwnie, powinniście je wykorzystać! Pracować nad nim tak długo, aż je całkowicie opanujecie. Od niego będzie zależeć wasza przyszłość.

Gawędzili tak jeszcze ponad godzinę, aż starszy pan zdecydował, że czas iść spać. Podziękowawszy Amber za wizytę, zaprosił, by wkrótce znów go odwiedziła. Ona zaś wolała nie poruszać tematu zdrady ani nieuchronnego ataku Cyników, wyczytała bowiem na twarzy Carmichaela znużenie przyziemnymi ludzkimi sprawami, brak zainteresowania konfliktami, uznała więc, że i tak nie zdołałby niczego zmienić, tylko by się zaczął martwić o swych małych bratanków.

Zamknęła za sobą drzwi do tajemnego przejścia i wyszła w chłodny mrok. Poza odgłosami nocnych owadów i dalekimi pohukiwaniami sowy wszędzie było zupełnie cicho. Noc odpoczynku.

Nie zdążyła ujść nawet pięćdziesięciu metrów, gdy za jej plecami rozległ się głośny szelest. Odwróciwszy się, ujrzała dziesiątki małych czarnych trójkątów, które wzbijały się właśnie znad Krakenu, wirując i nabierając wysokości.

Po czym ruszyły prosto na nią.

42

PLAN

Cała wyspa była pogrążona we śnie. Nawet księżyc zniknął, pozostawiając po sobie czarne niebo.

– Psssst! Psssst! Matt… Matt, obudź się.

Matt powoli otworzył oczy zaspany.

W półmroku rysowała się stopniowo twarz Amber. Chłopiec rozpoznał ją najpierw po włosach, potem po delikatnym zapachu, którym emanowała dziewczyna pochylona zaledwie kilka centymetrów nad nim.

Czuł się kompletnie otępiały, jakby spał tylko godzinę.

– Która… która godzina? – zapytał.

– Jakaś pierwsza w nocy.

– Co ty tu robisz?

– Zaatakowały mnie nietoperze, wzięły na cel.

Matt natychmiast otrzeźwiał. Tobias, który leżał w łóżku pośrodku pokoju, burknął coś i wyciągnął z nocnej szafki swój kawałek świecącego grzyba. Pomieszczenie zalało białe światło.

– Amber, to ty?

– Tak. Musicie mnie przenocować. Nie mogę wrócić do Hydry, bo nietoperze ciągle krążą.

– Myślałem… że mają coś tylko do Matta!

– Mogę cię zapewnić, że nie – odparła Amber, podnosząc świeżo zabandażowane przedramię. – Byłam w izbie chorych zrobić sobie opatrunek. Mam kilka ran, niezbyt głębokich, za to bolesnych. Zajrzałam w nocy do starego Carmichaela. Zaczekałam, aż wszyscy zasną, żeby wejść na górę, a kiedy wracałam, wydawało mi się, że droga jest wolna. Możecie mi wierzyć lub nie, ale nietoperze czekały na dachu Krakenu, spokojnie tam siedziały. Jak tylko wyszłam na dwór, napadły na mnie. Całe szczęście, że usłyszałam, jak nadlatują. Było już za późno, żeby zdążyć do Hydry, ale udało mi się dobiec tutaj, zanim mnie rozszarpały na strzępy.

– Możesz spać na tej kanapie, na moim miejscu, jeśli chcesz – zaproponował Matt, zamierzając wstać. – Ja prześpię się na podłodze.

– Nie świruj, starczy miejsca dla nas obojga. Spróbujcie zasnąć, musimy się wyspać, a jutro porozmawiamy. Obawiam się, że czeka nas ciężki dzień.

Co powiedziawszy, Amber poprosiła Tobiasa, aby schował swój świecący grzyb, żeby mogła się rozebrać do koszulki. Położyła się pod kołdrą obok Matta, który przycupnął po przeciwnej stronie, na skraju materaca, czując się skrępowany na myśl, że we śnie mógłby się otrzeć o jej ciało. Tym razem był całkowicie rozbudzony.

Matt zdołał się zdrzemnąć dopiero na godzinę przed świtem. Wstał przed przyjaciółmi, obudziły go bowiem nocne rozmyślania i uczucie, że śniły mu się koszmary, chociaż nie był w stanie ich sobie przypomnieć. Odnosił jednak wrażenie, że Rauperoden czaił się po raz kolejny w jego snach.

Zszedł na dół po produkty, z których dałoby się zrobić obfite śniadanie, i wrócił z pełną tacą do pokoju, aby obudzić przyjaciół. Nie mógł się doczekać, żeby się z nimi podzielić swymi przemyśleniami. Wolał wszakże na razie milczeć, dać im czas, żeby oprzytomnieli. Prawdę mówiąc, szybko sobie uświadomił, że boi się przedstawić im swój plan. A jeśli się myli? Wtedy istnieje niebezpieczeństwo, że popchnie ich na złą ścieżkę, co przypłacą życiem.

Członkowie Przymierza Trojga jedli śniadanie, siedząc w łóżkach i rozmawiając.

– Amber, muszę ci się do czegoś przyznać – zaczął Matt.

Opowiedział jej o Rauperodenie i nawracających koszmarach.

– Naprawdę wierzysz, że on istnieje? – drążyła dziewczyna.

– Instynkt mi mówi, że to się nie dzieje wyłącznie w mojej głowie. Jestem przekonany, że to on napadł na osadę Piotrusiów daleko na północy. Na dodatek zbliża się do nas. Prędzej czy później nas znajdzie i zaatakuje.

– Co zamierzasz zrobić?

Matt potarł nerwowo policzek. Miał wyraźne sińce pod oczami.

– Zastanawiam się. Czy powinienem zostać i narazić wszystkich na niebezpieczeństwo?

– Chyba nie chcesz uciec? – oburzył się Tobias. – A co z nami? Porzuciłbyś nas?

– Być może to jedyny sposób, żeby nie ściągnąć na was Rauperodena.

Czując, że rośnie między nimi napięcie, Amber kazała im się obu uciszyć.

– Chwilowo najważniejszą sprawą jest zdrajca.

Matt pokiwał głową.

– Dużo o tym myślałem w nocy – oznajmił, nie mając odwagi się przyznać, że w rzeczywistości tak długo nie mógł zasnąć z powodu leżącej obok Amber. – Chyba mam plan.

Jego dwoje wspólników zastygło w bezruchu z kanapką i owocem w połowie drogi do ust. Jeszcze bardziej zaś zdumiało ich to, że na twarzy Matta czaił się triumfalny uśmieszek.

– Plan, żeby go zdemaskować? – dociekał Tobias.

– Tak, tylko uprzedzam, że to ryzykowne. To będzie wóz albo przewóz! Jeżeli mam rację, możemy go dopaść. Z kolei jeśli się mylę albo coś sknocimy, z miejsca nas pozabija.

– Przestań, wkręcasz nas czy co? – udał oburzenie Tobias. – Chyba nam nie wmówisz, że odkryłeś w nocy, kto jest zdrajcą?

– Mogę się mylić, ale… mam pewien pomysł.

– Co musimy zrobić? – zapytała Amber.

– Przede wszystkim zabronić Benowi pójścia na zwiady do lasu, to już nie będzie konieczne. Trzeba też zatrzymać Franklina, drugiego Długodystansowca, bo wszyscy będą nam potrzebni. – Matt wpatrywał się przez pewien czas w przyjaciół z poważną miną, po czym nabrał powietrza i wypalił: – A jeśli chodzi o nas, spędzimy całe popołudnie na południowym nabrzeżu tylko we trójkę.

43

CZTERY STRZAŁY DLA MĄCICIELI

Nie minęło południe, a wieść obiegła całą wyspę: prawdopodobnie Amber, Tobias i Matt mają pomysł, w jaki sposób można by prędzej zapanować nad przeobrażeniem, ale zanim zdradzą swój plan, muszą go najpierw dopracować. W tym celu zamierzają spędzić popołudnie na nabrzeżu i życzą sobie, żeby pod żadnym pretekstem nikt im nie przeszkadzał. Nikt nie może się do nich zbliżać. Jeżeli uzyskają rezultat na miarę swych oczekiwań, jeszcze dziś wieczorem, podczas walnego zgromadzenia zaplanowanego na tę okazję, poinformują o nim wszystkich Piotrusiów.

Było to idealne miejsce, by zyskać pewność, że nikt ich nie będzie szpiegował, pomosty bowiem wychodziły tu w rzekę na odległość dziesięciu metrów, a brzeg od lasu dzielił pas porośnięty gdzieniegdzie trawą, wierzbami i paprociami. Gdyby ktoś chciał ich śledzić, musiałby się schować za drzewami ponad dwadzieścia metrów dalej.

Główną wadą tego odosobnionego zakątka była jego wielkość. Gąszcz rozciągał się na przestrzeni ponad pięćdziesięciu metrów i chociaż nie sposób było ich podsłuchać ani wyraźnie zobaczyć, nie podchodząc bliżej, bez trudu dało się z kolei zaszyć na skraju lasu i na przykład do nich strzelić, o ile miało się dobre oko.

Przymierze Trojga postawiło zatem raczej na zachowanie tajemnicy niż na bezpieczeństwo.

Matt siedział na końcu pomostu z nogami zwieszonymi nad wodą. Amber zajęła miejsce obok niego, Tobias przycupnął z tyłu. Dyskutowali zawzięcie, Tobias jak zwykle był w ciągłym ruchu, Amber zaś przysunęła się do Matta, chcąc się z nim podzielić swymi wrażeniami. On jeden zachowywał spokój. Słuchał, nie mówiąc ani słowa, zatopiony w rozmyślaniach. Nie pozwolił Kudłatej pójść z nimi, toteż pies odszedł z podkulonym ogonem, zły, że nie został zaproszony.

Tkwili tam niemal od dwóch godzin. Ich rozmowa nabrała spokojniejszego tempa, straciła rozpęd, gdy wtem za pniem drzewa przemknął jakiś osobnik. Nie mógł podejść bliżej niezauważony, mimo to pozostawał w zasięgu wzroku, w odległości dwudziestu metrów od trójki nastolatków.

Wziął łuk, wbił w ziemię u swoich stóp pięć strzał, szóstą nałożył na cięciwę, po czym ją napiął i niespiesznie wycelował.

Trzeba to zrobić. Trzeba zabić tych troje Piotrusiów, zanim sprawią, że wyspy nie da się zdobyć. Zdrajca nie był z siebie dummy, ale robił to dla własnego dobra. Piotrusie nie mieli żadnych szans na przeżycie w starciu z Cynikami. Lepiej opowiedzieć się po stronie zwycięzców, kiedy jeszcze jest czas, on zaś już dokonał wyboru.

To przypadek (on wolał słowo „szczęście") postawił na jego drodze grupę czterech Cyników, kiedy zbierał w lesie drewno. Przybył na wyspę dwa miesiące wcześniej i czuł się nieswojo wśród wszystkich tych rozkapryszonych nastolatków. Tamtego ranka otrzymał do wykonania pracę poza wyspą, czterej Cynicy zaskoczyli go przy zakręcie w pobliżu niecki. Już mieli się na niego rzucić, ale ubłagał ich, aby pozwolili mu coś powiedzieć. Jest gotów pójść razem z nimi, nie chce już dłużej przebywać z nastolatkami i dziećmi, pragnie dołączyć do dorosłych, odzyskać emanujące z nich poczucie bezpieczeństwa. Po długim wahaniu Cynicy się naradzili, przy czym zdrajca dobrze wiedział, że debatują nad jego losem: posłuchać go czy zabić. Następnie zaproponowali mu układ: nie pójdzie z nimi, przynajmniej nie od razu, lecz będzie im służył jako szpieg. Nie przybyli tu bowiem po to, by uprowadzić Piotrusiów, tylko na zwiady, żeby namierzyć „gniazda" do przyszłych ataków. Jeżeli im się dobrze przysłuży, będzie mógł się do nich przyłączyć, jak tylko podbiją wyspę.

Zdrajca niczego więcej nie pragnął. Opracowali oryginalny sposób porozumiewania się, zwiadowcy zaś wyjaśnili, że pozostaną w okolicy, dopóki reszta Cyników nie powróci z małą armią. Wędrówka na południowy wschód i powrót potrwają długo, kilka miesięcy, w czasie których on będzie miał za zadanie informować ich o wszystkim, co się dzieje na wyspie, i przygotować grunt dla ich ataku, kiedy tylko zbiorą wojsko. Umówili się, że przypuszczą szturm dopiero wtedy, gdy on będzie pełnił wartę na moście, tak aby wpuścił ich na wyspę, kiedy Piotrusie będą spali.

I właśnie gdy armia nadeszła, pojawiły się kłopoty.

Amber, Tobias i Matt stworzyli nieprzewidziane zagrożenie. Odkąd są razem, zdołali wymyślić nazwę „przeobrażenie" i co gorsza, przyzwyczaić Piotrusiów do posługiwania się nią. Stanowili niebezpieczeństwo dla powodzenia inwazji. Piotrusie nie mieli żadnych szans przy potężnych, dobrze uzbrojonych Cynikach. Panowali jednak nad własnym przeobrażeniem, co zmieniało postać rzeczy. Z początku zdrajca powiedział sobie, że lepiej trochę poczekać, aby się zorientować, jak się sprawy mają, i nie wciągnąć wojska Cyników w zasadzkę. Lecz przed dwoma dniami doszedł do wniosku, że nie należy dłużej zwlekać, bo czas działa na korzyść Piotrusiów, a na tym etapie przeobrażenie nie mogło stanowić realnego zagrożenia. Należało się jednak pozbyć trójki mącicieli, aby mieć pewność, że w żaden sposób nie zdołają uniemożliwić Cynikom ataku. Amber, bo to ona prowadziła badania nad tym całym przeobrażeniem, Matta, bo nieźle je wyćwiczył, co udowodnił podczas nieudanego zamachu, a Tobiasa po prostu dlatego, że ciągle się z nimi pętał, więc z pewnością za dużo wiedział.

Zdrajca powrócił myślami do nieudanego zamachu za pomocą żyrandola. A przecież jego plan wydawał się dopracowany. Mógł się pozbyć Douga raz na zawsze. Wprawdzie Doug nie stanowił jego głównego celu, ale wtedy był najniebezpieczniejszym Piotrusiem, on jeden potrafił bowiem skupić wokół siebie wszystkich i skłonić ich do posłuchu. Usunięcie go wywołałoby zamęt, który ułatwiłby z kolei inwazję. Kiedy Matt dowiódł przed wszystkimi swojej umiejętności, swojego przeobrażenia, zdrajca uświadomił sobie, że w pierwszej kolejności trzeba się zająć nim i dwójką jego wspólników.

I właśnie nadarzyła się doskonała okazja. Ta trójka chciała za bardzo przyspieszyć bieg spraw, więc przyczaiła się tutaj, żeby nikt ich nie usłyszał. Na nieszczęście dla nich miejsce to okazało się wygodne dla zdrajcy. On zaś wcale nie zamierzał dać im tych kilku godzin, których potrzebowali, by zrealizować swój plan. Przeobrażenie pozostanie tajemnicą, a Cynicy będą mogli się pojawić, zanim Piotrusie nad nim zapanują.

Jeśli uda mu się ich zabić teraz, wyśle wiadomość wojsku.

Które bez wątpienia zwycięży.

Wycelował, wstrzymał oddech (odkąd latem zaczął wyjeżdżać na kolonie, zawsze dobrze strzelał z łuku) i puścił cięciwę.

Pierwsza strzała trafiła Matta w plecy.

W biały dzień nie miał na sobie kamizelki kuloodpornej, strzała więc utkwiła tak głęboko, że mogła mu przebić serce, i Matt runął twarzą do wody.

Druga przeleciała ze świstem, dosięgając klatki piersiowej Amber, która zdążyła tylko przyłożyć dłoń do lewej piersi i także upadła powalona przez idealnie wycelowany grot.

Trzecia strzała musnęła Tobiasa, który ze strachu wrzeszczał na całe gardło na skraju pomostu. Czwarta zamknęła mu usta na zawsze.

Odrzuciło go do tyłu i również zleciał z pomostu.

W ciągu niecałych dwudziestu sekund wszystkie trzy ciała zniknęły.

Przymierze Trojga przestało istnieć.

44

ŁATWY PODBÓJ

Na paliku, który służył do zawieszania kociołka nad ogniem, przysiadł kos. Na razie pod nim znajdował się jedynie spory stos popiołu, a żeliwo było zimne.

Naprzeciwko mężczyzna mocował czerwono-czarną flagę na wierzchołku masztu. Skończywszy pracę, odwrócił się i ujrzał ptaka. Jego piwne oczy natychmiast rozbłysły, gdy wyobraził sobie malutką pieczeń, którą mógłby sobie przyrządzić, gdyby tylko zdołał złapać tego bezczelnego kosa.

Cynik podchodził coraz bliżej prowadzony zaciekawionym wzrokiem ptaka, aż spostrzegł okalającą jego łapkę obrączkę.

Na twarzy Cynika pojawił się grymas rozczarowania:

– A, posłaniec! Tak też myślałem, to by było zbyt proste…

Wyciągnął dłoń, by schwytać kosa, i odpiął obrączkę skrywającą zwitek papieru, który czym prędzej zaniósł dowódcy. Ich namioty zrobione były ze skóry rozpiętej na palach, wewnątrz unosił się bardzo silny zapach, ponieważ jako wykładzina, poduszki czy jaśki służyły niedźwiedzie, psie, a nawet kocie futra. Cynik pozdrowił zwierzchnika i podał mu wiadomość.

– Właśnie przyszła, sir Sawyerze.

Łysy kolos wstał i odebrał przesłanie. Na ramionach i karku miał tatuaże, które sięgały aż na tył głowy i okalały uszy.

Przeczytał na głos:

Trójka mącicieli nie żyje. Obejmę wartę za dwie noce, to będzie odpowiedni moment do ataku. Opuszczę most, czekajcie do północy, aż wszyscy zasną, i dopiero wejdźcie. Zwycięstwo!

– Czy mam zatrąbić na zbiórkę, sir? – zapytał mężczyzna, który przyniósł wiadomość.

Łysy olbrzym odetchnął głęboko, kręcąc głową w lewo i w prawo, aż w karku złowieszczo zatrzeszczało.

– Tak. Wieczorem naostrzymy broń, bo jutro zwijamy obóz. Za dwa dni o tej porze będziemy w drodze powrotnej do domu. – Prawy kącik ust podniósł mu się w obleśnym uśmieszku, kiedy dodał: – Z wozami pełnymi Piotrusiów.

Nazajutrz wieczorem sir Sawyer prowadził przez las wojsko, siedząc na dużym czarnym koniu. Za nim maszerowało jakichś stu mężczyzn, kolumnę zamykały dwie ogromne bambusowe klatki na kółkach, każda ciągnięta przez cztery niedźwiedzie brunatne. Owe dziwaczne wozy były tak duże (wysokie prawie na dziesięć metrów), że z przodu stali dwaj żołnierze, którzy obcinali maczetami gałęzie, aby klatki mogły przejechać.

Część lamp przyczepiono do włóczni niektórym wojownikom, inne zawieszono przy wozach; palący się w nich zwierzęcy tłuszcz rzucał na oddział żółtawy blask.

Wszyscy mężczyźni mieli na sobie hebanowe zbroje wyrzeźbione w drewnie tak niezdarnie, że każda była inna. Dysponowali toporami, mieczami, wekierami – całym średniowiecznym arsenałem. Było oczywiste, że wszystek zapas żelaza zużyli do produkcji broni, resztę rynsztunku natomiast wykonali domowym przemysłem z tego, co im wpadło w ręce.

Kiedy znaleźli się niedaleko wyspy, sir Sawyer zsiadł z konia i zapatrzył się w rzekę i dachy zamków, w których wszystkie światła były pogaszone.

Kamienny most spinał brzegi ciemnej wody, w której odbijał się księżyc. Szpieg zdążył przeturlać pnie i położyć arkusz blachy, aby umożliwić im przejście.

– Wyspa należy do nas – powiedział Sawyer do swego zastępcy, który szedł u jego boku. – Niech żołnierze wloką się z wozami, reszta za mną, zdobędziemy te zameczki jeden po drugim. Jeżeli stawią zbyt silny opór, dobędziemy broni, ale masz przekazać wszystkim: staramy się wyrządzić jak najmniej szkód. Królowa chce dokładnie obejrzeć skórę każdego Piotrusia, nawet martwego!

Sir Sawyer postawił stopę na arkuszu blachy, która zazgrzytała pod jego ciężarem, i wkrótce po kamiennym moście przeszło sześćdziesięciu mężczyzn, zbliżając się coraz bardziej do celu.

Kiedy już prawie dotarli na drugi brzeg, sir Sawyer podniósł dłoń i zatrzymał kolumnę. Pociągnął kilka razy nosem, rozglądając się dokoła.

– Nic nie czujesz? – zapytał swego zastępcę, który natychmiast także zaczął węszyć.

– Tak, coś jakby… jakby zapach rozpuszczalnika.

– Benzyny, kretynie. Śmierdzi benzyną. Nie wiem, co tu się wyprawia na tej wyspie, ale to mi się nie podoba.

Wahał się przez chwilę, nim stanął twarzą do swych żołnierzy i rozkazał im dobyć broni.

– Coś tu nie gra – warknął. – Czuję to. Bądźcie w pogotowiu.

45

FLASHBACK

Porastające skraj lasu paprocie stanowiły idealną kryjówkę dla Matta i sześćdziesięciu Piotrusiów, którzy czuwali przy moście. Nie zabrakło wśród nich nawet dwóch Długodystansowców. W całkowitej ciszy obserwowali uważnie przeciwległy brzeg. Trzeba było zamknąć Kudłatą na cztery spusty, żeby za nimi nie poszła. Matt obawiał się o jej bezpieczeństwo, pies zaś przez cały wieczór wył wniebogłosy, jakby go obdzierali ze skóry. Na szczęście z miejsca, gdzie się teraz znajdowali, nie można go było usłyszeć.

Kiedy wśród liści drzew ukazały się świetlne punkciki, przez długą kolumnę Piotrusiów przebiegł pomruk, po czym wszyscy z powrotem ucichli. Patrzyli na zbliżający się pochód budzących grozę żołnierzy; większość miała twarze schowane pod hełmami, z których część najeżona była kolcami lub rogami. Kolejny pomruk wzbudziło pojawienie się lamp zawieszonych wysoko na wozach z gigantycznymi klatkami. Wszyscy umilkli, gdy tylko jeździec zsiadł z konia i poprowadził swe wojsko na most. Nie mogli dać się zauważyć.

Matt był z siebie dumny: dotąd wszystko szło jak po maśle. Noc rozmyślań przyniosła owoce. Przyczajony wśród krzaków, wysokich traw i liści, które łaskotały go po twarzy, chłopiec powrócił myślami do tych kilku jakże istotnych godzin; na parę sekund ponownie opadły go nocne wątpliwości sprzed niemal dwóch nocy...

Martwiła go napaść na Amber. Żywił przeświadczenie, że nietoperze mają związek z Rauperodenem. Im bardziej się jednak nad tym zastanawiał, tym większego nabierał przekonania, że Rauperoden szuka właśnie jego i nikogo innego. Co więc tu robią nietoperze? Dlaczego rzucają się wyłącznie na niego albo na Amber? Nawet jeśli prędzej czy później ich ofiarą padnie Tobias, to się wydawało więcej niż prawdopodobne...

Czy to przypadek, że te nader osobliwe ssaki atakują akurat ich, trójkę sprzymierzonych, których zdrajca chciał się pozbyć?

Nie, Matt nie wierzył w przypadek. Pomiędzy obydwoma zdarzeniami istniał jakiś związek. Za tym wszystkim krył się zdrajca.

„Przecież nikt nie potrafi s t e r o w a ć nietoperzami!"

I właśnie wtedy do niego dotarło.

Przeobrażenie.

Zdrajca rozwinął własne przeobrażenie, potrafi się porozumiewać z nietoperzami. Matt przypomniał sobie, co wyjaśniła im Amber: każdy karmi swoje przeobrażenie własnymi doświadczeniami. Im bardziej pobudzamy określoną część mózgu bądź ciała, tym bardziej umacnia się nasze przeobrażenie.

Zdrajca mógł się porozumiewać z nietoperzami, ponieważ pozostawał z nimi w ciągłym kontakcie, dzień po dniu, od kilku miesięcy. „Ale przecież nikt nie spędza całego czasu z nietoperzami. One są aktywne w nocy, żyją w jaskiniach... Nikt nie spędza dni z takimi zwierzakami!"

Mattowi od razu przyszedł na myśl nauczyciel matematyki. Bez przerwy im powtarzał: „Kiedy jakiś problem wydaje się wam nie do rozwiązania, nabierzcie do niego dystansu. Nie patrzcie na drobne szczegóły, tylko na całość, przejdźcie od mikro do makro. Skoro bowiem nie znaleźliście rozwiązania wewnątrz, znajdziecie je na zewnątrz!" Matt przestał więc myśleć w skali mikro: nietoperze, i spróbował to zrobić w skali makro: do czego one są podobne? Czy są spokrewnione z jakimś gatunkiem?

Ptaki! Przez cały dzień zdrajca miał styczność z ptakami. Może to być zatem tylko jedna osoba: Colin.

Colin zajmował się tutejszą ptaszarnią. Od przybycia na wyspę przebywał wśród ptaków, musiał z nimi rozmawiać godzina po godzinie, dzień po dniu. Był samotnikiem przez większość czasu zamkniętym wraz ze swymi latającymi towarzyszami. Właśnie tak narodziło się jego przeobrażenie. Nauczył się podstawowej formy komunikacji z ptakami.

Matt zrezygnował z obudzenia śpiących przyjaciół. Od chwili, gdy Amber przewróciła się na drugi bok i przysunęła do niego we śnie, czuł na karku jej gorący oddech.

Co powinien teraz zrobić? Aresztować Colina o świcie? A jeśli się myli? „Nie mylę się, to Colin!" W każdym razie trzeba wszystko spokojnie przemyśleć, przeanalizować, mieć pewność, że o nikim nie zapomniał, że zbytnio się nie spieszył... Gdyby popełnił błąd i Colin byłby niewinny, prawdziwy zdrajca patrzyłby na jego aresztowanie i wyczuwając niebezpieczeństwo, wysłałby Cynikom wiadomość, żeby przypuścili szturm. Nie, nie można podjąć takiego ryzyka! Należy się upewnić, że Colin jest rzeczywiście zdrajcą, nie może być co do tego absolutnie żadnych wątpliwości. Aby to osiągnąć, Matt widział tylko jedno wyjście: zastawić na niego pułapkę. Podsunąć mu szansę, o której marzył: szansę pozbycia się „trójki mącicieli". Jeśli zostanie złapany na gorącym uczynku, wtedy zyskają pewność, Colin nie będzie już mógł zaprzeczyć i zmuszą go, żeby wyznał wszystko, co wie.

W ciągu następnych godzin Matt obmyślał zasadzkę, która pozwoliłaby go zdemaskować.

Do realizacji swego planu rankiem potrzebował Tobiasa, aby pomógł mu przynieść ze schowka w Minotaurze manekina, który kiedyś ich wystraszył. Ubrali go w rzeczy Matta i posadzili na skraju pomostu. W południe Amber włożyła kamizelkę kuloodporną, a Tobias zdołał wcisnąć na siebie dwie kolczugi, które zabrał ze zbroi w Krakenie. Podczas gdy jego przyjaciele udawali, że jest ich troje, Matt pognał do Centaura, by pilnować Colina. Ten zaś wkrótce po cichu wyszedł, niosąc w ręce łuk i strzały, i ruszył na południe wyspy. Zamierzał ich zaatakować, tak jak zaatakował wcześniej Matta na cmentarzu: z daleka, czego Matt, biorąc pod uwagę topografię, słusznie się domyślił. Z tej odległości Colin nie mógł się zorientować, że ma przed sobą plecy nie chłopca, tylko manekina, było też mało prawdopodobne, by celował w głowę, a przynajmniej taką Matt miał nadzieję. Czy nie powinno się go aresztować od razu? Nie, bo mógłby jeszcze wszystkiemu zaprzeczyć, twierdząc, że idzie na polowanie… Matt chciał mieć absolutną pewność co do jego winy, należało go schwytać na gorącym uczynku.

Strzały pomknęły o wiele szybciej, niż Matt się spodziewał, nie chcąc zaś zostać zauważony, musiał pozostać z tyłu. Manekin upadł do przodu, Amber i Tobias poszli w jego ślady… osuwając się na starą łódź, którą ustawili tuż przy pomoście i wyścielili kocami, aby zamortyzować upadek. Ponieważ pomost ich zasłaniał, Colin pomyślał, że wpadli do wody. Matt puścił się biegiem już po pierwszej wypuszczonej strzale, z kolei Colin był zbyt skupiony na celowaniu, by usłyszeć, jak nadchodzi. Chociaż starszy i pozornie silniejszy, zdrajca nawet nie próbował się bronić, do oczu natychmiast napłynęły mu łzy.

Jego jakże żałosny widok przypomniał Mattowi reakcję chłopaka w dniu, kiedy Doug szukał ochotników do pomocy przy kurach w ptaszarni: Colin kategorycznie zażądał, żeby nikt nie dotykał ptaków, żeby wyłącznie on się nimi zajmował.

Dopiero w tym momencie dołączyła do tego logika, jakby ona także potrzebowała pewności, i wtedy wszystko zaczęło do siebie pasować: Colin wykorzystywał ptaki do porozumiewania się z Cynikami. To byli latający posłańcy. Oswojeni. Ponieważ Colin z nimi mieszkał, rozmawiał, słuchał ich, usiłował nawiązać kontakt, jego umysł uległ przeobrażeniu, pozwalając mu c z u ć reakcje ptaków – a także nietoperzy – i prawdopodobnie wydawać im proste polecenia, na przykład ataku, być może poprzez skierowanie myśli ku twarzy albo pokazanie strzępu ubrania należącego do ofiary; Matt nie miał pojęcia, czy ptaki posiadają tak rozwinięty węch jak psy.

„I ten jego charakter pisma na tamtym liściе, w którym zastawił na mnie pułapkę! – przypomniał sobie Matt. – Myślałem, że to jakiś mały Piotruś, bo litery były niezgrabne, słowa dziecinne, ale to dlatego, że Colin nie jest zbyt bystry. Ma trudności z wysławianiem się".

A nietoperze wcale nie latały bez ładu i składu! Zawsze krążyły nad Centaurem, w rzeczywistości zaś nad ptaszarnią! Gdzie pewnie czekał Colin, starając się z nimi porozumieć. To musiało mu zająć sporo czasu… I tamten dziwny ptak w czasie wyprawy – Matt go zauważył i zdziwił się, bo najwyraźniej ptak leciał za nim! Tymczasem Colin go wysłał do istoty ludzkiej, której miał przekazać wiadomość – Matt dostrzegł tę wiadomość w rękach Cyników: mały zwitek papieru! No i Amber opowiadała im wcześniej, jak bardzo Colin wydawał się nerwowy, kiedy przyszedł wypytywać ją o przeobrażenie… Wszystkie fragmenty układanki wchodziły na swoje miejsce.

Colin rozpłakał się na widok wracających znad rzeki Amber i Tobiasa; każde z nich pocierało sobie klatkę piersiową, na której musiały się pojawić piękne krwiaki.

Od razu wszystko wyśpiewał.

Na koniec zaś ostrzegł:

– Jeśli zaraz nie wyślę wiadomości, i tak zaatakują. Oni nie chcą już dłużej czekać.

Oblężenie wyspy było nieuniknione.

Matt przyspieszył wieczorne zebranie, żeby wszystko wyjaśnić Piotrusiom. Nieuchronność bitwy, której stawką miała być ni mniej, ni więcej, tylko ich wolność, a może nawet życie. Utworzono trzy oddziały. Pierwszy, pod dowództwem Amber, skupiał Piotrusiów, którzy zdążyli się już oswoić z własnym przeobrażeniem; mieli trenować bez wytchnienia aż do ostatniej chwili. Drugi, na którego czele stanął Matt, miał zostać wyposażony w broń, aby wykonywać jak najwięcej ćwiczeń przygotowujących do walki wręcz. Trzeci zaś, pod wodzą Douga, miał przygotować teren do odparcia wroga. Tobias natomiast dołączył do łuczników, nie chciał jednak zostać ich kapitanem, uważał bowiem, że za słabo strzela. Funkcja ta przypadła zatem Mitchowi.

Colin upadł przed Piotrusiami na twarz, błagając, by darowali mu życie, i przysiągł, że zrobi wszystko, by odkupić winy. Niektórzy, głównie ci najmłodsi, zaproponowali, żeby za karę go zabić, czemu Matt stanowczo się sprzeciwił. Od tej pory Colin wszędzie za nim chodził jak niewolnik, na każdym kroku ofiarowując mu swą pomoc. Zgodził się napisać wiadomość podyktowaną przez Matta, żeby zwabić Cyników w ciągu dwóch nocy. List był krótki, ale za to mieli pewność, że sami wyznaczą godzinę bitwy i że efekt zaskoczenia da im ogromną przewagę.

Przez całą dobę wszyscy nieustannie ćwiczyli, aby oswoić się z bronią albo uzyskać zadowalający rezultat w panowaniu nad własnym przeobrażeniem. Na kilka godzin przed atakiem wszyscy poszli się położyć; wyczerpani zdołali zasnąć pomimo paraliżującego stresu, o północy zaś czaili się w gęstwinie z bijącym sercem, podczas gdy dwie trzecie wrogiej armii właśnie przekraczało most…

Matt czuł, jak pot spływa mu po plecach. Pocił się ze strachu i z niepokoju. Jego plan musi się powieść. Bo inaczej zostaną wyrżnięci w pień.

Wszyscy byli na swoich miejscach i każdy wiedział, co ma robić.

Im bardziej się zbliżał moment, gdy Matt miał pierwszy ruszyć do boju, tym mocniej waliło mu serce. Od tej chwili nie będzie już dla nich odwrotu; jeśli się okaże, że nie dopracował swego planu w każdym szczególe, nadejdzie ich koniec.

Ciągle wpatrywał się w wielkiego, łysego, wytatuowanego Cynika, w jego groźną twarz, w tak bardzo wpadnięte oczy, że nawet w świetle lamp, które nieśli jego żołnierze, wydawały się czarne.

Nagle łysy dowódca przystanął, podnosząc dłoń. Powiedział cicho coś, czego Matt nie zdołał dosłyszeć, po czym jego ludzie jednocześnie dobyli broni.

Mattowi brakowało tchu. Powinien wstać, nie czekać dłużej, chociaż jeszcze nie wszyscy żołnierze dotarli na most. Chłopak czuł, że zaraz wydarzy się coś niespodziewanego, nie mógł podjąć takiego ryzyka.

Odetchnął głęboko, na sekundę przymknął oczy, aby się skoncentrować z dłońmi zaciśniętymi na rękojeści miecza, który wbił w ziemię przed sobą, następnie się wyprostował, wypadł z kryjówki i jednym susem znalazł się na szczycie niedużej skały. Z góry miał widok na most i wojsko.

Dostrzegłszy go, łysy olbrzym pochylił głowę niczym drapieżnik, który przydybał ofiarę z dala od nory.

– NIE JESTEŚCIE TU MILE WIDZIANI! – krzyknął Matt. – ZAWRÓĆCIE, DOPÓKI MOŻECIE, TO DARUJEMY WAM ŻYCIE!

Na te słowa niemal wszyscy Cynicy wybuchnęli drwiącym śmiechem. Niektórzy unieśli miecze lub topory, uśmiechając się okrutnie. Drobne ostrzeżenie nie przyniosło rezultatu. Bitwa była nieunikniona. Wkrótce miała popłynąć krew. Matt przypomniał sobie cały ból, który poczuł, wbijając ostrze w brzuch Żarłoka, a potem zabijając go. Całą tę niepotrzebną przemoc. Winni tego są Cynicy, oni odpowiadają za to, co wkrótce nastąpi. Matt miał im za złe ich upór. Znów musiał walczyć, co napawało go smutkiem. „Pozbądź się smutku! – nakazał sobie, wpatrując się w wojownicze twarze wrogów. – To oni przybyli tu, żeby na nas napaść, to oni są winni tej przemocy, to oni jej szukają, a ty stawiasz im opór, żeby cię nie zabili. Na nich spada odpowiedzialność za to wszystko". I przyszła mu na myśl Ziemia, nieustanne zanieczyszczenia, których ludzie nie szczędzili środowisku, chociaż zdawali sobie sprawę, że to zatruje powietrze, wodę, glebę. Czasem dorosły zachowuje się głupio. Najwyższa pora naprawić błędy, pokazać, że może się narodzić nowe pokolenie ludzi. A jeśli przyjdzie to uczynić na drodze rozlewu krwi, to wina Cyników. Matt ani żaden Piotruś na wyspie tego nie chcieli.

Kpiny żołnierzy dały chłopcu odwagę, by się nie ugiąć, jego lęk natychmiast przerodził się w gniew. Czuł, jak po każdym obleśnym wybuchu śmiechu się zmienia, jak po każdej drwinie staje się twardszy, odrzucając empatię i litość. Wkrótce pozostanie mu w sercu jedynie pogarda dla tych krwiożerczych kretynów, którzy pragnęli wyłącznie wojny. Nagle twarz mu pociemniała. Skoro Cynicy rozumieją tylko język przemocy, należy odpowiedzieć im tym samym. Oczy płonęły mu z wściekłości, z zimnej, oślepiającej wściekłości, stojący zaś najbliżej Cynicy przestali się śmiać. Im bardziej tamci się natrząsali, tym Matt czuł się silniejszy. Zmierzył ich wzrokiem z determinacją wojownika, który wie, że bitwa jest nieunikniona, i uwalnia się od lęków.

Wkrótce nikt już nie żartował z tego młodzieńca o spojrzeniu zabójcy, które podkreślały dodatkowo blizny po walce z nietoperzami. Matt krzyknął stanowczym i pewnym siebie głosem, zdecydowany nie cofnąć się przed niczym:

– MAMY MOC, KTÓREJ NIE POTRAFICIE SOBIE NAWET WYOBRAZIĆ. ZBLIŻCIE SIĘ O KROK, A WSZYSCY ZGINIECIE!

Na te słowa sześćdziesięcioro Piotrusiów, którzy czekali w lesie, wyłoniło się, tworząc długi szereg młodych wojowników widoczny w półmroku. Byli uzbrojeni w miecze, wekiery, topory, we wszystko, co zdołali znaleźć na wyspie, część miała na sobie fragmenty zbroi, inni dzierżyli łuki, w większości dopiero co wyprodukowane z zapasów drewna.

Łysy olbrzym, na którym owa demonstracja siły nie zrobiła wrażenia, zacisnął zęby i podniósł do góry dwa obosieczne topory trzymane w obydwu rękach. Patrząc Mattowi prosto w oczy, postąpił krok naprzód na znak wyzwania. Chłopak podniósł miecz ku niebu. Zaraz się przekonają, czy jego plan był szaleństwem.

Cała armia jęła się ku niemu zbliżać równym ciężkim krokiem.

46

MOC PIOTRUSIÓW

Sergio, ukryty w trzcinach u stóp mostu, spostrzegł, jak Matt daje znak, unosząc miecz ku gwiazdom. Skoncentrował się więc ze wszystkich sił, tak jak to robił wraz z Amber w czasie dwudziestu czterech godzin intensywnego treningu. Wtedy, gdy był bliski obłędu z powodu zmęczenia, w końcu mu się udało, teraz zaś, w obliczu stresu i przymusu powodzenia, zaczął wątpić w siebie. Czy potrafi wykrzesać iskry na odległość, nie pocierając kamienia?

Chociaż odległość była niewielka, zaledwie metr, wydawała mu się nieskończona. Nabrał powietrza nosem i wypuścił ustami, mając zamknięte oczy. Uwolnił umysł od wszelkich myśli, aż zdał sobie sprawę z własnego rytmicznego oddechu rozchodzącego się po płucach. Zwykle czuł swoje przeobrażenie w koniuszkach palców. Łagodne ciepło i szczypanie w chwili, gdy powodował wyładowanie iskier.

Łomotanie stóp o znajdujący się ponad nim most zdekoncentrowało go. Są coraz bliżej…

Sergio czym prędzej skupił się na nowo i oczyścił umysł. Oddech. Mrowienie krwi pod skórą. Dłonie. Koniuszki palców. Bicie serca przeniosło się pod paznokcie. Sergio wyczuł w sobie ciepło, pokrył się elektrostatyczną osłoną, która spłynęła aż do palców, jakby chciał się odizolować od świata. Szczypanie.

Wyciągnął ramiona w kierunku mostu, tam, gdzie była rozlana benzyna, zaledwie metr od niego. Zatopił się we własnym ciele, sekundę później zaś potężne wyładowanie przewróciło go na bok bez zmysłów.

W tejże chwili wojsko dochodziło do końca mostu; łysy olbrzym nawet przyspieszył kroku, chcąc natrzeć na Matta, gdy pod ich stopami strzelił snop iskier. W obłokach dymu zewsząd podniosły się płomienie, podpalając konstrukcję. Nim minęło dziesięć sekund, cały most zalała rzeka ognia, który zapłonął jak za dotknięciem czarodziejskiej różdżki.

Cynicy wrzasnęli ze strachu (czy to możliwe, żeby te dzieciaki naprawdę miały moc?) i rzucili się do wody, nie czekając na potworną śmierć w płomieniach. Ledwie się zanurzyli w czarnej rzece, zaczęli tonąć, ciężar broni ciągnął ich bowiem na dno. Aby wydostać się na powierzchnię i płynąć, musieli się pozbyć wszystkiego, co ciężkie. Ci, którzy wskoczyli w pobliżu brzegów, usiłowali podpłynąć bliżej, i właśnie wtedy ich szeregi przeciął Bill, który skoncentrowany przycupnął nad wodą. Choć miał tylko dwanaście lat, był jednym z tych Piotrusiów, którzy najlepiej opanowali własne przeobrażenie; ćwiczył je bez przerwy, nawet podczas posiłków, kiedy to zabawiał się, wzburzając wodę w szklankach kolegów. Bill przez całe pół roku na wyspie łowił ryby albo budował maleńkie tamy na nabrzeżach, miał więc wyjątkowy kontakt z wodą.

Wkrótce żołnierze próbujący się wydostać na ląd musieli podwoić wysiłki z powodu potężnego prądu, który ich odpychał. Bill z zamkniętymi oczami robił wszystko, by uniemożliwić pływanie po tej stronie rzeki. Bitewna adrenalina przekształciła się we wspaniałą energię, która wzmocniła efekt przeobrażenia. Bill zawsze uważał, że nie jest w stanie poruszyć płynącej wody, a tymczasem... zmieniał kierunek silnego prądu na dystansie kilku metrów! Lecz nie na długo, zaczęło mu się bowiem kręcić w głowie, po chwili zaś upadł na trawę całkowicie wyczerpany z powodu nadzwyczajnego wysiłku.

Czterdziestu Cyników, którzy pozostali na drugim brzegu, na kilka minut zastygło w bezruchu pod wpływem szoku, nim się przegrupowali. Oddział łuczników zajął pozycję i złożył się do strzału. Cięciwy łuków zadrżały, po czym w powietrzu zatańczył deszcz strzał, który spadł na Piotrusiów. Tym razem nadeszła kolej Svetlany, by pokazała, co potrafi, unosząc ręce nad głowę. Lekki wietrzyk targnął piórami bełtów z wystarczającą siłą, by zmienić tor lotu strzał, które posypały się na rzekę i las. Cynicy, oszołomieni z powodu tego niepojętego zjawiska, wypuścili kolejną salwę, która podzieliła los pierwszej. Wtem Svetlana zachwiała się wyczerpana dokonanym wysiłkiem. Przez pół roku sprzątała pomieszczenia na wszystkich zamkach, wolała bowiem to samotne zajęcie od innych prac, i przez cały ten czas przeklinała przeciągi rozwiewające kurz, który zgarniała na małe kupki, tysiące razy śniła, że może kontrolować hulający po korytarzach wiatr, może zamiatać podłogi za pomocą wyłącznie myśli, aż wreszcie jej marzenie się ziściło. Jednak podobnie jak Billa i Sergia, którzy tego wieczoru osiągnęli wyjątkowe rezultaty dzięki presji, siły opuściły ją całkowicie już po kilku sekundach.

Amber i Tobias, którzy przyglądali się bitwie, stwierdzili, że większość żołnierzy, zszokowanych i pozbawionych broni, porwał prąd rzeki. Znajdujący się na drugim brzegu łucznicy, równie zdezorientowani, nie wiedzieli, co robić, jako że czuli się zupełnie bezużyteczni.

Teraz, kiedy pierwszy atak został odparty, Mitch uznał, że pora na ripostę, zanim tamci zdążą się przegrupować. Zamierzał ich zmusić do ucieczki. Rozkazał swym łucznikom zająć pozycje i dał sygnał, by strzelali.

Tobias wycelował w jednego z Cyników, ale jego strzała nawet nie dosięgnęła drugiego brzegu. „Właśnie dlatego oni strzelają w górę! Żeby poleciała dalej!" Jego druga strzała poszybowała ku gwiazdom, kiedy zaś spadła, wbiła się w ziemię u stóp żołnierza, który cofnął się z przestrachem. W górę wzbiły się dziesiątki strzał, dziurawiąc drewniane pancerze Cyników.

Mitch śledził rozwój wypadków zarówno na moście, gdzie garstka śmiałków zrezygnowała ze skoku do wody, jak i na przeciwległym brzegu. Jego wzrok wydawał się tak wyostrzony, że mógł wszystko dokładnie obejrzeć, niczego nie pomijając, a zdolność dostrzegania wszystkiego w najdrobniejszych szczegółach zakrawała na cud. Albo na przeobrażenie. Jako staranny rysownik wyćwiczył zmysł obserwacji aż do przesady, nawet nie zdając sobie z tego sprawy, jedynie zapełniając kolejne zeszyty ilustracjami. Teraz był w stanie śledzić równocześnie kilka scen i wydawać odpowiednie rozkazy.

Właśnie on wypatrzył piekielny kształt wyłaniający się z mostu.

Matt obserwował szturm z wierzchołka skały, uważając na Cyników, którzy wynurzali się z wody po ich stronie. Zauważył Claudię odciągającą Billa na bok.

Wtem z prawej strony rozległ się krzyk Mitcha:

– Matt! Przed tobą!

Nie tracąc cennej sekundy na szukanie niebezpieczeństwa, Matt zeskoczył ze skały, przeturlał się po ziemi i wyprostował z mieczem w dłoniach.

Dopiero wtedy spostrzegł nacierającego nań łysego olbrzyma całego w płomieniach. Mężczyzna wymachiwał toporami, rycząc z bólu i wściekłości. Jego widok był tak przerażający, że Matt zatrzymał się na chwilę. Zawahał się.

O jedną chwilę za długo.

Topory świsnęły, by przeciąć mu gardło.

Amber i Tobias usłyszeli krzyk Mitcha. Widzieli, jak mężczyzna, który w swym ognistym płaszczu przypominał demona, rzuca się na Matta. Tobias akurat naciągnął cięciwę, obrócił się więc tylko, aby zmienić cel, i strzelił do dowódcy Cyników w momencie, gdy tamten zamierzał pozbawić Matta głowy. Jego strzała przeszyła powietrze z rozkazem ocalenia mu życia. Gdyby nie trafił, Matt zostałby rozpłatany na dwoje.

Strzała nie poleciała dokładnie tam, gdzie Tobias chciał.

Amber krzyknęła rozpaczliwie z ręką wyciągniętą do przodu, pragnąc ze wszystkich sił, by Tobias trafił… Niestety, strzał nie był celny. Matt zaraz zginie.

I oto w ostatniej chwili strzała, prowadzona żelazną wolą dziewczyny, zmieniła kierunek lotu i wbiła się w szyję Cynika. Amber i Tobias spojrzeli po sobie osłupiali. Chłopak natychmiast sięgnął po kolejną strzałę i czym prędzej ją wypuścił, Amber zaś skoncentrowała się na tym, aby ją prowadzić, korzystając z własnego przeobrażenia. Po dziesiątej tworzyli najgroźniejszy duet na wyspie.

Matt patrzył, jak grot przebija gardło jego napastnika. Ta chwila wystarczyła, by mógł zareagować: uskoczył w bok, czując podmuch muskającego mu plecy topora, i ustawił się do ataku, biorąc szeroki zamach. Lśniące ostrze przeszyło mrok. Lewa ręka Cynika spadła na ziemię równocześnie z ogromnym toporem. Cynik wrzeszczał, nie zważając na ból. Zdrową ręką zamachnął się potężnie na Matta, który cofnął się o krok. Tym razem topór przeleciał mu tak blisko nosa, że Matt poczuł zapach metalu. Pożerające kolosa płomienie buchnęły oślepiającym gorącem.

Cynik walił gdzie popadło jak oszalały, jak ktoś, kto umiera w potwornych męczarniach, i właśnie to ocaliło Matta, który zamrugał, by lepiej zobaczyć wroga: topór przemknął dziesięć centymetrów nad jego głową i obciął mu kosmyk włosów.

Matt oburącz chwycił miecz jak oszczep i wykorzystując moment, gdy przeciwnik się odsłonił, wbił weń ostrze z całych sił, wrzeszcząc razem z Cynikiem. Wrzeszczał, ponieważ musiał mocno pchnąć, żeby przebić drewniany pancerz, ponieważ właśnie zabijał człowieka, nawet jeśli był on zły. Rozorywał ciało, aby odebrać życie.

Czym prędzej wyciągnął miecz z powrotem, a wtedy krew ochlapała mu twarz. Matt krzyknął jeszcze głośniej.

Cynik zachwiał się w samym środku płomiennego wiru, po czym wreszcie runął na ziemię, charcząc z ulgą.

Matt cofnął się wstrząśnięty.

Z wody wyszedł właśnie jeden z Cyników, który podniósł bal, by użyć go jako broni. Matt obserwował, jak się zbliża niczym we śnie: bez emocji, niemal w zwolnionym tempie. Chłopak wzniósł miecz i w dwóch susach był gotów do zadania ciosu.

Napastnik nie zdążył nawet podnieść drewnianego bala, gdy jego krew poplamiła Matta nieco bardziej.

Nieliczni żołnierze, którym udało się wtargnąć na wyspę, chwytali wszystko, co im wpadło w ręce, i nacierali na Piotrusiów. Matt widział, jak dwóch z nich atakuje Gwen; biedaczka próbowała sypać na nich iskry, ale nie mogła zapanować nad przeobrażeniem. Matt rzucił się na nich. W tej chwili nie miał ani odrobiny współczucia, jakby nagle pozbawiono go wszelkiego człowieczeństwa. Pozostał tylko cień goryczy wywołanej bolesnymi pytaniami: dlaczego oni to robią? Dlaczego ciągle nacierają, skoro Piotrusie pragną się jedynie bronić?

Ostrze zadrżało i uderzyło. I jeszcze, i jeszcze.

47

OSTATNI CIOS ZDRAJCY

Dwaj ostatni żołnierze cyniccy, jacy zostali na wyspie, patrzyli, jak Matt zbliża się do nich, rozniósłszy na strzępy pięciu innych. Posłali sobie szybkie spojrzenia, po czym skoczyli do wody, by wrócić tam, skąd przyszli.

Na moście, który ciągle stał w płomieniach, nie było już nikogo. Łucznicy na drugim brzegu się rozpierzchli przerażeni dziwacznymi mocami, które sprawiły, że dzieciaki stały się niepokonane. Ci, których porwała rzeka, walczyli z prądem, usiłując się utrzymać na powierzchni. Na lustrze wody bawiły się duże trzymetrowe ryby, które zanurkowały w ślad za pływakami. I zaraz kilku Cyników zniknęło wciągniętych za nogi.

Piotrusie obserwowali to rozdzierające widowisko z jednakowym zauroczeniem i wstrętem. Most pożerały wysokie płomienie, na brzegu leżały ciała jakichś dziesięciu Cyników.

Zwyciężyli. Ale za jaką cenę?

Matt tkwił nieruchomo wśród traw, spoglądając na otaczające go trupy. Cały był zachlapany świeżą krwią.

Zmusili go, by wyrządził im krzywdę. By ich ponadziewał, okaleczył, a w końcu pozabijał. Matt nie potrafił się z tym pogodzić. Przeobrażenie pozwoliło mu zadawać mocniejsze ciosy niż niektórzy dorośli, młodzieńcza zwinność zaś za każdym razem stawiała go w pozycji siły. Nie dał im żadnej szansy, wyczytał bowiem w ich oczach, że nic ich nie powstrzyma. Przybyli tu, żeby porwać Piotrusiów albo ich zmasakrować, jeśli będą się opierali. Nie było innego wyjścia.

Matt spoglądał na martwe ciała zastygłe w groteskowych pozach i miał im za złe, że skłonili go do takiej rzezi. To wszystko ich wina. Zmusili go, by ich pozabijał. Żeby przeżyć.

Smutne prawo silniejszego.

Z trudem przełknął ślinę. Nie cierpiał Cyników. Zrodziła się w nim nieodparta nienawiść. Wiedział, że teraz już nigdy nie będzie taki jak dawniej. Wpatrywał się w pożar, czekając, aż wróci mu spokój.

Sam nie wiedział, jak długo tak tkwił. Kontakt z rzeczywistością odzyskał dopiero wtedy, gdy Amber uklękła obok niego. Siedział na mokrym brzegu ze stopami w wodzie, nie przypominając sobie, by się ruszył. Dziewczyna długo przyglądała się temu widokowi, nim schyliła się, by nabrać odrobinę wody w dłonie i obmyć mu twarz.

Matt nie protestował, ona zaś oddarła kawałek bluzki i jęła pocierać jego skórę poczerwieniałą od piętna przemocy.

Za nimi Tobias, wraz ze Svetlaną, Billem i Sergiem, którzy dochodzili do siebie, czując straszliwy ból głowy, pomagał rannym się podnieść i prowadził do zamków, aby ich tam opatrzono.

Do Matta i Amber zbliżył się Doug. Położył chłopcu dłoń na ramieniu pocieszającym gestem.

– Twój plan nas ocalił – powiedział z ogromną łagodnością, tak jakby potrafił odczytać rozpacz towarzysza. – Ja… widziałem, jak walczyłeś ze wszystkimi tymi Cynikami. Byłeś fantastyczny.

Matt odwrócił się i spojrzał mu w oczy.

– Zabiłem ludzi, Doug.

– Żeby nas ocalić. Oni zamierzali roznieść nas na strzępy.

– Nie szkodzi. To były istoty ludzkie. A ja odebrałem im życie.

Doug zaryzykował krótki rzut oka na Amber, nie wiedział jednak, co powiedzieć, więc tylko wolno skinął głową.

Wtem z dala odezwał się krzyk Regiego:

– Zostawcie go! To mój wujek! To mój wujek i nie robi nikomu nic złego!

Doug zerwał się na równe nogi i pobiegł do młodszego brata. Amber i Matt, którzy podążyli za nim, ze zdziwieniem stwierdzili, że wujek Carmichael z trudem kroczy po ścieżce, wsparty na lasce i spocony z wysiłku.

Doug rzucił się z pomocą na czele wszystkich Piotrusiów.

– Co ty tu robisz? – wykrzyknął w panice, czekając na reakcję innych.

Każdy jednak był zbyt zaskoczony, by powiedzieć czy zrobić cokolwiek.

– Zobaczyłem ogień z wieży, widziałem olbrzymie wozy, nie mogłem was tak zostawić.

Starzec był wyczerpany długim marszem. Doug posadził go na kamieniu. Podeszli doń Amber, Matt, Tobias i kilkoro innych.

– Uciekli, wujku – uspokoił go Doug. – Większość się utopiła w rzece, reszta rozpierzchła się po lesie i jest ich za mało, żeby mogli wrócić. Myślę, że się wystraszyli i od tej pory będą nas traktować inaczej. Uwierzą, że mamy moc!

Carmichael wcale nie podzielał radości bratanka, jego uwagi nie uszły bowiem ciała żołnierzy ani krew na trawie, której mimo wielkiego pożaru noc nadawała czarną barwę.

– Nie porwali nas i nie podbili wyspy! – dodał Doug tym samym zwycięskim tonem.

Carmichael podniósł na niego oczy pełne łez.

– Nie, ale odebrali wam niewinność.

– Już i tak ją utraciliśmy – zasępił się Doug. – Burza nam ją odebrała.

– Przestań się łudzić, jest odwrotnie, mój mały, zupełnie odwrotnie. Ziemia podsunęła wam drugą szansę, oddała światu, dzieciom niewinność, ci wojownicy zaś przybyli, żeby ją zbrukać.

– Ale liczy się tylko to, że jesteśmy cali i zdrowi – skwitował Doug.

Wtem za ich plecami rozległ się głos, który z powodu frustracji upodobnił się do skrzeku:

– To za to, żeś mnie upokorzył! – zawołał Colin pod adresem Matta, stojąc w rzece z napiętym łukiem w dłoniach.

Strzała pomknęła tak szybko, że stała się niewidoczna, wszyscy jednak od razu wiedzieli, że leci wprost do Matta, aby przeszyć mu serce. Tobias popchnął przyjaciela niewiarygodnie szybkim gestem, tak że strzała musnęła ich obu, przelatując pomiędzy nimi.

Matt upadł na ziemię i nie mógł się powstrzymać, by nie wbić wzroku w Tobiasa. Jego reakcja była tak błyskawiczna, że aż nieludzka. Tobias rozwinął w sobie przeobrażenie prędkości. W gruncie rzeczy Matta wcale aż tak to nie zdziwiło. Czy logika nie nakazuje tego w odniesieniu do nadpobudliwego chłopaka w ciągłym ruchu?

Usłyszał wokół jęki i płacz.

Strzała chybiła Matta, dosięgła za to starego Carmichaela. Utkwiła mu w piersi.

– Nie! Nie! – wrzasnął Regie.

Doug zamarł. Wpatrywał się ze zgrozą w krew malującą na koszuli wuja purpurową plamę, która rosła z każdą chwilą. Po czym odwrócił się twarzą do Colina.

Ten zaś uświadomiwszy sobie, co zrobił, bełkotał coś niezrozumiale. Wszyscy Piotrusie spoglądali na niego z pogardą.

Doug ruszył ku niemu, lecz najbardziej przerażające było to, że na jego twarzy nie widniała ani jedna łza czy choćby cień gniewu. Niczego po sobie nie okazał. Colin pojął, że musi uciekać. Doug zaraz go zabije. Rzucił łuk i cofnął się z powrotem do rzeki; czarna woda sięgała mu coraz wyżej. Kiedy dotarła do pępka, zanurzył się.

W pobliżu zaraz się pojawił zaokrąglony tłusty grzbiet olbrzymiej ryby. Nikt nie widział, by Colin wypłynął na powierzchnię.

Doug już był gotów się za nim rzucić, lecz wezwał go świszczący głos wuja:

– Doug… Doug…

Chłopak zacisnął pięści, spojrzał po raz ostatni na rzekę i przybiegł z powrotem do umierającego. Starzec chwycił dłonie jego i Regiego w swoje.

– Dbajcie o siebie nawzajem, chłopcy. I… dbajcie… o tę wspólnotę. – Było mu coraz trudniej mówić, trzymać otwarte oczy. – Nie zapominajcie… o doktrynie… życia… czyli: nie istnieją problemy, tylko… roz… wiązania.

Zamknął oczy i mięśnie jego zmęczonej twarzy rozluźniły się w jednej chwili.

48

WYMARSZ

Wujek Carmichael został pochowany u wejścia na wyspę.

Dowiedziawszy się, kim był i jakich rad udzielał, aby zorganizować życie na wyspie, jednocześnie sam pozostając w cieniu, wszyscy Piotrusie przybyli na pogrzeb i każdy złożył w jego grobie jakiś drobiazg.

Doug i Regie płakali, podobnie jak Claudia i Arthur, a wszyscy Piotrusie, wzruszeni losami tego człowieka i jego odejściem, odnaleźli wreszcie dziecięcy smutek, który tak starannie zepchnęli w niepamięć.

Svetlana określiła tę chwilę jako „rzekę pożegnania", co się wszystkim tak spodobało, że postanowili uczynić z niej jedyną ceremonię. Były więc łzy, by powiedzieć mu, że go kochali, by się z nim pożegnać, nie było za to modlitw. Wszystko zostało wypowiedziane w określony sposób, językiem wody.

Pożar zgasł sam, chociaż most dymił jeszcze przez cały ranek. Mimo że kamień uległ uszkodzeniu, konstrukcja nadal się trzymała.

Po południu Długodystansowcy Ben i Franklin zorganizowali wyprawę z udziałem kilku silnych Piotrusiów, w tym Sergia, w celu rozejrzenia się po okolicy. Cynicy porzucili wozy, toteż Piotrusie mogli im się dokładnie przypatrzeć, uważając przy tym na niedźwiedzie, które wcale nie sprawiały wrażenia łagodnych. Kiedy tylko opróżniono wozy, postanowiono wepchnąć je do rzeki, przedtem jednak uwolniono niedźwiedzie, które czmychnęły kołyszącym krokiem.

Matt niemal przez cały dzień tkwił na szczycie jednej z wież Minotaura, bez słowa podziwiając krajobraz. Kudłata pozostała u jego boku, jakby czuła, że potrzebne mu wsparcie.

Ben przyszedł do nich, niosąc w dłoni rulon żółtego papieru przypominającego pergamin.

– Nie wyglądasz najlepiej – oświadczył, wspiąwszy się nieco zdyszany na górę.

– W porządku – odrzekł bez większego przekonania Matt. – Trzeba czasu, żeby zapomnieć. Zdaje się, że nie jestem stworzony do przemocy.

Ciągle jeszcze miał na twarzy i dłoniach mnóstwo drobnych skaleczeń, pamiątek po nietoperzach.

– Nikt nie jest do tego stworzony – przypomniał Ben. – Zrobiłeś to, żeby ocalić skórę sobie i nam.

Długodystansowiec, który zdawał się wahać, postukał pergaminem o wnętrze dłoni.

– Chciałeś mi coś powiedzieć? – zapytał Matt.

– Raczej pokazać, ale… ale nie wiem, czy to dobry moment.

– Przynajmniej oderwę myśli od tamtego. O ten papier chodzi?

Ben przytaknął i podał mu rulon.

– Znalazłem go w jednym z wozów.

Kiedy Matt go rozwinął, poczuł się, jakby dostał cios w żołądek na widok własnej twarzy wiernie odtworzonej atramentem. Towarzyszący rysunkowi tekst był równie zaskakujący:

Z rozkazu Królowej każdy żołnierz, który spotka tego chłopca, ma obowiązek niezwłocznie powiadomić swojego zwierzchnika. Misja ta jest tak samo priorytetowa jak

Poszukiwanie Skór. Nie wiadomo, jak on się nazywa. Należy go jednak uwięzić i jak najprędzej doprowadzić przed oblicze Jej Królewskiej Wysokości.

– Kim jest ta cała Królowa? – zapytał sucho Matt.

– Nie mam pojęcia. Przypuszczam, że po ciemku nasi najeźdźcy cię nie rozpoznali.

Przez głowę Matta przelatywały setki myśli. Rauperoden ścigający go i coraz bardziej depczący mu po piętach, przynajmniej w snach, Cynicy porywający wszystkich Piotrusiów do olbrzymich wozów, ciągle czerwone na południowym wschodzie niebo...

– Gdzie mieszka ta Królowa? Na południowym wschodzie?

Ben wzruszył ramionami.

– Nie mam pojęcia, pewnie tak, w każdym razie stamtąd przyszli Cynicy.

Matt wpatrzył się w horyzont na południu. Z miejsca, gdzie się znajdował, nie mógł dojrzeć karminowego nieba.

– Chcesz, żebym zawołał Amber? Wiem, że oboje dobrze się rozumiecie, musisz się przed kimś wygadać, komuś zwierzyć i...

– Nie – uciął Matt. – Chwilowo muszę pomyśleć. Sam.

Wieczorem zwołano zebranie, by podsumować sytuację. Doug oświadczył, że nie będzie go prowadził sam, ponieważ jeszcze nie czuje się na siłach, i skorzystał z okazji, by złożyć hołd Mattowi za to, czego dokonał dla wyspy.

– Chciałbym też rozważyć możliwość – podjął – żeby Matt sprawował władzę u mojego boku. Myślę, że to by było słuszne; jest bardzo bystry i...

Matt, który wyjątkowo usiadł na samym końcu, wstał i wszedł na podium.

– Dziękuję ci, Doug, ale nie mogę się zgodzić, bo niedługo opuszczam wyspę.

Ścianami sali wstrząsnął okrzyk oburzenia. Matt odczekał, aż powróci spokój, by mówić dalej:

– Oto co przed chwilą znaleźliśmy w jednym z cynickich wozów.

Podniósł do góry list gończy z bardzo wiernym rysunkiem własnej twarzy. Rozległ się kolejny krzyk, tym razem wyrażający większe zdumienie.

– Nie przyszli tu po mnie, ale wkrótce to zrobią, jeśli zostanę dłużej.

– I dokąd pójdziesz? – rzekł Regie. – Wszędzie będzie tak samo, w każdej osadzie Piotrusiów!

– Dlatego nie udam się do innej osady. Wyruszam na południe, dokładnie na południowy wschód.

Krzyk zamienił się w szmer przygnębienia. Matt nakazał ciszę gestem ręki.

– Nie zamierzam żyć w strachu, czekając, aż pewnego dnia mnie porwą i zaciągną przed oblicze tej całej Królowej. Dlatego chcę ich uprzedzić.

– Pójdziesz się zobaczyć z jakąś Królową? – wykrzyknął mały Paco.

– Jeszcze nie wiem, przekonam się, jak tam dojdę, ale muszę iść. A przynajmniej przedostać się na ziemie Cyników, żeby się dowiedzieć, czego od nas chcą… czego chcą o d e m n i e.

Tobias podniósł się z krzesła.

– Nigdzie beze mnie nie pójdziesz! – zawołał.

– Chyba wam odbiło, chłopaki! – oburzył się Mitch. – Na zewnątrz jest niebezpiecznie, nigdy nie dotrzecie na południe!

Matt stanowczo uciął wszelką dyskusję, mówiąc:

– Już postanowiłem i nic mnie od tego nie odwiedzie.

Opuszczając podium, pochwycił pełne żalu spojrzenie Amber. Przez chwilę miał nadzieję, że to z powodu jego odejścia, chociaż wiedział, że jest wściekła, bo nie uprzedził jej o tym przed innymi. Nawet nie zapytał o zdanie, nim dokonał wyboru.

Uznał, że nie ma sensu dłużej czekać, zaplanował więc wymarsz na następny dzień rano. Przez cały wieczór pakował prowiant do juków, które miała ponieść Kudłata. Było bowiem oczywiste, że jej tu nie zostawi.

Następnie spróbował nakłonić Tobiasa, by porzucił swój pomysł i został na wyspie, na co Tobias przypomniał mu, rzecz jasna, to co najważniejsze.

– Kim ja jestem? – zapytał.

– Jak to?

– Kim dla ciebie jestem?

– No cóż… przyjacielem…

– Właśnie. Więc nie mów, żebym został i o tobie zapomniał. Będę przy tobie, bo jesteśmy przyjaciółmi. Prawdziwymi. Od dawna.

Mattowi łzy napłynęły do oczu.

Nim położył się spać, zszedł do piwnicy, żeby zmyć zaschniętą krew z miecza i naostrzyć go. I znów łzy napłynęły mu do oczu.

O wschodzie słońca Matt wyszedł z Krakenu i przypiął Kudłatej skórzane juki. Na myśl, że wszyscy na wyspie jeszcze śpią, poczuł ukłucie w sercu. Może nigdy więcej ich nie zobaczy. Włożył to samo ubranie, które miał na sobie w dniu przybycia tutaj: traperki, miecz przewieszony przez plecy i chlebak na ramieniu. Włosy sterczały mu nad uszami, wiatr rozwiał je, jakby chciał mu dodać odwagi.

Zamknąwszy za sobą drzwi, ruszył w kierunku mostu z Tobiasem u boku.

Na ostatnim zakręcie po obu stronach ścieżki pojawili się wszyscy Piotrusie z wyspy, którzy pomachali im bez słowa na pożegnanie. Na końcu szpaleru czekali na nich Doug, Regie, Amber i obaj Długodystansowcy.

– Jeśli zmienicie zdanie, z dumą przyjmiemy was z powrotem – oświadczył Doug.

– Nie zmienimy zdania, dobrze wiesz – odparł Matt.

Franklin poszedł po konia, który był przywiązany do drzewa, i dołączył do nich.

– Skorzystam z okazji i też wyruszę – oznajmił. – Idę na północ, być może są tam osady Piotrusiów, których jeszcze nie zarejestrowaliśmy.

– Bądź ostrożny, na północy czyhają wielkie niebezpieczeństwa – ostrzegł Matt.

– Nie martw się, zaczynam się przyzwyczajać.

Matt spojrzał w oczy Amber, która pozostała niewzruszona.

– A więc odchodzisz, tak postanowiłeś? – powiedziała tonem, który go zaniepokoił.

– Tak.

– W porządku, ja też odchodzę, to się dość dobrze składa.

– Odchodzisz? Dokąd?

– Na południowy wschód. Może da się pójść kawałek razem? – rzuciła, podnosząc leżący u stóp plecak.

– Ale... ty... to znaczy... – wyjąkał Matt, nie potrafiąc znaleźć słów.

– Tak czy inaczej nie mogę cię zostawić samego z Tobiasem. Beze mnie on nie potrafi strzelać z łuku!

Tobias parsknął śmiechem na stronie, a Kudłata polizała Amber po policzku, witając ją w ten sposób w drużynie.

Kiedy dotarli do końca mostu, Franklin skręcił drogą na północ, trójka przyjaciół zaś obejrzała się po raz ostatni, aby pożegnać swych towarzyszy przygody. Po czym ruszyli dalej i pochłonął ich las.

– Wiesz, którędy iść? – zapytała Amber.

– Wczoraj wieczorem długo rozmawiałem z Benem na ten temat. Udzielił mi paru wskazówek, żebym się lepiej orientował.

– Orientacja to podstawa, ale czy wiesz, jak dotrzeć do przesieki Ślepego Lasu? To jedyna znana droga, żeby się przedostać na południe.

– Nie idziemy aż tak daleko. Przesieką musielibyśmy maszerować na zachód przez prawie miesiąc i drugie tyle czasu stracić, żeby wrócić na południowy wschód. Nie ma mowy, to by zbyt długo trwało.

– Chcesz, żebyśmy szli przez Ślepy Las? – wykrzyknął Tobias.

– To jedyny sposób, żeby nie zmarnować dwóch cennych miesięcy.

– Dlaczego aż tak bardzo się boisz tracić czas? – zapytała Amber.

– Nie wiem – skłamał Matt. – C z u j ę, że trzeba się spieszyć.

„Nie dać się złapać – miał ochotę dodać. – Rauperoden się zbliża, znajduje się już niedaleko, jestem pewien".

– A co twoim zdaniem odkryjemy na południu? – drążył Tobias.

– Dlaczego Cynicy porywają Piotrusiów. Dlaczego ta cała Królowa chce się ze mną zobaczyć za wszelką cenę. Co oni robią. Dlaczego niebo tam jest czerwone. Tak wiele pytań nie daje mi spokoju…

Prawda była taka, że nie mógł już dłużej znieść osaczenia, chciał wiedzieć. Żywił szaloną nadzieję, że jeśli dotrze na południe, zyska pewność zamiast lęku.

W owych nieprawdopodobnych poszukiwaniach zaś towarzyszyła mu dwójka przyjaciół.

A wraz z nimi pies prawie tak duży jak kucyk.

Tak to Przymierze Trojga opuściło Wyspę Carmichaela, kierując się ku olbrzymiemu lasowi, który zamieszkiwały dziwaczne niebezpieczne stworzenia.

Troje przyjaciół.

49

OBŁAWA

Franklin, który spędził na koniu cały dzień, był zmordowany i wygłodniały. Nim zmrok zdążył połknąć cienie roślin, przystanął, zdjął siodło i starannie wyszczotkował swego wierzchowca, po czym pozwolił mu się paść na wystarczająco długim postronku.

Znalazłszy kępę trawy, która mogła posłużyć jako stół, Długodystansowiec zrobił sobie siedzisko z porzuconego wśród liści pniaka. Kiedy się biwakuje, najważniejsze to odizolować się od ziemi, aby ciało nie zostało zaatakowane przez chłód, a zwłaszcza przez wilgoć.

Po odrobinie starań udało mu się rozpalić ogień, nad którym czym prędzej ugotował garść klusek w swoim jedynym kociołku.

Gdy się już najadł, zrobił sobie posłanie z dwóch grubych warstw mchu. Noc już zapadła, nocna fauna rozpoczęła swój koncert.

Wtem jego koń, którego z powodu nie dającej się rozczesać grzywy nazwał Loczkiem, zarżał.

– Uspokój się, Loczku, już idę! Co znowu? Przestraszyłeś się węża?

Koń był bardzo wzburzony – Franklin nigdy jeszcze nie widział go w takim stanie. Walił o ziemię kopytami i kręcił się w kółko, szarpiąc postronek.

– Powoli! Zrobisz sobie krzywdę!

Franklin nie śmiał podejść bliżej, bojąc się, że Loczek go stratuje albo popchnie na drzewo, łamiąc mu kończynę.

Nagle supeł się rozwiązał, uwalniając konia. Franklin usiłował przydepnąć sznur, nie okazał się jednak wystarczająco szybki, toteż Loczek pogalopował między drzewa.

Franklin puścił wiązankę przekleństw. Mógł się pożegnać z jakże wyczekiwanym odpoczynkiem: musiał najpierw odzyskać konia, bo bez niego cała wędrówka straciłaby wszelki sens.

Ponieważ było bardzo ciemno, należało zacząć od zapalenia świeczki.

Kiedy Franklin odsunął paproć, chcąc się dostać do swoich rzeczy, wyrosła przed nim znienacka czarna zakapturzona postać.

Młodzieniec aż podskoczył z krzykiem.

Postać była bardzo wysoka i stała na czymś w rodzaju szczudeł z białej skóry. Jęła się zniżać niczym wózek widłowy, żeby jej kaptur znalazł się na wysokości twarzy Franklina. Gdy uniosła powieki, ukazały się pod nimi dwa reflektory, którymi omiotła Długodystansowca.

– Hej! – zawołał oślepiony.

Szczudlarz spojrzał nań swym przeszywającym wzrokiem, po czym jego oczy zgasły, sam zaś się cofnął, by przepuścić Franklina, który mruknął:

– A to co znowu?

Wtem jego uwagę przykuł jakiś szelest i nieco dalej chłopak ujrzał wielką płachtę ciemności, która unosiła się metr nad ziemią, falując na wyczuwalnym wyłącznie dla niej wietrze. Wyłoniły się z niej ramiona i dłonie, jakby chciały się wydostać z warstwy jedwabiu. Płachta załopotała na wietrze i podpłynęła powoli do Franklina.

W jej górnym rogu zaczął się pojawiać jakiś kształt.

Trupia czaszka, którą tworzyły wypukłości i wgłębienia, z dziurami na oczy bardziej szpiczastymi niż normalne. Jej czoło zdawało się bardzo wysokie, łuki brwiowe wystające.

Wydobył się z niej gardłowy głos, któremu towarzyszył świst:

– Gdzie... jest... dziecko?

Franklin cofnął się o krok, czując się coraz bardziej nieswojo.

– O jakim dziecku mówisz? – usłyszał własny głos.

– O Matcie. O dziecku Matcie.

Głos przyprawiał Franklina o dreszcze, dochodził z bardzo daleka, bo wnętrzności tego czegoś tak naprawdę nie były tutaj, w tym dziwnym prześcieradle, ale o wiele dalej. „W innym świecie", pomyślał Franklin.

– Ja... ja nie rozumiem, o kim mówisz – skłamał, odgadując, że kryje się za tym wszystkim jakaś tajemnica.

Zanim zdążył zareagować, Rauperoden dopadł go; wyłoniło się tuzin jedwabnych dłoni, które go chwyciły i podniosły do góry, tak by jego głowa znalazła się na wysokości głowy Rauperodena.

– Gdzie jest... Matt? – zapytał ponownie piwniczny głos.

Tym razem do Franklina dotarło, że grozi mu wielkie niebezpieczeństwo. W czasie swych podróży spotykał rozmaite stworzenia, lecz żadne nie było równie przerażające jak to.

– On... on opuścił wyspę – wyznał Franklin. – Poszedł na... na zachód!

Głowa Rauperodena zakręciła się zgodnie z ruchem wskazówek zegara, po czym wróciła na miejsce.

– Wyczuwam... strach – rzucił. – Wyczuwam... kłamstwo.

Dwoje ramion wśliznęło się pod ubranie Długodystansowca, muskając jego skórę. Dotyk był zimny niczym lód.

„Niczym śmierć!", poprawił się w duchu Franklin, czując, jak w gardle rodzi mu się szloch przerażenia.

– Mów albo cierp – rozkazała dziwaczna trupia czaszka.

Wobec milczenia młodzieńca Rauperoden wsunął ramiona jeszcze głębiej pod jego ubranie, kładąc je na sercu. Kiedy pierś chłopca zalał chłód, zwalił go z nóg potworny ból; czuł, że mimo lęku serce zaczyna mu bić wolniej, miażdżone niewidzialną siłą.

– Są na zachodzie! – wrzasnął Franklin. – Na zachodzie! Przestań! Przestań, to potworne!

– Kłamstwo!

Chłód ogarnął dalsze partie ciała, podszedł Franklinowi do gardła i jednym ruchem wczepił się w mózg, ściskając go monstrualnymi pazurami. Cierpienie stało się nie do zniesienia; Franklin czuł, że serce mu słabnie, zaraz stanie. Kiedy lodowata pięść miażdżyła mu mózg, odniósł wrażenie, że ktoś wbija w niego dziesiątki igieł. Nie mógł tego dłużej znieść.

– Na południe! – krzyknął Franklin. – Są w drodze na południe!... Litości, przestań!... Litości!

– Na południe... – powtórzył Rauperoden.

Zawahał się moment, Franklin zaś uwierzył, że zaraz go uwolni. Po czym potwór go wessał. Zanim Franklin zdążył wrzasnąć, zniknął wśród czarnych prześcieradeł.

Rauperoden płynął kilka sekund nad trawą, zastanawiając się. Następnie rzekł swym piekielnym głosem:

– Na południe!

Tymczasem spod paproci wyłoniło się ze dwudziestu szczudlarzy, którzy ruszyli wspólnie na południe, nie robiąc najmniejszego hałasu.